# 谁说干得好不如嫁得好

## Shuishuo Gandehao Buru Jiade Hao

张笑萱◎编著

女人想嫁得好和男人想娶得好一样，
都是男女平等的表现，这是无可厚非的。
男人和女人都有权力自由地选择自己的生活方式。
女性能够自由地选择"嫁得好"的生活方式，
本身就是女性社会地位提高的体现。
为什么男人可以娶得好，女人不可以嫁得好呢?

当代世界出版社

**图书在版编目（CIP）数据**

谁说干得好不如嫁得好／张笑萱编著 .—北京：当代世界
出版社，2011.5
ISBN 978-7-5090-0737-2

Ⅰ.①谁… Ⅱ.①张… Ⅲ.①婚姻－女性读物
Ⅳ.①C913.13－49

中国版本图书馆 CIP 数据核字（2011）第 070799 号

| | |
|---|---|
| 书　　名： | 谁说干得好不如嫁得好 |
| 出版发行： | 当代世界出版社 |
| 地　　址： | 北京市复兴路 4 号（100860） |
| 网　　址： | http://www.worldpress.com.cn |
| 编务电话： | (010) 83908400 |
| 发行电话： | (010) 83908410（传真） |
| | (010) 83908408 |
| | (010) 83908409 |
| | (010) 83908423（邮购） |
| 经　　销： | 新华书店 |
| 印　　刷： | 北京金秋豪印刷有限责任公司 |
| 开　　本： | 787 毫米 ×1092 毫米　1/16 |
| 印　　张： | 15 |
| 字　　数： | 238 千字 |
| 版　　次： | 2011 年 6 月第 1 版 |
| 印　　次： | 2011 年 6 月第 1 次 |
| 书　　号： | ISBN 978-7-5090-0737-2 |
| 定　　价： | 32.00 元 |

如发现印装质量问题，请与承印厂联系调换。

# 前　言

今天，虽然女人的社会角色已经与男人越来越接近，但却依然不可避免的在各个方面存在着性别劣势，想要和男人在同样的竞争环境中脱颖而出，实在不是一件轻而易举的事。于是，关于女人"干得好不如嫁得好"的说法就流行起来，从此在"待嫁女"的圈子中流行起来。

"婚姻就是女人的第二次投胎"。这个说法，乍听之下颇显世俗，但也真切地反映了现代女性对婚姻和择偶的心态。其实，"男怕选错行，女怕嫁错郎"的说法古已有之，女人对甜蜜爱情、美满婚姻和幸福家庭的追求，也是每一个女人都在苦苦探索的永恒主题，所以，女人渴望通过婚姻来改变自己命运的想法不仅没有错，而且很明智。

所谓"家和万事兴"，就是不管是在古代社会还是现代生活，都是以家庭为核心和基础的。而家庭对于在日常生活中，扮演着最重要角色的女人来说，就更加凸显其重要性了。美满的婚姻是和谐家庭的首要前提，理性的择偶才可能产生美满的婚姻。

当然，嫁得好也不是容易的事，天下的男人并不都是白马王子，好男人也早已成为了"稀有物种"，现代女人想要找到如意郎君不仅要有智慧、手段，最重要的是要有"火眼金睛"，否则在激烈程度远远高于找工作的"找老公竞争"中，你是很难取胜的。

很客观的说，找老公对女人来说就像购买股票。买股票需要具有相当高的鉴别能力，能分清优绩股和垃圾股，找老公也是一样。但是，婚姻这支股票更金贵就在于，女人只能买绩优股，不能买垃圾股。一旦选错了，贬值的不仅仅是婚姻，而且还包括女人的心理、精神、身心和生活。其代价就是失

去幸福快乐，使生活的质量大打折扣。

　　本书正全面的向女性读者朋友们阐述"谁说干得好不如嫁得好"的缘由和道理，并为那些苦苦寻觅最佳老公人选的女性指点迷津。希望读者通过阅读此书能得到更多启示，慎重的选择自己人生的另一半，全面的规划自己的下半辈人生，并最终能够通过一场完美的婚姻而改变自己的命运。让广大女性朋友拥有幸福、美满的婚姻生活，就是我们所期盼的！

# 目　录

## 第三章　不找最好的　只找最合适的 ···················· 57

谁说干得好不如嫁得好

目
录

# 第一章

## 婚姻就是女人的第二次投胎

# 1. 婚姻决定女人的命运

　　我们无法选择自己的出身、父母、家庭，因而无法选择我们前半生的命运，但是，我们绝对有办法选择自己后半生的家庭，只要女人把握住了婚姻——这第二次出生的机会，也就掌握了自己后半生的命运。

　　在婚姻这场战争中，如果女人输了，不仅仅输掉了当下的幸福，乃至会影响到你从此以后的生活。因为只要来到婚姻这个世界，就不可能退回到原来的世界。你可以放下婚姻，但是你放不下婚姻在你内心的痕迹。

　　婚姻好比一场战争，女人一定要去争取最大的胜利，不能输。因为无论是好的婚姻还是失败的婚姻，都将会改写你一生的命运。一次失败的婚姻经历可以把一个男人磨练的成熟而更加有魅力，但是却能把女人折磨得面目全非，永远失去最初的光鲜和美丽。

　　唐芸菲在大学的时候有一个很要好的女同学叫沈小萍，两个人一起度过了一段美好的大学时光。但十年后的今天，当唐芸菲终于再次得到沈小萍的消息的时候，却发现，和自己同龄的沈小萍已经憔悴不堪、贫寒交迫，而俨然成为了一个每天为生活奔波的中年妇女。

　　回想起当年两个人的同窗生活，唐芸菲感慨良多。那时候，唐芸菲和沈小萍在学校住上下铺，后来又一起合租了一间靠海边的小屋子，两个人睡在同一张大床上，休息时一起躺在沙滩上喝红酒、侃人生。花样年华的两个人都对未来充满了期待。是沈小萍的一段错误恋情，让她与唐芸菲拥有截然不同的人生归宿。

　　唐芸菲怎么也没有想到，沈小萍会结交了一位大她十三岁的男朋友。而且，那个"大男人"既没有出众的外表，也没有较高的文化修养，只是一个普通的不能再普通的海边渔民。所有同学包括唐芸菲，一直对沈小萍的这份感情十分的不理解。因为像唐芸菲她们这样旅游管理系的女生,总是很"抢手"的啊。但沈小萍却不听别人劝阻，固执地认为真爱来了。

　　沈小萍还做出了不理智的傻事：大学还没毕业就不小心怀上了他的孩子。

事已至此，沈小萍甚至不顾家人的反对，悄悄地和他领了结婚证，连最基本的结婚照和一个简单的婚礼都没举办，就这样黯然的消失在同学们的视野里。

　　就在前不久，唐芸菲终于再次得到了关于沈小萍的消息，但却是坏消息：沈小萍婚后生了一个女儿，和丈夫的生活一直很困难，她为这个家庭付出了太多太多，但终究没能改变命运的走向——丈夫在外面有了别的女人，她无法原谅，于是离婚了。女儿由婆婆来照顾，沈小萍只身一人回到大连，在酒店里打工，每天都在深深地想念着自己的女儿。

　　知道了这一切以后，唐芸菲心里不禁一阵酸楚。如果沈小萍没有嫁给那个与她并不相配的男人，也许她也会在一家不错的企业做管理工作，有着自己宽敞的办公室，和一份让人羡慕的收入。或许也已经嫁人，做一位阔气的全职太太，开着车子往返于美容院和商场之间。但现在这些都只能是"如果"而已。

　　婚姻虽然不是我们的全部，但却是我们生活的重要组成部分，它直接影响并决定着我们后半生的走势。也许你可以选择放弃一段失败的婚姻，但你却再也无法回到过去，因为这段婚姻已经深深刻在了你的生命里。

　　男怕选错行，女怕嫁错郎，婚姻决定着女人的命运。一个女人选择了一个男人就等于选择了一种生活方式。如果没有踏进围城，那么一定要慎重。如果已经迈进了围城，那就应该去努力、去创造，用心去经营，绝不能让自己的命运毁在婚姻上。

　　当你拥有一段美满的婚姻，你的人生将是成功的，你的生活也将是幸福的；当你拥有一段黯淡的婚姻，你的生活将失去鲜活和色彩。所以，婚姻至关女人一生的命运。

## 2. 第二次投胎到地狱还是到天堂，决定权都在自己

　　婚姻生活幸福与否，不能由别人的眼光来评判，只有自己的内心体会才能带给你最真实的感受。所以，对于这第二次投胎般的婚姻选择，女人一定要自己掌握决定权，自己的幸福要自己做主。

婚姻是自由的，幸福的选择也是自由的，其实，去地狱或者天堂的决定权一直都握在你的手上，不要被他人的意见所左右，不要受世俗的观念所影响，你命运的决定权在自己手上。

蓝岚在大学时已经有了一个男朋友，但她的妈妈又为她介绍了一个大她四岁，已经工作的男孩做男朋友。妈妈劝女儿："这个男孩子家境和工作都很好，他在一家国有大公司工作，收入不菲，刚刚买了房子，且因为家境不错，没有按揭贷款。"

蓝岚虽然和这个男孩没有什么感情基础，但认为条件好就行，于是思量再三，还是和原来的男友分了手转而选择了他，并且大学刚一毕业就匆忙结了婚。

本来，蓝岚一直认为自己很幸运，找到了一个条件很好的丈夫，但婚后不久，蓝岚就发现丈夫是一个被父母宠坏了的独生子。他霸道、暴躁，两人之间一旦产生矛盾他从来不肯让着蓝岚，甚至在一次吵架时对蓝岚大打出手，把蓝岚打得鼻青脸肿。而更可悲的是，蓝岚为了不被别人笑话，宁愿选择继续生活在地狱般的婚姻中。

女人应该明白，幸福的婚姻不仅仅取决于物质条件，感情基础、性格是否合适、人品如何等因素都是寻找伴侣时应该考虑的问题。北京大学社会学教授谢立中表示："我认为理想的婚姻观当然还是以爱情为首选的婚姻，但物质对婚姻生活的重要性也是不可忽视的，要尽量减少阻碍理想实现的物质和制度的障碍，让人们不必要为了物质降低自己的感情要求。"

的确，女人的命运是无法脱离婚姻的影响的，但选择什么样的婚姻、选择什么样的男人，最终的决定权还是把握在女人自己的手里，只要"精挑细选"，把握好第二次投胎的机会，就一定有机会走进幸福婚姻的天堂。

那么该如何把握婚姻呢？首先，要对婚姻有所期待。

有很多已婚的女人会说："我做梦都没有想到会嫁给这个人。"这就是对自己婚姻没有期许的原因。世上所有看起来并不怎样的男人都能娶到老婆。这对男人来讲是再幸运不过的事，但对女人来讲无异于是跳进火坑。

郭子悦是大学里的校花，本来，条件优越的郭子悦决心要嫁给一个经济实力和能力都不错的男人。她却首先遇到了一个对她有好感的男人。那个男人工作一般，薪水不高，但是，郭子悦觉得和他交往总比没有恋人好，所以就开始约会了。随着见面的次数增多，两人之间也慢慢产生了感情。"没错，条件也不是那么重要，我的幸福才是最重要的。钱财是身外之物，该来时就来，该结束时就结束。只要两个人一起共同努力，一定可以得到幸福的。"

因此，郭子悦草率的嫁给了一个自己不怎么满意的人。从此与自己设想的生活完全背离。五年后，郭子悦终于忍受不了贫寒的生活而结束了自己的婚姻。但此时的郭子悦已经被生活的压力和庸俗的丈夫改变得面目全非，再不是当年那个人见人爱的美丽女孩了。

为什么有意挑选就是恶，而无意中遇到就是善呢？女人们不要以为只要等待，白马王子就会出现在眼前。好男人和好婚姻都是需要自己来争取和设计的。

其次，能掌握自己命运的女人会选择嫁给"他爱我而我不爱他"的男人。

谁说嫁给一个自己不爱的男人就不会有幸福？事实上，很多爱丈夫、爱家庭、生活幸福美满的女人都认为，她们不管和什么男人结婚，都能做到像现在一样对丈夫好。这是因为，婚后的爱情和热恋的时候不一样。恋爱的时候，不需要双方多么努力，也会滋生用不完的爱。但是，结婚后就不一样了。只有结婚后仍能让妻子拥有不少礼物和旅行的机会，又懂得浪漫而且性格好的男人，才会让女人愈来愈幸福。

此外，温柔的男人将是优秀的丈夫。

其实，在男人的形象方面，女孩和妻子的标准是大相径庭的。在女孩眼里男人的大大咧咧是潇洒，是风度，而在结了婚的女人眼里却绝对是不能容忍的坏毛病；在女孩眼里男人的冷峻面孔不苟言笑，是深沉，是成熟，而这些却让已婚女人感到沉闷和压抑；在女孩眼里男人的不体贴是木讷，是迂腐，而在已婚女人眼里却是令人讨厌的自私；在女孩眼里男人的逞强好斗是勇猛，是自信，而在已婚的女人眼里是绝对的没涵养、没气量。

只有在结了婚之后女人才会明白，她想要与之度过余生的是那种有阳刚之气却也不乏温柔的男人。没有哪个女人在生了病的时候，丈夫不管不问也毫无怨言的；也没有哪个女人会在外面受了欺负，而对丈夫的不心疼不安慰一点儿都不生气的；更没有哪个女人做家务累弯了腰的时候，看到丈夫正在翘着二郎腿看电视而不气愤，不委屈的……

其实，不管是在婚前还是婚后，男人都是有其温柔的一面的，也许只是

因为男人在表达温柔时，和女人的方式有所不同。所以，想让自己的婚姻幸福如天堂的女人就不应该错过温柔的男人。

通往幸福婚姻的道路从来都不止一条，走向婚姻地狱的情况也不止一种，即使决定权在手，也没有人能保证可以从此幸福美满。问题的关键还是看你如何发挥手中的权杖，只有做出了正确的选择，才有机会步入美好婚姻的殿堂。

## 3. 爱情是命运的产物，婚姻却是选择的问题

婚姻是女人一生最重要的一次选择。这种说法不无道理。岂止是女人，就是男性，当事业不得意的时候，又有几个不想找个有实力的老婆让自己少奋斗几年的。所以女人更不能忽视一段美好的婚姻对自己人生的重要意义。

现在的精明女人选择老公，一般都要找学历比自己高，社会地位比自己高，工资待遇比自己高，长得比自己高，最好是有名车有豪宅银行有大笔存款，对自己既关心又体贴无比忠诚的好男人。能找到这样的男人真的不错。遗憾的是，对于女人来说，要找到一位自己能托付终身，同时又能给自己带来物质和精神上的双重保障的男人，是很难的。

的确，现在已经不是爱情至上的时代了，爱情已经变得相当脆弱。假如有哪个兄弟大声求爱说："虽然我没有房，但是天为被，地为铺，让这辽阔的天地来做洞房吧！"试想这样的求爱又有谁会被打动呢？

婚姻是选择的产物，如果爱情和物质都能达到均衡当然最好，但如果不能如愿，也不能为了爱情而不要面包，一定要实际的为自己未来婚姻生活做出明智的选择。

首选条件：家是本地的，工作、收入稳定。

女孩琳琳说朋友给自己介绍对象时，自己首先问对方家是哪里的，"要是外地的，我就连面都不见了。"琳琳并非沈阳人，由于工作关系在沈阳生活，把父母也接过来一起住，"如果两个人是一个地方的，以后就省去很多麻烦，还可以互相帮衬一把。"

爱情是很重要的，但是要建立在有面包的基础上。不一定要万贯家财，

可生活要有保障。所谓贫贱夫妻百事哀，如果一个男人连孩子的奶粉钱都拿不出来，这个月初就开始担心下个月的供房款，那么，你跟着他就只有吃苦的份了。

"不求对方挣很多，月薪 5000 元以上就行！"说这话的李悦 25 岁，月薪 2000 多元钱，她找对象的标准就是"有钱，有钱，还是有钱"。李悦说："第一，经济条件好，能买房、买车、装修，最好什么都不用我付账的，只要有这一点，别的方面都可以降低标准；其次最好长得帅，但如果很有钱的话外貌差点儿也可以忽略！"李悦说不怕别人看不起自己的想法："我只是坦率而已。哪个女孩不想找个经济条件好男人，减少自己的生活压力呢？"

基本条件：有房。

二十五六岁的女孩在找对象时，自然会联系到结婚。"你不想，家里人也会替你想。这个时候，'房子'就会变得很重要。"89% 的女孩表示很难在"房子"问题上让步。

小寒和以前的男朋友都已经到了谈婚论嫁的地步了，最后还是分手了，因为在房子的问题上谈崩了。谈崩那天，在场的除了一对恋人还有双方的父母。他家说要么贷款买面积小一点的新房，要么全款买个二手房。这让小寒妈觉得委屈了女儿，便提出要两家各出一半钱，然后写女儿的名字全款买新房。男友家觉得受到侮辱似的，不愿意，两家最终不欢而散。最后小寒选择了一个有房、有车、家庭条件不错的人嫁了。小寒说："尽管我知道以前那个男友对我更好一些，但这就是现实。"

越来越多的男生也证实了女生们的选择，他们很多人的父母攒钱不敢花，就等着给儿子买房子，娶媳妇。

前提条件：有责任心的好男人。

男人一定要有责任心，自己做的事要敢于自己承担，无论是公事还是私事。那种一有事就往别人身上推的男人不但卑鄙而且可耻。

他可以不记得你大伯小叔三姑四姨的生日，但你的生日与结婚纪念日一定要记住，这两个日子在婚姻生活中是很重要的。能够出去浪漫一下，还有礼物收是最好的。

还要有足够的大男子气概。这里说的大男人气概，不是说大男子主义，那种在家里家务一点不做、衣来伸手饭来张口的男人绝不可取。大男人气概

是指你在外面受到欺负时，他能够挺身而出，毫不犹豫的为你出头，真真切切的保护你。光是这一点，这个男人就值得你考虑托付终身。

一个男人最重要的应该是坚强刚毅。那些失败过一次就怨天尤人，萎靡不振、跌倒了爬不起来的男人坚决不能要。男人要能给女人安全感，如果你找一个老公，不能够照顾你，还要经常在你面前哭诉自己的不幸，自己不努力不说，还要让你也承担起他的痛苦，那你的选择就是非常失败的了。

附加条件：钱要有，但不能太多。

"太有钱的不找。"晓丹很漂亮，挣的工资可也足够养活自己。条件不错的她，说不上自己想找个什么样的对象，但拒绝找大款，"太有钱的人靠不住，如果想结婚的话，还是找稳妥一点的好。"

26岁的方彤心中理想的另一半是商人，结果遭到了诸多好友的"迎头痛击"，"她们都骂我傻，说找个那么有钱的人太危险了"。

不想找"太有钱"男友的女孩，大多已经工作了三五年，开始审视自己，希望过脚踏实地的生活。她们会从现在谈恋爱想到以后的婚姻，为寻求可靠的婚姻，她们达成了"不找太有钱的人"的共识。

要正确的选择一个结婚对象是很不容易的，而要判断一个男人的未来更是难上加难。但作为女人一定是要嫁人的，至于能嫁给一个什么样的男人，那么就得靠自己谨慎把握了。

都说嫁汉嫁汉，穿衣吃饭。女人想通过婚姻改变自己的命运无可厚非。作为女人，谁都想找一个自己深爱的、又能在精神和物质上最大限度满足自己要求的男人，但是如果你放弃选择的权利，而为了家人或别的原因做出让步，到最后也可能会因为不幸福而选择离开。

放下那些固执吧，你有寻找新生活的权利，人生很短暂，要好好找寻自己的幸福。谨慎选择我们的婚姻，我们需要静下心来倾听下自己内心的需求，让美满的婚姻将我们有限的生命变得丰富，充实。

## 4. 失败的婚姻才是女人最致命的毒品

对于一个女人来说，婚姻的失败就是她人生最大的不幸。虽然女人拥有婚姻并不难，但对于女人来说，只有婚姻是不够的。婚姻品质的好坏决定了它在你的生活中扮演的是美食还是毒品。一场失败的婚姻对于女人来说无异于一副致命的毒品，它能将原本健康乐观的你，变得蒙头垢面，甚至让你失去对美好生活的信心。所以如果嫁对了人，那将是一生的幸福，反之，就将如毒品吸食者一般，逃不脱，甩不掉，永远深陷其中不能自拔。所以在如何选择婚姻这个问题上，女人们一定要别具慧眼。

今年刚过30岁的方茹，选择了跳楼自杀。她在遗书中说，自己的悲剧就开始于自己失败的婚姻，如果不是当初自己遇人不淑，也不会落得如此下场。

在方茹20岁那年，从老家农村来到北京打工。在工作中，白白净净的方茹很快吸引了一起工作的孟森的注意。单纯的方茹很快接受了孟森的追求，并抱着对未来的憧憬与孟森同居了，后来她发现自己怀孕了，就和孟森回了他的老家。

来到孟森的老家方茹才发现孟森家穷得只有两三间破瓦房，可是肚子里的孩子已经大了，引产会有危险，只能生下来。她后悔的痛哭了一场，可已经太晚了。

为了孩子,他们去领了结婚证。一个不好的开始注定不会有一个幸福的结局。孩子生下来之后，就交给了孟森的父母带，他们再次来到了北京打拼。开始的时候，夫妻俩就做些小本生意，非常辛苦，但是为了生活，她就忍了，可是让她难以忍受的是孟森的懦弱，一个家本来应该由他这个男人来顶着，可有事的时候都是她冲在最前面，孟森根本帮不上一点忙。

他们结婚10年，方茹也苦了10年。这期间，因为小本生意根本赚不了几个钱，再加上孟森也没有正式工作，他们常常因为钱的事争吵，真应了那句贫贱夫妻百事哀。更加雪上加霜的是，孟森在打工的时候开老板的车送货时，把人撞伤了，好在对方没有生命危险，但需要赔付很多医药费。夫妻俩正一筹莫展的时候，胆小的孟森居然偷偷跑掉了，剩下方茹一个人每天被债主追债。终于，万念俱灰之下，方茹选择了自杀。

失败的婚姻毁坏的不仅是两个人的姻缘，甚至还会带来无法挽回的悲剧。婚姻的失败对女人的打击总是巨大的，脆弱的女人会选择轻生，有一些即使是为了孩子、老人选择坚强的面对，但其实也心如死灰，不会再对幸福的婚姻生活抱有期望了。对于一个女人而言，这又何尝不是另一种形式的毁灭呢？

两度失败婚姻的打击，让霍雨薇对婚姻彻底的失望了。虽然霍雨薇只有30岁，却已经历了两次失败的婚姻。每次置身其中，霍雨薇都伤痕累累、心力交瘁。

其实，霍雨薇对婚姻和家庭的要求并不高，她没有奢侈的生活习惯，不要房子、不要汽车，只希望有一个体贴的丈夫，只希望两个人一起为生活而努力，挣得钱足够一家人生活就可以了。这个要求过分吗？当然不，但即使是这样渺小的愿望，霍雨薇也没有实现。

现在，霍雨薇不仅要独自带着三岁的孩子，又要租房子，经常借钱过日子——不知道这样的生活，霍雨薇还能坚持多久……

第一次结婚时霍雨薇26岁。本来这个年龄也不算大，但霍雨薇生在农村，在当时的农村，像她这样年龄的女人还没结婚的，就会被说三道四，所以想找个合适的伴侣已经并不容易了。结果霍雨薇只能在媒人介绍下找了一个比自己小5岁的男人。当时男方对霍雨薇隐瞒了许多家里的实际情况，让霍雨薇感觉他这个人以及他家的条件都还可以，于是霍雨薇就在对他还不是十分了解的情况下，就稀里糊涂地嫁给了他。

婚后不久霍雨薇就怀孕了。不想在霍雨薇怀孕7个多月的时候，男方的父母竟然把霍雨薇住的几间房子卖掉了。当买下房子的人把霍雨薇赶出家门的时候，霍雨薇才如梦方醒——原来她们结婚时的花销，都是男方家长以房子作抵押借来的高利贷，甚至在她们结婚前，男方家还欠着别人不少债。期限到了，他们还不上钱，不得不用房子来抵债了。霍雨薇带着还未出生的孩子，连个住处都没了，只好先搬回父母那里。

但是，更让霍雨薇没想到的是，自己还在"月子"里的时候，丈夫竟然耐不住寂寞，在外面和不三不四的女人鬼混，结果染上了性病，最后还传染给了自己！

为此，霍雨薇坚决要求离婚，毫无留恋的离开了丈夫。结果，一直到孩子两周岁。丈夫和他的家人谁也没来看过孩子一眼，更别提什么抚养费了。而霍雨薇手里仅有的一点积蓄，当初治病也花得所剩无几了，一直在靠父母兄嫂的帮助度日。无奈之下，霍雨薇决定给孩子找个新爸爸……这时经人介绍，霍雨薇认识了另一个男人。霍雨薇对他最初的印象，是一个挺忠厚老实的男人，憨憨的。

他对霍雨薇的儿子特别好，真的几乎可以达到视如己出。霍雨薇很欣慰，觉得终于可以给一直没有享受到父爱的儿子一个交待了，他的童年也不至于留下太深的遗憾。

结婚之初，他告诉霍雨薇，自己每月赚两千多块钱，除了留下基本的生活费，剩下的都给前妻生的孩子了，包括一处房产。这些霍雨薇都没有在乎过，相反更觉得他是一个有情有义有责任心的人。可后来霍雨薇才知道，所有这一切都是谎言，他根本没有工作，更别说什么钱和房子了。而且，他还整天的泡在麻将馆里不回家！刚结婚不长时间，他就把霍雨薇的亲戚朋友全都借了个遍，而且打着霍雨薇的幌子三番五次去借，甚至连左邻右舍都借遍了！霍雨薇知道的时候已经为时已晚，家里已经外债累累了！霍雨薇只得再次结束了一场失败的婚姻。

一个女人如果经历过一段失败的婚姻，那不幸的阴影就将影响她一生。而且她很可能会因此失去对男人的信任、对婚姻的向往。即使美好的婚姻再次向她招手，她也会因为恐惧和猜疑而选择拒绝。

这就是失败婚姻对女人的遗毒的严重性，想治愈它非常之难。只有奉劝女人们，在婚姻开始之前就谨慎挑选，千万不要因为沾染上这种婚姻，而造成自己一生的遗憾。

## 5. 女人能同时得到金钱和爱情吗

金钱和爱情对于女人来说都很重要，但能够同时拥有一个多金并且真心爱自己的男人是极为不易的事。虽然很少，可现实生活中仍然还是有那么一部分人是"情利双收"的。这其中不仅要靠缘分和运气，更为关键的是你要

有高瞻远瞩的远见。

胡静欣的未婚夫看起来很不错，至少两个人很相配，但是有人也听说，胡静欣未婚夫的经济条件并不理想，没有多少积蓄，只是拿着一般待遇的公司职员。以前一直说绝不嫁给穷人的胡静欣怎么会选择这样条件的人结婚呢？朋友们一时间议论纷纷。

朋友们忍不住要问胡静欣为什么愿意嫁给他，胡静欣笑着说："第一次见面的时候就有好感，但当时觉得对方还不是一个可以考虑结婚的对象。因为觉得他的经济条件很一般。但是，经过几次接触，我发现他比我想象中的条件要好得多。虽然收入并不是很高，但好在他的经济观念比别人好。而且父母的养老基金也已经准备好了。最让我惊讶的是，有一次约会的时候，吃完一顿高级晚餐后，我们路过一个加油站加油。付钱的时候，他拿出了一张信用卡，这种卡虽然没有很多人使用，但实际上是一张折扣最高的外商信用卡。想想高级的晚餐和这张信用卡……这个人真是一个懂得用钱的人。"

所以，胡静欣认为，虽然现在他是新进员工，年薪也不多，不过将来一定会好转的。虽然没有多少存款，但是也有几项投资。而且他没有很大的欲望，从头开始认真了解行情，慎重地买下债券，还是获利很高的债券呢。这样，估计到结婚之前，差不多可以赚下买一间房子的钱呢。和这个人结婚的话，十年后差不多就能轻松过好日子了。听了胡静欣的解释之后，朋友们都不由得佩服起她来。

果然，胡静欣的眼光一点都没错，小两口结婚仅仅两年，他们就买下了一间公寓。公寓目前还在增值中，这一对夫妻也愈来愈接近有钱人的梦想。

如胡静欣这样幸运的女人毕竟是少数，对于爱情和金钱，更多的女人还在争论不休。有人说，不需要金钱的爱情可能是存在过的，不用管柴米油盐，不用管房子多贵，不管未来对子女的教育、对双方父母的赡养。但是遗憾的是，也许在恋爱的初级阶段还可以勉强接受，但真正到了婚姻当中，缺乏金钱的爱情就像缺少了水分的树苗，瘦弱而枯萎。要嫁给金钱还是嫁给爱情？在严酷的现实面前，爱情和金钱变成了鱼和熊掌不可兼得，一位哲人说过："痛苦源于选择"，但即使是再痛苦，当爱情和金钱真的无法兼得时，你也必须权衡三思后做出决定。

如果把爱情和金钱比喻成玫瑰和面包，你会选择哪一样呢？玫瑰会在一段时间内开出最美最艳的花，但当有一天它凋谢了，又有几个人会记得它曾经的美呢？

难道熊掌和鱼真的不可兼得吗？对女人来说，"金钱我所欲也，爱情我所欲也"。如果两者真的不可兼得的时候，也许选金钱就变的更顺理成章了。

试想一下，如果没有物质保障，没有舒适的房子，短时间内没事，但时间一长的话，肯定会产生思想矛盾，如果吃不上饭没地方住，哪里还有心情去谈情说爱呢。最要紧的是先解决生活上的困难。人都有攀比心理，如果几个女人坐在一起的话，肯定会谈论起男人的房子、车子等方面的事情，如果自己的住房条件很差的话，肯定会产生心理上的失衡，时间一长就会容易发脾气，最终导致爱情的破裂。

女人对幸福婚姻的最高理想无非就是爱情与金钱的完美结合，既得到了安逸的生活，又享受着甜美的爱情。但如果二者没有办法同时拥有，取爱情，还是取金钱，女人们想好了吗？

## 6. 嫁人，其实是嫁给一种生活

之所以说婚姻能决定一个女人的命运，是因为一个女人在嫁人的时候，不仅仅是为了给自己的爱情找到了一个归宿，更重的是要走进丈夫的世界，从此开始一种全新的生活。也就是说，你不仅是在嫁人，更是在嫁给一种生活。

出生在上世纪七十年代一个欧洲中产阶级家庭的索菲亚，因为美貌和智慧，嫁给了一个上流社会的男人。在索菲亚刚刚进入豪门的时候，她第一次见到了丈夫的姐姐。相比之下，索菲亚感到自己非常渺小。家里供姐姐出国留学，已经拿到了博士学位。姐姐仿佛天生就是贵族，从思维方式到生活用品都与她有着相当大的差距。她在姐姐面前感到了严重的自惭形秽。

但是，两年后，丈夫的姐姐嫁给了一个普通的上班族，从此，索菲亚发现情况开始转变了。有一天，来参加家庭聚会的姐姐对索菲亚说了这样的一句话："就我们现在这个条件，比起你们可差远了。"结婚前享有一切的姐姐，现在居然说出这样的话来，这还真是第一次。从此以后，每当和姐姐见面，

索菲亚都感觉到，姐姐从一个上流社会人家的女儿变成了一个上班族的妻子。相反，自己却变身为一个上流社会的贵妇人。

嫁人，其实是嫁给一种生活，这句话说的一点也没有错。女人嫁给不同的人就会拥有不同的身份地位，特别是在男权社会里，比起个人在社会上工作，还是嫁给好男人比较实际一点。有先见之明的女人，应该想得长远一些，如果二十年后，一个本来完全不如自己的女人却因为成为了某人的夫人，坐进口轿车来参加同学聚会，难道你不会心生嫉妒之情？

大部分的女孩大概也知道，遇到好男人就可以过上养尊处优的生活。但是，"男女平等"这类话，会给寻找好男人的女人带来罪恶感。个人条件不好的女人们，认为分享丈夫的财富和地位不是一件理所当然的事情。千万不要产生这样的想法，你嫁给一个男人的同时也嫁给了他的生活，你就已经有权利享有他所拥有的一切了。

虽然现代婚姻对男人和女人都是平等的，但是，真正走进婚姻围城之后，男人的生活没有多大的变化，女人的生活却要经历天翻地覆的改变。女人大概在结婚之前，都无法真正体会到男女之间的差异性。有学历又会赚钱的女人还是会说，老公回家就可以躺在沙发上看电视，自己却要忙着做家事，因此，妻子可以堂堂正正地享受丈夫赚来的一切。愈是有主见、独立性强的女人，愈容易在婚姻中吃大亏，这就是因为她们忽视了这种现象。因此，女人只有嫁给比自己身份地位高或者经济能力强的男人，并且溶入到他们的生活中去，才是明智之选。

而且，即使是那些没有能力的女人，也要有渴望嫁给好男人的"灰姑娘心理"。"贫穷也要站在富翁的行列"，这句犹太人的金科玉律，让犹太人成为可以影响世界经济的人。同样，灰姑娘平时也应该是站在贵族的队伍中的。甚至还要想尽办法嫁给王子，让自己也走进他的生活中去。有很多女孩子，会觉得条件好的男人让人感到有压力，因此不喜欢和他们交往。其实，如果你有本事和条件好的男人论及婚嫁，那就说明你已经具有了充分的资格和那些男人结婚。如果你在好的环境里遇到了骑白马的王子，当他向你伸出手时，应该毫不犹豫地抓住他的手，这是走向幸福新生活的第一步。

## 7. 嫁得好，事业才能做得更优秀

杨澜说：女的太强，没好下场，除非她嫁个好老公。按照这种说法，就又回到"女人事业好不如嫁得好"的老话上了。而杨澜正在用自己的真实故事，为我们演绎着嫁得好、事业更好的传奇。

今天，杨澜已经用自己的经历让我们知道杨澜是个奇女子。

杨澜是个成功的电视人，我们还知道杨澜漂亮、聪明，当然，我们也知道杨澜的先生是吴征。

杨澜曾经说过："最难的选择是选择一个老公。"这里杨澜的感慨，其实就是她自己的亲身经历，是在经历过挫折后的经验和总结。因为刚毕业的杨澜觉得一个女人，到了年龄就嫁人是一件天经地义的事情，于是，刚出校门的杨澜就选择了婚姻的归宿。但是杨澜的第一次婚姻只维持了一年多的时间就以和平分手而告终。杨澜说："你需要什么样的男人，什么样的生活，初恋是想不清楚的。"

经过了短暂的婚姻之后，杨澜对于男性有一种灵性的透视，对于男人，杨澜突然拥有了一种后生的敏感。不知是不是经历了太多，杨澜开始走向成熟而告别了少不更事的幼稚才让杨澜有了今天的敏感？还是这种敏感无意中抵制了更多的男性，而只给吴征留下了一条爱情的通道？

吴征是个很幸运的人，和杨澜一样，在事业的道路上几乎可以用一帆风顺四个字来描述。吴征因为在国外多年的磨练，变得极有理智，而且每次做事情都有一个清晰的目标。因为一直做生意，可能会有人觉得吴征还很"精明"。吴征正是用这种精明来感动别人，包括杨澜。

但更重要的，杨澜和吴征不仅是夫妻，还是事业伙伴，2000 年杨澜和吴征以夫妻档的形式创办了"阳光文化"，一时之间，杨澜的身价曾暴涨到 14 亿港元。

试想一下，如果不是嫁给了吴征，杨澜的事业还会像今天一样春风得意吗？答案是显而易见的。所以，现在女孩普遍的观点"只要嫁得好，不怕没

事业"，果然是没有错的。

快节奏的生活，就业的压力，创业的艰难，令女性步履维艰。先嫁人，再创业，成了当今许多女大学生的热门选择。据某大城市的一家电视台报道，近年来，该市婚姻介绍所出现了新情况：女儿大学未毕业，母亲已经忙着为女儿四处征婚，而这种情况目前还在呈上升趋势。

宋如佳是名牌大学的女硕士，而且还是一个十分自信的女孩，从小到大，她认为自己除了个头和力气不如男性外，其他各方面丝毫不逊色。可没想到她走向社会的第一次求职就碰了壁。她无法忘记招聘单位的主考官那句意味深长的话：可惜呀，你是个女的……

对于宋如佳而言，与其历尽艰辛前景未卜，倒不如寻一条绿色通道安全迂回更可靠。于是，宋如佳相信了妈妈的话"只要嫁得好，不怕没事业！"从此开始接受妈妈安排的相亲。

女人即使不能通过婚姻而让事业更上一层楼，那么退而求其次，也至少应该是既要有事业，又要嫁得好才行。若婚姻基础实力雄厚、底气十足，以此为依托，只要稍稍发力，则如飞舟破浪，何愁没有事业呢？如果真的财力不济无以施展，那也有大树蔽荫衣食无忧，小女子又何怕之有？

既要有事业，也要嫁得好，鱼和熊掌两者皆要兼得。这是现代女性的时尚婚姻宣言。在她们看来，有事业是显示自己的能力，嫁得好则证明自己的实力，只有强强联手才能铸就完美人生。我们不否认凭自己的双手打出一片天下的女强人的确是让人羡慕和称赞，但如果你懂得以一个高品质的婚姻做基础，相信你能在比别人少付出几年辛苦打拼的同时，还能将自己的事业和爱情经营得如鱼得水。所以可以这样说，好的婚姻是成功事业的奠基石。

## 8. 有物质没感情的婚姻不等于幸福

每个女人都梦想通过嫁给有钱人过上锦衣玉食、呼风唤雨的日子。但是，如果你仅仅为了过上奢侈的日子而选择嫁给有钱人，你有没有想过这等于用一堆钞票换走了你一生的幸福。

还记得郑秀文和任贤齐演的那部叫做《嫁个有钱人》的电影吧，那正是体现了时下很多女性的梦想。某网站上曾经做过的调查显示，有93%的未婚女性想要嫁个有钱人，这个数字从某种程度上反映了女人们对爱情和婚姻的态度。

看看那些报纸、杂志上的征婚广告吧，女方总是把经济基础和事业有成作为最基本的择偶条件。有些很年轻漂亮的女孩子为了这一条件甚至愿意找年龄大甚至是离异但事业成功的男人，更有甚者不惜充当不正当的角色。

可是，有物质没感情的婚姻能幸福吗？要知道，嫁给有钱人的日子也不一定那么好过。你朝思暮想的有钱老公除了能给你足够多的钱，还能给你夫妻间的温情和真爱吗？

史莉菁和张君豪从高中时就陷入了爱河，在众人的眼中，他们是最般配的那种金童玉女。张君豪为了史莉菁放弃了自己的第一志愿，而去陪她读了一所不知名的大学。毕业后二人携手到北京寻梦，在这人地生疏，物欲横流的地方，他们的爱情忽然之间变得脆弱不堪。

张君豪每个月只有2000元的收入，在这个灯红酒绿的都市里，根本不可能让史莉菁过上多好的日子。再加上张君豪的家在农村，家境不好，还有两个弟弟在读书，每个月还要抽出一部分寄回家，供弟弟上学。史莉菁知道张君豪很爱自己，可是看看身边那些衣着光鲜，使的用的都是名牌的女孩们，每天出入于各种高级场合，再看看自己住在几百元租来的小屋里，寒酸的衣服，廉价的用品，史莉菁的心越发的不平衡。

如果想要在这个城市中立足，车子、房子、票子都是必不可少的，可这样的梦想什么时候才能实现呢？可是一想到两个人这么多年的感情，史莉菁终是舍不得提出分手。

就在这时，史莉菁遇到了比她足足大了15岁的曹鹏，他很有钱，出手阔绰，送给史莉菁的礼物都价值不菲。曹鹏给她买的名牌衣服，名贵首饰，让她陪着出入各种高级场合，这让史莉菁心理满足极了。虽然曹鹏的年龄比自己的父亲没小几岁，但是，如果自己能嫁给这个男人，那么这辈子就不用发愁了，年龄不是问题，更何况他现在也和妻子离婚了。

于是，史莉菁与相恋了七年的男友张君豪分手几个月后，就做了曹鹏的新娘。

　　两年过去了，一次张君豪在一个商场偶然碰到了史莉菁。俩人就到了附近的咖啡馆坐了一会，张君豪看史莉菁虽然一身的珠光宝气，但眼神是忧郁的，完全没有了以前的容光焕发。她说曹鹏又在和另一个漂亮女孩交往，而且经常不回家。

　　张君豪看着她那一脸的哀伤心里非常难受，就说："离婚吧，我们还在一起。"史莉菁看着他摇了摇头说："不，我已经习惯了现在的生活，根本不可能回到从前了，那种没钱的日子，我怕极了……"

　　张君豪无奈的低下了头，自己现在的月薪也不过5000元，而且每个月还要给正在读大学的弟弟寄去1000元，根本不可能给她那种锦衣玉食的生活。

　　趁史莉菁去洗手间的机会张君豪去结账，服务员告诉他账已经结过了，而且结账的人已经走了。张君豪跑出去，史莉菁的那辆红色法拉利已经不见了。

　　在爱情与金钱面前，一些女人心理的天平倾向了金钱，因为她们认为金钱是一切的基础，没有金钱也不会有爱情。在她们的认知中只要有金钱，就算没有爱情，自己一样可以过衣食无忧的生活。可是，当爱情只剩下了一具空壳，珠光宝气包裹下的心还能感受到一丝温暖与幸福吗？

　　有人说"干得好，不如嫁得好"，也有的人说"嫁个有钱老公，可以少奋斗二十年。"曾经在网上看到这样一段话——

　　上世纪八十年代文学青年们，才会在你没车没房没工作的现实中爱上你的才情；九十年代女生们才会狂热的跟随着一无所有只会唱着酸情歌的你走；现在的很多女人只会与有情人谈情说爱，然后嫁给有钱人，就算不能嫁给有钱人，也一定要嫁一个绩优股，因为，现实生活太残酷，没有经济基础，婚姻这个上层建筑实在显得太脆弱了。

　　但是，嫁给一个有钱男人就真的从此幸福美满了吗？在此，我们有必要了解一下大多数有钱男人的特点。有钱的男人因为选择余地大，基本上可以说是阅人无数。所以，选择跟他们在一起，一不小心就成了他的无数过去式之一。即便你费尽周折，成了他名正言顺的妻子，也无法阻挡这一事实的发生。

　　当然，这并不是说所有的有钱男人都很坏，都无法给女人幸福，那种既有责任心，又有钱的男人也是存在的。我们要说的是，女人在你选择嫁给他的时候，一定要确定你们彼此是真心相爱，并且他也具有成为一个好老公的条件，而不能仅仅因为他有钱，所以嫁给他。钱与爱情，如果就像鱼与熊掌一样必须二选一的时候，你就要权衡轻重利弊了。要知道钱虽然是生活的必需品，离了钱万万不能，但钱也不是万能的，它能把你打造成一个光鲜时髦的美女，却填补不了你心灵的空虚。

浮华的背后究竟是什么，有的人说是沧桑，有的人说是空虚。不管浮华的背后到底是什么，它都不会是属于幸福的，那么就别再让浮华蒙蔽了你寻找幸福的双眼吧。

## 9. 女人有慧眼就可以靠婚姻改变命运

婚姻对于女人，无异于一次改变命运的机会。于是，越来越多的不满自己命运的女人就想把婚姻当作跳板，希望选择一支强力绩优股，一举改变自己的命运。不少女人已经身体力行，可是结果却并不理想。

聪明而有远见的女人不会拿自己漂亮的脸蛋和身材仅仅换取一张可以随便刷的信用卡，也不会拿一堆钞票换走自己的无价青春和一生的幸福。她们是贪心的，她们既要丰厚的物质，也要真正的幸福。

秘诀就是选择那种有责任心，又有钱的男人，但是这样的男人少之又少，让你碰到的几率似乎不大。如果你实在没有运气碰到，那么也不要灰心。其实，有钱男人并不一定非得是那些出门坐"大奔"，进门住豪宅，有事没事儿来杯XO的男人。事实证明，绝大多数"现货"男人都是由"期货"男人升值而来的，这是一个蜕变过程，如果你能在男人蜕变之前抓住他，不就等于挖到了金疙瘩吗？拥有一双伯乐相马的慧眼将让你终身受益。

吕秀卉是才貌出众的白雪公主，身材高挑娉婷，追求她的人自然不少，但是她对倾慕者的大胆表白、委婉暗示以及苦苦追随都视而不见，一直芳心未动。毕业后，她留校任教，转眼就逼近了30大关，但是却更加的迷人，比20岁的时候，又多了一份韵味。在大家都觉得她就是太挑剔的时候，她故事中的男主人公终于出现了，不过让大家诧异的是，他仅仅是建筑系一位名不见经传的年轻教师。

习惯于接受注目的吕秀卉，却将如水秋波投向了这位亦其貌不扬，而且

显得瘦弱、矮小的男人，没有一点魅力可言，如果非要说点好听的也只能说他或许是尚未变成王子的"青蛙"。他们之间的巨大差异，让旁边所有的旁观者都大跌眼镜，惊诧莫名，尤其是那些她的热烈追求者更是感觉愤愤不平。

甚至有人为了追寻这一场爱情的缘由。特意跑去听课。听过他课的人不得不承认，课程很精彩，讲台上的男老师与吕秀卉身边的那个男子判若两人。可这又有什么用呢？爱情是平常日子里站在你身边的那个人，而不是讲台上的神采飞扬、滔滔不绝的那个人。就算是想要浪漫的师生恋，对象也至少应该是一位儒雅倜傥、才识过人的学者，而不应是一个默默无闻的小讲师。吕秀卉无视于大家的嘀嘀咕咕、窃窃私语，反而胸有成竹，坦然自若地穿行在各种含意复杂的目光中。

吕秀卉知道时间会证明她的英明。果然，5年后，年轻的讲师成为财力雄厚的房地产公司掌门人。此时，已经没有人在乎他的外貌是否英俊、身材是否高大、笑容是否灿烂。财富和地位造就了一个男人崭新的形象。

爱情其实也可以作为一种投资理论来教导所有女人，为在爱情里看不到未来的女人补上这不可或缺的一课。选夫就像选股票一样，不能只看眼前的涨落，更要关注它的前景。

对于准备投资婚姻的年轻女人而言，最佳选择就是那些有成长空间的潜力股。相比于那些牛气冲天、财大气粗的实力股票而言，这些股票尚在成长之中，价位较低，便于投资，眼下虽然不能获利，但前景可待。

比如，他现在也许只是一个普通的职员，可是他怀揣梦想，有进取心，要知道，男人的进取心决定着男人的成败。虽然很多时候进取心不是一望即知的，但可以先看他的辅助条件——聪明的头脑，乐观的精神，友善的待人方式，一定的文化修养，因为这些条件中的某一条往往就是其"潜在值"，他也会因为这些潜在值而一跃成为有钱人。

是的，你完全可以靠婚姻改变自己的命运，只要你有一双慧眼，在男人堆里找出那支"潜力股"。选择潜力股的关键就是着眼未来，着眼于股票未来的走势和发展方向，不以当下的成败论英雄，不被表面现象所诱惑。外表、长相、身高之类，纯粹是审美意义上的判断，就像股票的名字，好不好听无关紧要。至于他现在从事何种职业，居于什么样的位置，也仅仅是参考。重要的是才识、胆量、野心之类，这些才是衡量一个男人能否在未来的某个时间点一路飙升的重要指标。

选老公就像是投资，女人不能只看眼前的风光无限或是落魄潦倒，眼力好的，找准"潜力股"，没准将来就是一路彪红的"绩优股"，且不说衣食无忧的大俗话，也会在别人艳羡的啧啧声中对自己独到的眼光自豪不已。

在婚姻投资学里，最近的是未来，最远的是现在。女人想要借助婚姻改变自己的命运，就必须具备最独到的眼光，一眼识别那块还没有被打磨出来的和氏璧璞玉。就像沃伦·巴菲特选股票一样，专门买最便宜且有极大升值空间的股票。一是因为这样的股票好买，二是花钱不多，三是赚得最多。

# 10. 别拿婚姻赌明天

当大部分高校毕业生拿着个人简历奔走于大小招聘会时，一些聪明的女大学生却早早的把精力放到了找一位"成功人士"定下终身大事上……随着近年来就业难题的逐渐凸显，"干得好不如嫁得好"变成了高校女生的新追求。

以前只在成熟女人中流传的"嫁个好老公，少奋斗20年"、"嫁个有钱人"等口号，现在已成为一些女大学生的共识。大学校园里甚至流行着"男靠家，女靠嫁"的说法。一些即将毕业的女大学生甚至将婚姻视为就业的一条捷径，戏称为"曲线就业"。

不同于其他大四学生焦急地奔走于大大小小的招聘会，彭玉馨却频繁地出现在各个婚介所里。今天，已经是彭玉馨要约见的是第六位对象了。彭玉馨也曾希望通过就业留在这座大城市，但一次次的打击终于让她意识到这个的愿望的渺茫。如今，仍然怀揣学生证的彭玉馨把一切寄望于婚姻，"年龄不是问题，家境殷实、有房有车才是最主要的'硬件'"。对此，小张有自己的看法："新时代的女性，不仅要干得好，也要嫁得好，这两件都是大事，都需要慎重对待。彭玉馨说："反正总是要嫁人，不如趁现在自己条件占优的时候，找一个条件好些的男友，这样即使自己找不到好工作，也不会有什么压力。"

彭玉馨这样的情况在现如今的大学中非常普遍，有的甚至还是在家长的安排下。刘品颜是上海某大学的大四学生，毕业在即，刘品颜的父母不停的

为她安排相亲的机会。最近，刘品颜又见了三个相亲对象，他们分别为公务员、部队军人和私营企业主。刘品颜的父母认为，女儿是家中独女，成绩不错，而且学的专业也不错，毕业后回家乡恐怕没有多大的发展前途，应该留在上海工作。如果能在当地找个有一定经济实力的对象，将来毕业后留在上海工作，在上海结婚，会避免生活和工作中的许多困难。

不少女大学生认为她们深受家庭传统观念的影响。还有女学生说：高中时，妈妈说要用功读书；上了大学，妈妈又说女人最重要的是找个好丈夫，干得好不如嫁得好。

女大学生们普遍认为：近几年大学扩招后，想找个好工作真是难上加难，不如边找工作边物色一个好老公。当然找老公的首要条件是要有一定的经济基础，其他条件都可适当宽松一些。因为嫁了这样的老公，即使找不到好工作也能过上舒适的生活，甚至可以穿名牌衣服，用进口化妆品，而不必考虑生活的压力。何乐而不为呢？

但是，这种为了逃避压力而选择的婚姻真的能给女人带来幸福吗？也有大四女生说："我们即将毕业，个人简历早已准备好了，还投了不少出去，大多没有什么消息，也去面试过，但都没什么结果，这也在我的预料之中。在竞争这么激烈的今天，就业是不会一帆风顺的，我已经作了充分的心理准备。但是无论如何我也不会选择把自己嫁出去，网上的那些征婚帖子，很多都不是以爱情为标准在择偶，倒有点像是寻人启事。这样的婚姻很难让人幸福。"

的确，婚姻不是赌博，幸福也不能作为筹码，年轻女人还是应该首先在精神上求得独立，不能盲目地把自己的未来押在男人身上，这好比买彩票，只是赌一把，可要知道中奖率实在太低了。

张薇薇和顾晓旭是大学同学也是一对恋人，张薇薇是个大美人，大学时代不乏追求者，但家在外地。而顾晓旭不仅是本地人而且家庭条件很好，所以刚一毕业，张薇薇就极力主张结婚。顾晓旭的父母见两个人当时也都通过关系都找到了不错的工作，便同意了让他们登记。一时间，大家都很羡慕这对新人，执子之手，与子偕老，一切与爱情有关的美好的东西都是属于他们的。

但是，年少轻狂的顾晓旭不甘于现状，进入社会的他才知道世上还有很多美好的东西值得追求，对未知的渴望在他身上蠢蠢欲动。而家庭此时却成为了他的束缚，他要到外面更广阔的世界里去探险。张薇薇的苦口婆心也没能留得住他，顾晓旭毅然的离开了新婚三个月的妻子。

不管张薇薇是为了爱情还是为了逃避，她都无疑变成了不幸婚姻的牺牲品。爱情充满浪漫，婚姻则是爱情的升华，更富有内涵，需要双方承担更多的责任，包括家庭责任，社会责任。想毕业就结婚的青年们要慎重对待，等到自身物质条件改善，有了足够的心理承受能力和社会阅历后，再考虑结婚也不迟。这样的婚姻才会牢固稳定，家庭才会有更多的欢乐和幸福。

理想的婚姻观当然是以爱情为首选的婚姻，物质对婚姻生活的重要性也是不可忽视的。但是作为高素质的女大学生，放弃自己的主观努力和奋斗，选择这种功利性的征婚形式实在不恰当。因为婚姻是要靠感情基础来维系的，盲目地拿青春来赌明天，未必将来就会幸福。

心理学家认为，"急婚"的女人们只图钱和享受，根本不存在感情。她们刚毕业就匆匆结婚，自己的心态都不成熟，结婚相处后才发现双方性格、价值观不同，所以现在开始闹离婚，给自己带来了伤害。婚姻中不能掺杂不良成份，否则随着时间的流逝，她们冷静后，会发现自己婚姻的不幸。

婚姻不是一切，对于女生来说，婚姻更不能给自己带来利益。所以，女人面对婚姻一定要慎重，别拿婚姻赌明天！

## 11. 明确自己为什么要走进婚姻

婚姻对于女人来说，意味着"第二次"生命的开始。不要以到了应该结婚的年龄或者两个人总比一个人好作为步入婚姻的理由，而要在明确婚姻能为自己带来什么之后再把自己嫁掉，否则女人一旦走进婚姻，就会像踏进一个迷宫般的围城一样，进退两难。

结婚大约是这个世界上大多数女人最为期待的一件事情吧。那么，结婚是否需要一个理由呢？这的确向我们提出了一个严肃的问题。万事万物都需要理由，难道婚姻不需要理由？给婚姻一个理由吧，明确自己为什么要走进婚姻，只有这样，自己才不会在婚姻的迷雾中活得稀里糊涂。

刘丽娜是一个现实主义者，面对婚姻，她从一开始就知道自己该如何选择。

25 岁的她，希望过上那种不用为钱烦恼的日子。所以选择他的原因就是因为他有钱，可以让自己过上想要的生活。

刘丽娜知道会有人把她们之间的这种关系形容成"金钱关系"，还会有人问她：这种由金钱关系孕育的婚姻花朵，能绽放多久？对此，刘丽娜说："不要问我爱不爱他，婚姻还是现实一点的好。整日忧心柴米油盐酱醋茶，人会变得琐碎不堪。"

而事实上，时下有很多的女性结婚都是因为这个原因。有想改善生活品质的，有想改善生活环境的，也有想逃避压力的。实在是没什么可批评的，人都有选择自己生活方式的权利。纵然对丈夫不是怀有深刻的爱情，但之后肯定也会有那种成了惯性的亲情。

当然，除了这种最普遍、最实际的结婚理由，还存在着很多让女人步入婚姻的因素。

已经 30 岁的卓文婷急着结婚的原因是：再拖下去，父母都要急出病了。的确，年龄永远是女人不得不考虑的因素。就比如卓文婷，虽然工作不错，但她的父母还是常把"结婚"挂在嘴边："你都三十了还不结婚？还要我们等到什么时候？"百善孝为先，所谓可怜天下父母心，结婚，也是为了他们开心。所以有时候婚姻也不仅仅是一个人的事，而是一种社会责任。

与此同时，还有来自自身心理变化上的压力。世人哪知大龄女青年每日里对着镜子，看着眼角皱纹逐渐增多时的惶恐？独身的大龄青年参加亲朋好友的婚礼，心情就和老年人参加故交的葬礼差不多。朋友见面，少不了要问孩子多大了。得知还独身呢，朋友连称"还是你洒脱"的同时，少不了再追问上一句"为什么还不结婚啊？"这样的问题每每让单身女人无言以对。

29 岁的大学教师姚梓卉，她的婚姻完全是出于爱情，姚梓卉说："我爱他，所以我要和他结婚。"

以爱情为前提的婚姻，毋庸置疑是最浪漫的一种。爱情这东西确实神奇，经常让人变得头脑发热，海枯石烂、沧海桑田的誓言不在话下，还得让全世界来见证一下——以结婚来承诺彼此的一生、爱情开花、婚姻结果。小时候憧憬的爱情，或者两小无猜、青梅竹马、水到渠成，或者几经波折，历尽坎坷，终成正果，又或者不期而遇、一见钟情、既定终身。

二十出头的关颖薇是个白领，她虽然很洒脱，但还是早早的结了婚，因为她认为：一个人走不如两个人走，两个人走不如手牵手。

即使不赞同结婚的女人也一定会喜欢《牵手》这首歌吧？虽然清楚地说"也许牵了手的手，前生不一定好走"，但是痴情的女人们还是坚持"所以有了伴的路，没有岁月可回头"。对于结婚，不一定要有刻骨铭心的爱情，只要谈得拢，两人在人生的道路上可以相互照顾，在寂寞的时候有温暖的怀抱可以依靠就行了。

杨若雪很优秀，但要命的是她的男朋友更优秀，所以杨若雪决定：用婚姻拴住他的心。

杨若雪说自己很爱他。但和许多优秀的男人一样，他总是会吸引那么多女人的目光，杨若雪为此而感到惶惑。有朋友怂恿她："结婚吧，结婚是拴住一个男人的最好办法，也是打消其他女人非分之想的最好办法！"思量再三，尽管杨若雪知道这是一个单纯幼稚的理由，尽管杨若雪也知道没有谁是属于谁的，但她还是听从了朋友的劝告，及早和他结了婚，毕竟，用婚姻把他约束起来，还是要冠冕堂皇的多。

想要结婚的女人们，是否已经明确了自己应该走进婚姻的理由呢？五花八门的理由呈现在我的面前，我不知道哪一种理由更能引起观众的共鸣，但唯一可以肯定的是，结婚是需要理由的。从爱情走到婚姻，如果你是认真的，如果你决定把这段感情走到人生的尽头，那就需要给自己，给对方一个理由。因为只有明确自己为什么要走进婚姻，才能有目的的追求自己想要的幸福，婚姻的成功率也自然越高。

# 第二章

## 男怕入错行　女怕嫁错郎

- 不要因为寂寞而随手抓一个男人
- 练就一眼看透男人是否真心的绝招
- 请离有杀伤力的"老男人"远一点
- 已婚男人的"爱"碰了都是痛
- 小心他的"糖衣炮弹"
- 宁缺毋滥，别忙着把自己嫁出去
- 有三种好男人也不能嫁
- 喜新不厌旧的男人不能要
- 别中了"花心萝卜"的招
- 女人再婚要选准男人
- 怎样拒绝你不爱的男人
- 什么样的男人不能嫁

# 1. 不要因为寂寞而随手抓一个男人

在古代，女人只有依附男人才能生存，所以婚姻对于女人来说就是人生的全部。虽然今天，婚姻已不再是女人的全部，但婚姻却是决定一个女人幸福的关键。身为现代女人，一定要小心谨慎地选择你的未来伴侣，如果选错了，立即分开。决不能因为怕寂寞而凑合过日子，那样会害了两个人。女人首先应该知道自己要什么，包括你爱的男人。面对婚姻，应该是抱着宁缺毋滥的态度。不要因为寂寞而随手抓一个男人，这样，不仅会对双方造成伤害，也是不负责任的表现。

岳亦姗眼看着自己的青春一天天老去，结婚情结越来越深，希望那个自己爱的更爱自己的男人，能早一天出现，为自己披上洁白的婚纱、携手步入婚姻的殿堂。

岳亦姗就快要三十岁了，每次，当喜庆的婚车在她的身边驶过，岳亦姗都会怀着一种别样的心情注视着他们一直消失在喧哗的人海车流中；每次，无意中路过婚纱影楼时，岳亦姗都会默默的伫立、痴痴地想象着自己穿上婚纱的样子，迟迟不肯离去；每次，听到一起长大的好友结婚的消息，岳亦姗都会发出无限的感慨。

于是，岳亦姗决定在三十岁生日之前一定要把自己嫁出去。正在这时候，岳亦姗遇到了刘智。他是一个很平庸的男人，但在他的穷追不舍下，正在"愁嫁"的岳亦姗居然也答应了，最后，二人相识两个月就结婚了。

本以为结婚可以改变寂寞的现状，谁知只是让自己更孤独——心灵上的孤独。岳亦姗与刘智性格差异很大，学历、家庭背景、社会经历都有着不可调和的差异，婚后的生活矛盾频发。结婚仅半年时间，两个人就分居开始了冷战。

此时的岳亦姗告诫其他女性朋友说：不要因为寂寞而结婚，更不要因为寂寞而随手抓一个男人来结婚。

在过了婚龄的单身女性看来，"婚姻"是让人羡慕的。孤单的女人像座孤单的灯塔，期盼的太多，也等待了太久，虽然期盼是快乐的，等待却是痛苦的，她们越来越渴望一个伴侣、一个家、一张双人床。但如果你所期盼到来的爱情并不能带给你幸福的时候，千万不可盲目就步入婚姻殿堂，因为与你一起步入婚姻殿堂的那个人，一定得是你愿意与他执子之手，与子偕老的那个，随随便便就结婚只会让你丧失对婚姻美好的希望。

蒋思琪相貌中等，人缘不差，但是已经30出头仍没有对象，看到别人出双入对，难免心情欠佳。最近她仿佛更走霉运，不但失业，租的房子又快到期，被迫搬家。

接二连三的倒霉事，让蒋思琪下定决心要结婚。蒋思琪跑去"婚姻介绍所"摔出一大笔钱，且签字时还声明，会在结婚时送给介绍所一个大红包，因为她不想等啦！蒋思琪真的下了决心，离开介绍所时，还自言自语地说："就在今年内，非结婚不可！"

但是，一年很快就过去了，蒋思琪依然还是单身一人。面对朋友的追问，她不好意思的说："虽然说过年内非结婚不可，但我毕竟不能为了结婚而结婚啊，没有合适的人就草率的结婚，这不是对自己不负责任吗！"

婚姻是一道围墙，一旦走进去再想要全身而退可就没有那么容易了，进去的时间越久就会越疲惫，如果当初选择不好，等于把自己一生的幸福都葬送了。所以，待嫁的姐妹们，不要因为寂寞就随随便便的把自己嫁掉。要趁自己还年轻，还有一点只属于自己的时间，好好的善待自己，武装自己，总有一天，幸福的婚姻就会降临。

## 2. 练就一眼看透男人是否真心的绝招

婚姻，从曾经的父母之命媒妁之言到现代的两心相悦、执手相看，再怎么演变也没能逃脱其不确定性。男女之间的交往常常很微妙，很多即将携手步入婚姻的男女常常处于惶惑不安中，他们总是猜测对方对自己是否是真心的，而女人则尤为突出。

那么，女人要怎样才能洞悉男人的真心呢？

男人们都知道事业和金钱是维持爱情的首要条件，所以，男人们都想要把钱花在最值的地方。如果你只是男人的一个恋爱对象，那么他请你一起吃个饭、唱个歌、跳个舞都不算什么，因为他们知道花钱吃喝玩乐只不过是必要的社交消费，何况自己也有份，所失去的只是微不足道的一点点而已。而当你成为男人心中的结婚对象时，他们就会把一切都托付给你，他们的开心与烦忧，他们的家人和朋友，甚至是他们的金钱和事业。

还有一点女人一定要清楚，现在的大多数男人找老婆不止考虑外貌，素质高低与否显得更为重要，毕竟他们最终想要的还是一位贤妻良母，没有一个男人会娶一个整天只知道玩的女人做老婆的。所以，如果一个男人经常带你出入娱乐场所的话，那就代表他只是想和你玩玩而已。

男女之间交往一定要分清对方是想和你结婚还是只想和你谈个恋爱而已，否则的话，你的心很容易受到伤害。

任娴静是一个大公司的销售经理，虽然事业有成，但是长得很不尽如人意，而且个子也不高，所以三十六岁了还是单身一人。也曾经有好朋友给她介绍过男朋友，任娴静也使出了浑身解数，但男人对她就是不感兴趣。为此，任娴静很是苦恼。

但就在一年前，任娴静突然带着一个身材高大，长相英俊的年轻男人出现在朋友面前。当然，没有一个人相信这个男孩会真心看上任娴静，认为他毫无疑问是为了任娴静的钱。但是，任娴静却告诉朋友，他们已经同居半年了，而且已经拜见过双方的父母，准备来年就结婚。

可等到第二年的同学会上，任娴静虽然来了，但帅气的男朋友却不见了。在朋友们的追问下，任娴静难为情地说，吹了，也带走了自己的三十万块钱。朋友们问她为什么不报警，任娴静说："报什么警？钱是我自己给他的，他比我小却跟我谈了一年恋爱，我知足了。"

朋友们问任娴静，不是说已经带回去给你父母看了，准备结婚了吗？怎么好好的又吹了？

任娴静满脸伤感地说，这只不过是自己的想法而已。那个男人从来不带任娴静去认识他的任何朋友，也没带自己去过他家，跟他上街也隔得很远，生怕被熟人看见了，让自己丢了脸面。

事实明摆着，那个男人根本就没想过要和任娴静结婚，只想跟她捞点钱罢了。

虽然失去了三十万块钱，但任娴静还是能看出来对方是想结婚还是只想玩玩，当断即断，免受其乱。很多女孩子可就没有这么潇洒了，当她们真心的投入一场恋爱的时候总是把只想跟她谈恋爱的人看成是将来结婚的对象，反而把想跟她结婚的人看成只想跟她谈恋爱的人，最后弄得遍体鳞伤，却还搞不明白原因。

恋爱是一种个人行为，而结婚是一种社会行为。要把两种行为合二为一，最好的办法是不要随便谈恋爱，看准了对方是一个真诚而适合自己的人再去谈，这样就能少受到很多伤害。

要辨别对方对自己的心意，首先要考虑对方是否符合作为终身伴侣的基本要素，看看对方是否适合和你牵手走完今后的人生之路。婚恋专家通过研究总结了以下几点，在这里让大家参考一下：

彼此能够建立很友好的朋友关系，而且必须是那种不带任何条件的，没有理由的喜欢与对方在一起；

彼此的沟通没有障碍，比较容易。相互可以敞开心扉的坦白任何事情，而且不必担心被对方怀疑或轻视；

两个人有共同的生活理念和价值观，对这些理念和观点有很清楚的认识，并且能够相互鼓励着去追求；

彼此都认为婚姻是一辈子的事，而且最少是两个人的事。必须是双方都有坚定的意愿，愿意委身在这个长期的婚姻关系中；

当两人之间发生冲突、争执或分歧时都可以一起来解决，而不是求大同存小异，把问题遗留到以后来发作；

彼此能够非常的了解，并且能够接纳对方的一切，当然这包括优点也同时包括缺点。当对方了解你的一切之后，你仍能确信他接纳了你；

两个人相处仍能保持幽默感，常常有欢笑，在生活中的许多方面上都会以幽默的方式来彼此相待；

有时你们之间也会充满浪漫的感情，但是在绝大多数的时候，两个人的相处是让彼此感到满足、舒服和自在的；

你和他的相处，能够从你最信任的人那里得到肯定和支持；

你们之间的交往是非常理性的，非常成熟的。在相处的过程中，彼此都

能够感受到在生活中大多数的不同层面上，你们是很相配的。

当然，要辨别对方对自己的心意，不是单看几个方面就能够了解的，聪明的你，应该知道想看一个人的心，是需要头脑与智慧的，真心体现在很多细节上，它还需要时间去细心体会，不是单看一个眼神，一个动作就能够判断的。所以，在符合以上几点的基础上慢慢考验，小事看人品，日久见人心，不要一时的冲动，要始终如一的恒温爱你，不要烈火之后的冰川，用心感受每一份关怀，热恋中也不要被蒙蔽双眼，多尝试从一个第三者的眼光去审视对方，相信自己的判断。

## 3. 请离有杀伤力的"老男人"远一点

越来越多的年轻女孩开始加入到钟情于"老男人"的行列中，这是为什么呢？是真的爱"老男人"，还是他的出现满足了你的某种渴望？是你真的崇拜他，还是你潜意识里需要一种安全感的补偿？

心理学上说，你最渴望的就是你最需要的，可现实生活中最需要的渴望往往不能带给你幸福，反倒把你引向更大的失落和失望。这也就是为什么，一个爱上"老男人"的女孩更容易受伤的原因。

简彤在欧洲时爱上了一个"老男人"。他是中欧人，整整50岁了。他的大女儿和简彤同岁，已经成家有了自己的孩子，小女儿马上就大学毕业了。所有人都认为简彤疯了，但简彤却认为自己已经离不开他了。

简彤说："在看到他的第一眼我便有种感觉，就是他了。他和我交往过的男人截然不同，无论我们在一起做什么，他都让我感觉非常的踏实和安心。他来自和我们完全不同的背景，他着迷于我的性格，我也如此。"

他有家室、有子女，但他还是决定和简彤交往。然而，开心的背后却总是令人恐惧的孤独。每当他不得不离开简彤按时回家，每当周末简彤独守空房，却不能给他打一个电话的时候，巨大的悲哀和凄凉就会袭上简彤的心头。

简彤也深知离婚对他来说是件难事，就算夫妻感情再不好，想到对她女儿们的影响，能坚持不离的一定不会离。更何况男人是非常看重自己名誉的。

于是，简彤很乖巧的对离婚一事只字不提，心里却很不是滋味。自己给这样一个"老男人"当"小三"，什么时候才能守得云开见月明呢？

了解一个"小"女人爱上"老"男人的原因或许可以帮助你认清自己的深层渴望。也许正因为这方面过于饥渴，你才会陷于偏差；或者，这方面过于欠缺，你才急于找那方面的补偿。比如童年缺少父爱。

假如你看到他时，觉得自己没有父爱的童年得到了补偿，那与其说你找到了爱，不如说你找到了内心缺憾的伴侣。虽说补偿和爱很多时候很相似，但本质上它们不一样：由于你在潜意识里一直渴望一个父亲，当你寻找爱情伴侣时，也就很难摒弃自己的原始渴望。又因为，你没有和父亲同处的经验，你对父亲的渴望多半来自于你的幻想，因此，现实中的真人常会偏离你的幻想而让你失望。

原以为倚着一个长辈般的大男人你从此可以一劳永逸，殊不知，一旦你投入他的怀抱，另一种失落感油然而生，这将带给你更大的失望。

所以，这样的女孩想要得到幸福的婚姻，只有走出童年的阴影，你才能面对未来的生活；只有摆脱幻想的困扰，你才能找到自己的喜好，心理学家告诉我们，一方面的渴念必然带来另一方面的压抑。你和旁人一样需要同龄人的开朗、朝气和热情，那么，忘掉童年的不快吧，一旦你走出童年的阴霾，会发现屋外是一片阳光。

当然，客观地讲，一个年轻女孩和一个大龄男人生活未必不幸福，但前提是必须有爱，并懂得以真换真，以爱付爱。假如对方对你付出真爱，而你却处处以自我为中心，或者完全要他服从你的喜好，如此不平等的爱恐怕难以维持，甚至你们的关系也会发生冲突或裂变。

喜欢"老男人"这种浪漫的情怀本身不是坏事，但梦总有醒来的时刻，人总有长大的一天，与其等到那时悔恨当初，不如面对现在，珍惜自己。或许你多思早熟屡屡爱上大男人，这都不是错，只要你知道自己是谁，要什么，怎么做，你就能掌握自己的生活。

## 4. 已婚男人的"爱"碰了都是痛

未婚女人无论如何不该爱上已婚男人，这不仅仅是出于道德标准的约束，更是从女人的角度做出的诚挚忠告。那些已婚男人的"爱"碰了都是痛，你以为已婚男人就真的如同他们说的那么爱你吗？你真的相信是所谓的上辈子的缘分未尽吗？如果他也爱上了你，还和你进行地下恋情，请问你觉得这样的男人能叫做好男人吗？为了让自己拥有健康、正常又幸福的婚姻生活，年轻女子还是离已婚男人远些的好。

闻雯在悉尼大学读书的时候是有名的才女。当时在上英国古典文学鉴赏课，闻雯抑扬顿挫地把华兹华斯的诗文读出来的时候，所有人都睁大眼睛陶醉了半天。

像闻雯这样的女孩子，无疑是所有中国男留学生追逐的对象，可惜闻雯连正眼瞧他们的兴趣都没有，总是高傲地把他们一个个地拒绝了。

和闻雯一起生活的女孩们都对她很不理解，但是，有一天大家终于发现了她的秘密。

一次，同学们在一家越南馆子吃饭时，看见了正在和一个中国男人窃窃私语的闻雯。仔细看，那个男人应该有40多岁了，还算高大，眉宇间有几分英气，如果倒退20年，应该算是一个帅哥。可眼前的事实是，闻雯看起来至少比他年轻20岁。

关于闻雯傍大款的事，很快就传遍了学校的留学生小圈子，尤其是那些追她不成的男生们，总喜欢把她的故事无限制地放大，以填补自己当时落败的不平。但闻雯无所谓，因为高傲的她自己明白，原因只有一个——爱情。

闻雯是在国内认识他的。那时闻雯大学还没毕业，已考好了 GRE 和托福，那个人在澳洲和中国之间做点生意，几个回合下来，就迷住了她。尽管从一开始，那个人就告诉她：我有老婆，有孩子，他们在中国，如果你想见我，那就赶紧考雅思，来悉尼找我。于是闻雯认认真真地读了雅思，申请了悉尼大学。

做情人，做第三者，做外室，终究不能被人轻易接受，可是那么年轻、那么有才华的闻雯，她付出的是真心的爱，却无法得到同等的回报。因为闻雯飞蛾扑火样的爱情已经注定了最后的结局：她必须无止境地付出、再付出，永远不求回报。

面对闻雯这样的女孩，我们不禁要问：漂亮年轻的你，为什么不能正视身边的同龄男人呢？不能正视身边的同龄人，是年轻女孩的另一大硬伤。从潜意识中，她们喜欢比自己强的男人，喜欢那种被男人包容和呵护的感觉，这都不是毛头小伙子们可以提供的。

事实上，男人是需要培养的，男人也是在不断成长的，与其选一个正在渐渐走向衰老的、不能带给你任何承诺的已婚男人，为什么不把你的心放在那个可以和你一起共度风雨、一起开创未来的未婚男孩身上呢？

年轻女孩的确更容易被已婚男人吸引，因为比起已婚男，毛头小伙子身上的确有一些不可忽视的劣势。而且已婚男人无疑是成熟的，可以带给年轻女孩不一样的感觉。他们一个个都是身经百战的情场老手，以做生意的态度来玩弄感情，尤其对不谙世事的小女孩的感情，自然是手到擒来。

除此之外，女孩们还要认识到，和已婚男人的爱情是不会有结果的。虽然抛妻弃子、拜倒在对方石榴裙下的事情不是没有，但绝对是少之又少。事实的真相是，即使那个已婚男深爱着你，也绝不会轻易离婚的。所以如果你有这种苗头，劝你理智一点，赶快收手。

当然，如果你运气好的话，他也可能会为了你而抛弃现有的一切。你的身份，就可以从情人变成合法妻子，你的爱情美梦就成功了。但你想过另一个女人的感受吗？人言可畏，人们总会不自觉地同情弱者，一个女人，一夜间失去了丈夫，输给了比她更年轻的你，定能招来无数同盟军。这时候，你要面对的，不光是世俗的压力，还有良心的谴责。

即使这样，如果你还能说"我不在乎，我所追求的只是完美的爱情！"那么，恭喜你，你果然是一个完美的爱情追求者。那么，现在就把目光投向这个你爱得死去活来的男人身上吧。他有了一次外遇经历，你能保证他不会有第二次吗？一个习惯了撒谎的男人，真的值得信任终身吗？就算真的走到了一起，你们要很长时间磨合、相互信任，你势必会在提心吊胆的担忧中过日子，随着年华的老去，越来越多的年轻女孩出现在你当年的情人、今天的丈夫面前，

你能保证他不会一不小心，又犯了"天下男人常会犯的错误"吗?

聪明的女人们，如果真有一个已婚男跪在你面前，诚恳地要求你嫁给他，那么不妨轻松地笑笑，对他说谢谢。已婚男人的"爱"碰了都是痛，如果你还对自己的魅力颇有自信的话，还是把自己留给一个单身的钻石王老五比较好!

## 5. 小心他的"糖衣炮弹"

有些女孩子明知道某个男人不可靠，可是架不住他甜言蜜语的攻击，很快就缴械投降，直到彻底被骗，才恍然大悟。在恋爱中，女孩子要保持清醒，要懂得保护自己，哪怕是热恋中也要有主见，不能失去自我，更不能完全不设防地付出。

十个女孩，有九个难以抵挡男人甜言蜜语的攻势，面对这种攻势，她们很容易陶醉其中不能自拔，也很容易蒙蔽了双眼。像《武林外传》里的湘玉，宁愿忍着针扎等各种痛苦，也要假装睡着，只是为了听白展堂对她说的甜言蜜语。可见甜言蜜语的诱惑有多大!

狄皓长得英俊，而且口才不错，他的甜言蜜语让程紫莹沉醉不已。大学毕业后，程紫莹和狄皓开始了同居，就这样一直过了七年。

大学毕业时，狄皓不肯去找工作而想考研，他对程紫莹说，"我先要保证自己的将来，才能给予你最幸福的生活，让你以后有个最坚强的依靠啊。"程紫莹感到很甜蜜，也认为没有理由可以反对他。于是，程紫莹早出晚归地工作挣钱，狄皓在家学习、考研，家里的一切负担和开销都由程紫莹来承担。

狄皓还时不时对程紫莹说:"既然你爱我，就应该为我的尊严和面子着想。"于是把程紫莹的工资卡拿在手里，说不能让人知道他靠女友生活。

狄皓连考几年都没考上。程紫莹劝他算了，可他一副不到黄河不死心的态度。说:"我爱你，所以我必须考下去，只有考上研究生，我才能找到好的工作，给予你更好的物质条件，让你生活得快乐。"

程紫莹想结婚，狄皓却说:"亲爱的，我现在这样的条件，根本不能给你最幸福的生活，所以我还不能娶你。等我有足够的能力的时候，我再来娶你，因为我爱你，所以我要给你创造最好的物质条件，到时我再来娶你。"就这样，他们同居了七年。这期间，程紫莹怀过几次孕，都在狄皓温柔的说服下去做掉了。

终于，狄皓考研多次未果，不得不放弃了。他又想和朋友做生意，因为没有本钱，他让程紫莹去借。程紫莹硬着头皮向亲友借了八万多给狄皓。狄皓从来不让程紫莹过问他的生意，每次只是温柔地说："亲爱的，你只管等着享福，等着做阔太太就行了。我要举办最豪华的婚宴来娶你，要让你成为世界上最幸福的新娘……"

程紫莹就这么等了七年。结果，她没有等到想要的幸福，而是一条让她心碎的短信："我们分手吧！"程紫莹查看自己的工资卡，里面居然只有十多块钱了。狄皓就此人间蒸发了。

男人的花言巧语，像甜甜的蜜糖、香浓的巧克力、美丽的胭脂、迷人的香水，在女人生活中必不可少，却又万万不可太多。你可以把男人的花言巧语当作生活的调料，却不可以被其迷惑。

但是这一点却很少有女人能做到，因为男人的花言巧语总是能适时的满足女人的虚荣心，让他们在不知不觉中中毒。

一个女人就像一朵鲜艳的花，需要观赏的人不时的赞美几句，赞美就像甘露，能使花儿更加饱满和张扬，可是这对于一个木讷不擅于言辞的男人来说真不是一件容易的事。相反，那些花言巧语的男人却深谙其道，说的女人心花怒放，晕头转向，不知所以。

周芸结婚七年了，虽然生过孩子，但是身材并没有走形。一次偶然的机会，周芸把自己的几张照片上传到了网上，没想到竟然得到了一个叫流浪男孩的男网友的大力称赞。

每次，在她上传完图片的时候，流浪男孩都会和她聊上一会，当然都是些赞美的词语，有时说的坦率直接，比如他说："你的身体能让所有的男人眼睛冒火。"有时又说的不动生色，却让人心里美滋滋的。周芸甚至有时候会幻想，如果自己的老公能像流浪男孩这样懂得欣赏自己就好了。已经很久没有得到够赞美的周芸很兴奋。

此后，周芸就不断的上传照片，流浪男孩也从不吝啬赞美之词，很快，

周芸就迷上了这个总是夸自己"太美了"的男人。

有一天，流浪男孩突然问周芸："你想和我见面吗？"

周芸犹豫了一下，还是忍不住敲了一个字："想。"

他们约好了在一个宾馆见面，那天，周芸的丈夫出差尚未回来。虽然已经在网络上见过流浪男孩的照片，但是看到他本人，周芸还是有些震惊，流浪男孩的高大帅气，真让人着迷。

他们有了第一次见面，就忍不住有了第二次、第三次。周芸开始变得开朗活泼，红光满面，精神饱满，比以前更加热爱打扮。她的异样终于引起了丈夫的注意，在她又一次与流浪男孩约会的时候，她的老公出现了。

老公提出了离婚，周芸也无话可出。周芸拨通了流浪男孩的电话，可是一直关机。她才明白，其实她和流浪男孩交往这么久，除了知道他的 QQ 号、手机号，其它的一概不知，更不知道他是否已经结婚。离婚后，周芸再也没有见过网名流浪男孩的男人。周芸伤心欲绝，孤身一人离开了那个城市。

很多女性在恋爱时总希望男性对她好，但往往忽视对男生品质素养的了解，总要求男人去满足她的虚荣心，如果不能满足她就认为是男生不爱她，随着虚荣心的满足，也渐渐丧失正确的恋爱态度和原则，结果就是把好男生逼走，更给坏男人以可乘之机，架不住一些坏男人的花言巧语，一点恩惠就被看成"爱"，甚至把虚荣心的满足看成一种交换以身相许，生活中，这样的例子并不少见。如果甜言蜜语全都发自男人的内心，那就不再会产生花言巧语这个词，如果女人能够抵御男人花言巧语的进攻，那也就不会再有伤心的女人了。

花言巧语的背后究竟是什么？有位男士直言不讳地说："男人对女人表示好感，归根结底不过是要和她上床。"这个答案简直让人感到匪夷所思，也许这并不是全部的事实。可是，无可争辩的是，多数花言巧语的男人身边都不缺女人，你要想成为他的唯一或者最终，几率也许不大。所以不要轻意被他的如簧巧舌打动，以致失去真正的幸福。

## 6. 宁缺毋滥，别忙着把自己嫁出去

每个女人都是上帝创造出来拯救世人的天使，每个天使都存在上帝那里一滴泪珠，当她的翅膀不在坚硬，当她的心凝固于心爱的男人，上帝就会把泪水还给她，让她享受世间的一切。所以，即使你依然是单身一个人，也不要急于把自己嫁出去，身为天使的你，值得更好的人来疼爱。

2008 年 11 月 23 日，38 岁的李嘉欣终于如愿的嫁进豪门。这位香港史上最美丽的港姐，用自己半生的经历在告诫女同胞们，不要害怕年纪大了没人娶，婚姻伴侣永远是宁缺毋滥。即使你有各种各样渴望嫁人的理由，也不能忘记曾有过的对于美好爱情的渴望。

贪恋是人性脆弱的一面，所以人与人之间真的没有合适或不合适，真的没有什么缘分可讲，这都是在人的一念之间发生的。所以说合适不合适只是相对的。人们常常提及幸福就在你手边。而在生活中，也是真实可以感觉到的吗？当你认为和现在的伴侣能够相伴到老的时候，你认为合适的爱人已经来到了，有缘又有份。但当你遇见一个比他还好还要优秀的，你就会告诉旧人，我们性格不合。你就会想和新出现的那个人白头到老，相信和他是有缘分的，你们会比较合适。

好的，爱的就在一起度日，而不好的不满意的也不要勉强在一起，或是急于把自己推销出去。勉强把自己嫁出去后只会适得其反，不幸福或是寂寞的在一起凑合。最后只能是两个人困在围城中痛苦的纠缠与挣扎，没有爱的婚姻最终会走到尽头。

女人各个都摩拳擦掌地蓄势待发，一定要为自己找个好男人嫁了。可上帝并不偏袒女人，在创造好男人的同时，还创造了成千上万的坏男人。现实残酷，只好勇敢面对。所以聪明的女人，在"大选"之时，别只感叹，我要找的不是他。笨女人！什么时候你才会学会了退一步想事情呢？说不定他就是最理想的爱人。

他可能不是一个完美的男人，但他却是个才智过人的男人。这样的男人

不论对你的事业还是生活，都有引导作用。他可以帮你完善自我。如果他没有才智，是个快乐的男人也不错，至少不让人讨厌到呕吐，那么他要在是个健康快乐的男人就更应该考虑了。特别是俗物缠身也仍能保持一颗年轻的心的健康男人，那么他的人生必定是积极的，会带给你快乐的。

勉强是没有好结果的，面对不适合自己的男人总是会有一种不踏实的感觉，这种感觉充斥着自己的生活，贯穿于每分每秒每时每刻。仿佛自己以不属于自己，失去了一种信念、失去了一种支柱、失去了坚持的理由。在感情的世界里，不要勉为其难的相处，永远不要以相爱作为借口来排除一切障碍。在感情的世界里，不要委屈自己。

自己很清楚，在爱情面前尽管表现得无懈可击，可内心深处却是如此的冰凉与脆弱。也许是内心的不平静，导致对一切都失去动力、失去兴趣。表面的平静，无疑给内心的不宁静增添了些许悲哀。

这个世界上没有谁离不开谁。还是那样，宁缺勿滥。还是那样，不会因为爱情而委屈自己。不值得，也不必要。也许该找一个让自己活得坚强的理由，不能够再这样颓废的一无是处。尽快地摆脱忧郁，走上正轨吧。

# 7. 有三种好男人也不能嫁

现在的女人总是把"好男人已经绝迹"、"世界上再无好男人"等话挂在嘴边，但一旦真的遇到传说中的好男人，却还是不肯下嫁的原因是什么呢？

原来，即使同为好男人也有着本质上的不同，有一些能让女人过上舒适安稳的日子，所以能引来无数女孩的青睐。但另一些所谓的"好男人"，却决不是自强自立、重视人格独立并追求成功的现代女性的首选。因为他们咋一看是好男人，但深入了解之后就会发现与之相处的难处，所以想嫁好男人的女人们，一定要谨慎选择。

首先，脾气太好的男人不要嫁。

好脾气的男人绝对是好男人，但是如果脾气好得过分了，女人们就最好离他远些。你没见过他冲自己发过脾气，也没见他对什么事情深深不满大加斥责。对自己百般呵护，甚至可以说是无微不至。在单位里也是任劳任怨，需要跑腿的事同事们找他，没人愿出的苦差派他去，每次年终考评总有善于团结、任劳任怨、乐于吃苦这样的好评语，可同进公司的同事都比他混得有出息，而他至今还是被人随意差遣，居然看不到一丝"进步"的迹象，可他却不恼不急。

王碧云就有这样一个没有脾气的男朋友。"你这傻孩子，自己这么任性，将来谁能宠着你，你男朋友那孩子脾气多好，什么事都依着你顺着你，你却居然笑他是什么'忍者神龟'。"每每听着父母的埋怨，王碧云嘴上虽然不说什么，但心里却直叫苦。

王碧云与男朋友拍拖了三年，对他那"温吞水"似的性格深有领教。虽说这样的男人将来可以与太太孩子厮守在一起过平淡安稳的日子，生活也会少许多的波折，可王碧云害怕这"忍者神龟"的脾气在以后长期共同的生活中传染给自己，使自己像母亲那辈妇女一样，心中除了丈夫、孩子就再无其他，那人生还有什么意义呢！所以，尽管老爸老妈极力撮合王碧云与他男朋友的婚事，王碧云还是来了个先斩后奏，瞒着父母地与好脾气的男朋友做了了断。

好脾气的男人不一定就是传说中的好男人，凡事都不急不躁，也不担心自己的前途，毫无主见，别人说什么就是什么。有的男人虽然脾气有些急躁，但有魄力，为人圆滑，深谙涉世之道，这样的男人比好脾气的男人更有前途。所以，如果你是一个对生活质量要求颇高的女人，就千万不要嫁给这种好男人。

其次，太有钱想把老婆养成"金丝雀"的好男人。

如果男人是穷光蛋，屋没一间，车没一辆，上街买菜得摸着钱袋思谋半天，"抠门"指数比一般人多出百倍千倍，这样的男人肯定没有女人愿嫁。这年月，男人就该有银子才对，自个潇洒，太太跟着也风光。

但是，有钱的男人是好男人，太有钱进而想用自己的金钱来约束妻子的男人就不是嫁人的好选择了。

刘莹蕙的婚姻曾引来好多女孩的羡慕，她因为太出色了，论学历、相貌和气质都迷倒了众多的追求者，最后还找到了一个从事出口贸易的"大款"做老公。老公向她求婚时，发誓说要让刘莹蕙舒舒服服地过一辈子，为此，刘莹蕙一时间感动不已。但婚后才知道，所谓的"舒舒服服地过一辈子"就是让刘莹蕙辞职在家里做"金丝雀"。

刘莹蕙拗不过大男子主义的丈夫，只得从此作了全职太太。开始的时候，刘莹蕙没有孩子，日子过得还算逍遥。可时间久了，刘莹蕙便觉得长期这样闲下去，并不是个好办法，因为自己还年轻，还想做番事业。作为一个现代女性，她可不想终生依附一个男人。她就向老公提出，让自己出去做事，然而老公却不答应，理由是他挣的钱足够刘莹蕙的开销了。

而且，更让刘莹蕙烦恼的是，婆婆想抱孙心切，成天催着刘莹蕙做妈咪。刘莹蕙觉得如果自己真的成了只会生孩子的机器，那人生就没有任何意义了，于是断然的离开了丈夫。

刘莹蕙刚离婚的时候，不知有多少亲朋好友对她的举动不理解，这样好的老公多少女孩想傍也傍不上，而她却放弃了。但是刘莹蕙不后悔。后来刘莹蕙到一家外资企业做总经理助理，现在她已是一家德资企业的老板助理，工作比过去忙碌多了，压力也大多了，可她也从无怨言，因为她觉得这才是自己想要的生活。

那些想把老婆养成"金丝雀"的好男人总希望自己的太太呆在家里，料理家务和照顾孩子。如果你为了钱而嫁给了这样的男人，成了金丝笼里的小鸟，久了后想飞也飞不高，只好把自己的一生托付给了他人。

最后，缺乏主见的"乖乖男"不能嫁。

如果一个女人听说有男生不抽烟、不喝酒、晚上很少外出而且从没夜不归宿的记录，一定会"哇"的一声叫出来："原来世界上还有这种好男人！。"可事实上，这种"乖乖男"决不是理想丈夫的人选。

杜瑜彤的前任男友韩毅风家教森严，因为老爸是省某机关手握实权的领导，老妈是一所名牌大学的教授。所以韩毅风自小就养成了听父母话的习惯。在韩毅风看来，听老爸老妈的话一定不会有错。

韩毅风对杜瑜彤可谓是一片痴心，与杜瑜彤拍拖时，家里也顺着他，只是对杜瑜彤的爱交朋友、爱泡酒吧、爱过都市里夜生活的生活作风看不惯，但又不好跟未过门的媳妇讲，就叫儿子转达，于是韩毅风便常常在杜瑜彤面前"开导"，还常说"我爸我妈说了……"这类的话。

听得多了，杜瑜彤就急了，问韩毅风说："那你说呢？"他便会回答："我爸我妈说得也对。"气得杜瑜彤拿他没办法，自己的恋人怎么就这么没主见，老是"老爸老妈的"，以后在一起这句话不成了让她头痛的"紧箍咒"？在他们一家的庇护下，也许会生活得很舒适，可自己实在是没了个性失了自由，这样的"好男人"实在忍受不了了，于是杜瑜彤断然的和他分了手。

像韩毅风这样的"好男人"没有主见，缺乏自己对事物的判断标准，不敢对人说"不"，虽说很乖很顺从，可以给你带来舒适稳定的生活，却也要把你改变成一个乖乖女，让你饱受折断翅膀的痛苦，同这样的男人生活一辈子，必定会有道不完的苦水。

# 8. 喜新不厌旧的男人不能要

如果你的男人有外遇或者有脚踏两只船的现象，你就不要傻到还在眼巴巴地等着他洗心革面，重新做人，和你回家好好过日子了。即使他跪下求你原谅，说自己绝不再犯，你也绝不要相信他，因为这种喜新不厌旧的男人不可能成为一个好丈夫，还是早点收拾好行装，坚决地离开他为好。

女人都痛恨喜新厌旧的男人，其实，和喜新不厌旧的男人相比，至少前者多了一份坦诚。喜欢你就和你在一起，不喜欢就一走了之，好也彻底，坏也彻底，从不拖泥带水。而相比之下，那种喜新不厌旧的男人才更可怕。所谓喜新不厌旧，就是他可以同时爱上两个甚至更多的女人，每一个他都喜欢，哪一个都舍不得丢掉。这个温柔、那个聪明，这个娇艳、那个忧郁。看来看去，每个女人都别具一番风味。

而这种男人就像一个贪吃的人，恨不得尝遍天下所有不同美味的佳肴。其实这种男人，骨子里喜欢过一种"妻妾成群"的生活，最向往金庸小说中的韦小宝。他可以得到每个女人的全部，却只需付出自身的一小部分。而看着这些女人为他悲伤、流泪甚至争风吃醋，就躲在一边悄悄地笑，并以此为荣，得意于自己的手段和本事。这样的男人，你说有多可怕？

阮秀心在外人眼中一直是被老公娇宠的宝贝。她也一直以此为傲。可前两年，她却突遭迎头一棒，那个天天讲着爱她永不离弃的老公，在外面又找一个女人，那个女人甚至找上门来，要求阮秀心把老公拱手相让。

阮秀心真的不敢相信眼前发生的这一切，直至她的老公跪在地上，一把

鼻涕一把泪地请求她的原谅，她才不得不信。

那个女人是她老公的初恋情人，用她老公的话说，两人在一个偶然的机会相遇，看到她处境艰难，他不免生出恻隐之心，天长日久，两人旧情复燃。阮秀心从来没见过老公在她面前如此痛哭流涕，不禁心软，想想此事也是有情可原，老公也算有良心的男人，总算是"喜新不厌旧"，阮秀心决定原谅老公，只要他和那个女人断绝来往，还回家来和她好好过日子即可。

可是仅仅三个月后，阮秀心却再次遇见她老公与那女人在一起，甚至另建爱巢，这个男人过起了"左拥右抱"的生活。

阮秀心气极了，质问他出尔反尔，虽知那男人虽口口声声后悔不迭，但不忘标榜自己是一个喜新不厌旧的男人，好像在为自己的出轨贴上"高尚"的标签。

阮秀心痛苦万分，面对老公可怜巴巴的乞求，加之一脸的无辜，还有口口声声地"爱她离不开她，离开她就无法活下去"的种种鬼话，往往是刚迈出两步又退回去三步。

其实，阮秀心未尝不明白，这不过是男人的谎话，其实这个世界谁离了谁都活得下去，但就是硬不下心来。面对男人的眼泪和哀求，心软是女人最大的天敌。

索性把宽容的美德再发扬一次也没什么，问题是，如果遇到的这个男人一而再再而三地恢复"喜新不厌旧"的本色，到头来痛苦伤悲的只会剩下你一个人。

对大多数男人来说，过去了就是过去了，打个电话，或是帮她一个忙，都是很正常的事情，什么旧情难忘，什么藕断丝连，都是女人们臆想出来的事情。但那些"喜新不厌旧"的男人，无疑是可怕又可恨的。这种"喜新不厌旧"的作风也是女人最深恶痛绝的，因为没有一个女人会愿意和其他的女人分享一个男人的爱，即使她再宽容、再大度。所以，如果碰到了一个"喜新不厌旧"的男人，还是尽快离开的好，否则等待你的只会是无尽的痛苦。

## 9. 别中了"花心萝卜"的招

就如同"男不坏女不爱"的至理名言所说，在很多女人咬牙切齿的声讨男友是"花心大萝卜"的同时，心里却依然死心塌地的爱着他。男人太老实了反而没有市场，有些女人们甚至提出了"找个花心男人谈恋爱，找个本份男人当老公"的口号。

但是，女人永远是向往天长地久的，当爱上一个男人的时候总希望与之厮守一生，然而，如果爱上的是一个"花心大萝卜"，那所有的美梦就都会随之破碎了。男人的花心就像得了流感一样，一发不可收拾，有些拥有高超手段的花心男，甚至可以将身边的女人哄得招之即来，挥之即去，他的魅力可使身边的女人毫无保留的付出一切，他可以同时拥有 N 多个女友，又可以泪流满面的跪在你面前，说最爱的人是你，当然在他说最爱的人是你时，也不要怀疑他的真心，只是这样的真心只维持到你答应了不离开他时就完结了。但是又有几个女子在深爱着对方的时候，能够受得了这样的沉重打击呢？

所以，为了防止自己中了"花心萝卜"的招而陷进痛苦中，最好的办法就是尽早识破"花心大萝卜"的嘴脸，然后把他从自己"候选丈夫"的名单中排除出去。

**一、精力过剩的男人容易"花心"。**

在通常的情况下，男性总是对于未知或全新的事物，充满强烈的好奇心，而且在面对这些事物时，也不像女性那样容易感到不安。相反，他们往往会去积极地进行探索，想要了解其真正的内容。说极端一点，男人是为了追求刺激才到舞场、酒家去寻欢作乐的。而在男人当中，对各种新奇事物心存浓厚兴趣的人，在嗜好方面较普通人更为广泛。看到这种男人，女性特别容易心动，因而这种男人将来拈花惹草的可能性就较大。

**二、认真的男人容易走向"出轨"极端。**

有些粘液质的男人，平时感觉比较迟钝，严格遵循传统与道德准则，不越雷池半步，对人则亲切和蔼，谦恭有礼。然而一旦由于某种原因而导致心

理上失去平衡，就会产生令人感到意外的情感爆发现象，走向堕落的享乐世界。这种极可能从一个极端走到另一个极端的男人，平常是不容易察觉出来的。因此，找丈夫时，男人的认真、一丝不苟虽然是一种美德，但还是不要太过度才好。平时太死心眼、缺乏游戏精神的男人，有时候会潜藏着一种陷入极端的、毁灭的、享乐世界的危机。

**三、好男人一坏不可收。**

有人说，吃喝嫖赌是男人的天性。不过，也有的男人绝不涉足。但他们都有一个共同之处，就是有一项强烈的爱好，或者是工作的兴趣，或者是其它的嗜好，能使他投入全副身心。不过，这些工作认真、不识游戏滋味的男人，到中年以后，一旦尝到游戏的滋味，则容易走火入魔，不能自拔。由于他们在年轻时不曾学过如何去控制玩的欲望，反而容易对游戏的世界抱有神秘、过度的期望，尤其是赌博和女人，更会使其执迷不悟。

**四、不修边幅的男人不可同情。**

通常，即使再懒散的男人，约会时也会梳梳头，穿件干净的衣服，希望给对方留下个好印象。可是还是有些男人，约会时不修边幅，偏偏有些女人会激起一种女性的本能，觉得对方"好可怜"，从而生出恻隐之心嫁给他。

婚后，这类男人在妻子"调教"之下，外在形象稍好一些，可是，因为不善修饰自己，缺少吸引女性的外观，因而不会轻易发生外遇。因此一般的女性容易对这一类的男人不予防备。不过这类男人不外遇则已，一旦移情别恋，往往会极其认真，陷得很深，让女方大感震惊。

**五、情绪如风的浪子型男人。**

浪子型的男人，有风度，谈吐风趣，懂得应付场面的礼仪，学问广博，装扮入时，并擅长捉摸女人的心理。你不喜欢热闹的时候他会带你到海边散步，当你讨厌看流行电影时，他又会带你去听一场音乐会，诸如此类的表现，令你不自觉地由心底里喜欢他。但是，这类男人在爱情上有一个致命的弱点，就在于他的喜新厌旧心理。他喜欢不断追求刺激，否则就会窒息。因此，这种男人很容易伤害女人，不值得刻意追求。

**六、男人的心有旁骛最值得重视。**

两个人高高兴兴地约会的时候，每当和其它女性擦肩而过时，你的男朋友是不是也会把视线移向她呢？许多女性会认为这种男人应该多予提防，认为他们一定属于感情不专的人。其实未必如此。从男性在社会中扮演的角色和立场来看，男性在社会上生存必须一切靠自己的实力，必须眼看四面，耳听八方才能避免危险，因此自然养成了对周围环境的注意力。反而是那些目光一直不敢转移的男性，将来发生外遇的可能性更大。因为这种做法很可能是因为他太容易注意其它女性而矫枉过正的结果。

### 七、频传情书的男人不可靠

在电话较为普及的今天，靠写情书来传达感情的，大概是因为当事人把它看得十分重要。不论他在信上写什么内容，他都是想传递"我对你很认真"的讯息。通常地，喜欢写情书的男人，与其说他热情，倒不如说他是一个感情细腻、做事比较慎重的男性，所以才将语言不好表达的意思写成文字来传递。

然而，若是情书过分地频繁，女人则要注意防范了。因为写信给对方，本身容易变成一种向对方直接要求代价的行为，进而沉湎于书信来解决心中的苦闷。走到极端，会对真实的对方不感兴趣，而迷恋于自我塑造的幻想。因此，把频频写情书的男性视作充满热情的理想男人，等到论及婚嫁时往往会发现对方言行不一，致使兴趣全无，双双破裂。

现在的女人也应该学聪明一些，虽说"十个男人九个花"，但好男人还是存在的。所以在面对花心的男人时就一定不能动摇，要坚决的远离他，否则一旦中招，就自然会有吃不尽的苦果等待着你！

# 10. 女人再婚要选准男人

婚姻本来就是一场赌博，尤其是已经输了一局的女人，是否还有勇气开始另一段婚姻呢？如果你还想再次进入围成，有没有考虑过，什么样的男人才是能够给你幸福的首选伴侣呢？对此，李玲玉的答案是，包容且有绅士风度的男人。

李玲玉这个名字曾经响彻上个世纪八十年代末九十年代初的中国歌坛。作为一代"甜歌皇后"在中国的老百姓中可谓家喻户晓，她甜美的歌声吸引了无数耳朵，而她美丽的容貌更被大家惊为天人。然而在九十年代中期，这

个名字随着她失败的婚姻消失在了中国乐坛，李玲玉去了加拿大，并在多伦多开始了留学生涯。

在加拿大期间，有一次李玲玉在应邀到蒙特利尔参加一个 Party 的时候，认识了杰瑞。Party 上，李玲玉一曲还没唱罢，早已是掌声雷动，坐在台下的杰瑞听得如痴如醉，Party 结束后，杰瑞带着翻译气喘吁吁地找到李玲玉，问她要了电话号码。回到多伦多还不到五分钟，她就接到了杰瑞委托鲜花店送来的火红玫瑰。

后来，杰瑞打电话来时，怕李玲玉听不懂，就把每个词拆开来一个个念给李玲玉听，显得很耐心。杰瑞的这种绅士风度博得了李玲玉的好感。

但是，有过一次失败婚姻就足够了，为了避免再次遇人不淑，李玲玉选择了不辞而别，"逃回"了中国。但是让李玲玉没想到的是，自己回国一个月后，杰瑞紧随其后，也来到了中国，李玲玉走到哪，他就跟到哪。

但是，李玲玉依然有很多顾忌，和朋友聚会的时候，她总是让两个人的座位分开一段距离；逛街的时候，她让杰瑞走在后面；有时和朋友聊天，半天顾不上跟杰瑞说一句话，连朋友都觉得过意不去，推推李玲玉："别冷落了人家。"可杰瑞并不在意，依然谦和、耐心地陪在李玲玉身边，还很有绅士风度地表示理解。

终于，李玲玉被感动了，他说："遇到这么好的人，真是自己的福气。"李玲玉终于答应了杰瑞。1997 年这对有情人在上海举行了婚礼。

如今，当这副美丽的面孔再次出现在人们视野中，同时也传来了让人欣慰的消息，这位昔日的甜歌皇后，如今已为人妻、为人母，并在人生的转折中，悟出了一个女人的幸福真谛。那其他离婚的女人们呢？你们是否也找到了可以再次一起走进婚姻的好男人呢？

当然，和什么样的男人再婚会幸福，答案是不一的，每个女人都会找到属于自己独一无二的幸福。但是，女人再婚，什么样的男人不能嫁？这个标准却是统一的，离婚女人们一定要擦亮慧眼，不要再次让错误的选择贻误自己的幸福。

首先，不孝顺老人，不能接受你的家庭和你的孩子，这样的男人不能要。

有些离过婚的男人，极其缺乏基本的责任心和道德心，他们不能孝顺自己的父母，也不能接受你的孩子和家人。这样的男人，你是否要嫁？他要接受你，就要接受你的生活圈子，因为你不是第一次结婚，你肯定有自己过去的家庭和孩子的牵绊，如果他不能接受你的这一切，你嫁给他就注定要"一人心挂几人肠"，或者永远都要去说服他接受你的家人和孩子。如果你想找一个有责任心有爱心的男人安安稳稳地过完后半生，就决不能与这样的男人再次走进婚姻的殿堂。

其次，总是在公众面前只顾指责妻子或前妻不是的男人不能嫁。

在另一个女人面前诉说自己的婚姻是如何不幸的男人只是在为自己找借口。任何一场婚姻的失败都不是单方面的谁对谁错，大家都有不可推卸的责任。这样的男人，至始至终都没有认识到自身存在的问题，很大男子主义，一切唯我独尊。现在的社会又不存在包办婚姻了，至少当初你对她也是有那么一点点好感才会结婚的吧？如果她一开始就是这个样子，那你为何还要娶她？如果是妻子的不对，那你有没想过去试图说服她呢？这样的男人没有从根源上找到婚姻失败的真正原因，因为他认为他没有什么做得不对，全是对的。一旦嫁给了他，无疑是很可怕的。

此外，心理不健全的男人绝不要妄加选择，与他们一起生活非常痛苦。

一、心胸狭窄：这种男人自己在外面玩得溜溜转，却不准妻子和其他男人稍有接触。他们视妻子为私有财产，不允许妻子有自己的个人空间。

二、心理阴暗：这类男人说话假仁假义，外人看上去并不觉得他有多大不妥，其实质上为人残忍，不宽容，为达到目的，可以使用卑劣手段而不以为耻。与这类人共同生活，会感到生活阴森可怕，危机四伏，心中蒙上阴影，终生无法抹去。

三、胆小懦弱：这类男人一般都无所作为，常常被别人看不起。他们遇事常寻求妻子意见，凡是也会让妻子先一步尝试，因为他们在父母跟前时也是这样做的。

四、酗酒赌博：这类男人自制力甚差，缺乏理智，易为他人或环境摆布。他们对妻子自然缺少温存，在干他们喜欢的事时，会全然忘记妻子的存在。这类男人往往还会易怒，好胜，爱用强制手段支配他人。做这类人的太太，不但感受不到爱，而且还会受辱，令人难过。

五、举止轻浮：看见美女就连路都走不动，还一个劲的猛流口水，把身边的你视若无物的男人，该是多么的轻浮。这类男人对两性关系看得很随便，

尤其对美女会紧追不舍，追上后又会赶紧想着换下一个的口味儿。除非你也与他观点相同，否则你会无法忍受他的浪荡行径，无法忍受就会争吵，你就休想得到安宁、和谐。

六、非常吝啬：艰苦奋斗，勤俭节约是应该，但确需花钱时不花，对什么都控制得死紧，那就是走向极端，成了过分吝啬。嫁给像吝啬鬼葛朗台那样的男人，婚姻的美满感也就无从说起了。

最后，见面就跟你谈钱的男人不能嫁。

这样的男人可能是因为在前一段婚姻中吃了经济的亏，所以见面要不首先就是问你的工资收入，要不就是自报家门，当然他之所以自报家门，是因为他自认为他有一份不错的收入。或者见面就有意无意地拿着钱在你面前晃来晃去，生怕你看不到他钱包里有多少百元大钞似的。对于这样庸俗的男人，钱就是最重要的，他会认为你爱上他是因为他的钱才爱上他的。或者说他也正是因为看上你的钱才会爱上你。

对于这样的男人，无论你与他时间是否已经产生了感情，都不要留恋，他决不是你再婚的理想对象。

# 11. 怎样拒绝你不爱的男人

你喜欢的男人什么时候看着都会觉得顺眼，不爱的男人却永远都不想正视。被爱固然是幸福的，但是一个你对他毫无感情的人总是对你穷追不舍的话，就要大胆拒绝，因为婚姻是勉强不来的，被动的接受，婚后只会害人害己。

你很中意一个男人，但他对你不理不睬；相反，你毫无感觉的一个男人，却对你倾情奉献，紧追不舍。遇到这种情况你也许并不感到幸运，但你得知道如何应付。

一、对方是父母膝下的哈巴狗。

子健给女孩子的感觉是高大英俊，出手也大方，佳佳就是爱这样的男人，于是两人谈婚论嫁。到了子健的家，佳佳发现他变了一个人，只见他依偎在母亲膝下，像一只小哈巴狗。面对他父母对佳佳发难式的问话，子健显得那么无奈。当听到佳佳曾在酒店做过领班后，子健的父母终于对佳佳下了逐客令。而佳佳在第二天断然拒绝了子健无力的解释。

看男人不能只看外表。这种从糖水中出来的男人性格大多逆来顺受，很难违背母命给佳佳一个满意的答复，当机立断是最佳选择。

**二、对方是个无赖。**

如果碰到的是一个纠缠不清的无赖，那是十分讨厌的事情，要防备不使他破釜沉舟，最好的办法是走为上策。你如果有了男朋友，最好向他公开说明。即使对方是个无赖，他也耍不出什么赖，他的粗暴脾气会被你女性的柔情所融化，发泄不出。一般情况下，有学问的女人是绝对不会粗暴地羞辱一个喜欢她的男人，即使那个男人有些无赖。

**三、在相亲时遇到了不合适的男人。**

如果你到了婚嫁年龄，但仍待字闺中，那么就会有好心人来为你"撮合"。但是好心人不一定就有做月老的潜质，他介绍给你的人很有可能不和你心意。当你感觉失望的时候，你该怎么办呢？

葛倩倩是一家银行职员，在一次不知情的情况下，她被好友领到与杨治磊约会的地方。

杨治磊的条件很优越：外语学院毕业，后又出国进修，目前开一家翻译公司。杨治磊满脸的春风得意让葛倩倩很不自在。杨治磊的日式礼貌更让葛倩倩不习惯。当晚上回到家后，葛倩倩便接到女友的电话，女友说，杨治磊对她印象好极了。接着，杨治磊的电话便打进来，言谈也是礼貌周全。葛倩倩婉转地谈了自己对他的印象，杨治磊却信心十足地让葛倩倩多了解了解自己，他对自己的印象是不全面的。

葛倩倩感觉很苦恼，不知道该如何拒绝他，太婉转他穷追不舍；太无情又怕伤害朋友感情，正在左右为难的时候，"恋爱达人"给葛倩倩出谋划策说：对于杨治磊这样的男人，想拒绝他最好把他捧得很高，所以自己害怕高处不胜寒；第二种方法是把自己装扮成恶女，从而吓退这位成功男人。果然，葛倩倩把两种方法结合运用，终于让对方知难而退了。

**四、遇到恬不知耻的男人。**

优秀的男人总是特别稀有，而自我感觉良好的男人却越来越多，比如孙海滨。

孙海滨在公司是优秀人才，几乎大家都很崇拜他。但孙海滨的最大问题是，他搞不清你真的需要什么。公司来了一位新女同事，孙海滨自我感觉良好地认为新女同事对他有好感，这样白天孙海滨给她冲好茶递过去，晚上下班还要送她一程，女同事的父亲有病住院，孙海滨便日夜守候直至疲惫不堪。女同事开始碍于情面不好拒绝，日子久了，女同事便直言相告：我们没有可能。而孙海滨却一如既往，孙海滨简直成了她的噩梦。

对于这种家伙，你无论采取什么办法都是徒劳的，他就像一只挥之不去的苍蝇令你讨厌。唯一的办法是不给他任何机会。苍蝇不叮无缝的蛋，你可不要成为那只倒霉的有缝的蛋哟！

五、遇到自己不感兴趣的好男人。

董晚晴和陈严是一家公司的职员，刚进公司时，董晚晴就非常欣赏陈严，因为陈严无论在工作上还是生活中，都是不折不扣的好男人。而且，陈严对董晚晴日久生情，把一个男人对女人的关心发挥到极致。但董晚晴对陈严只有一种欣赏，并无爱的冲动与悸动。水至清则无鱼，陈严让董晚晴有一种太纯净的感觉了。而陈严却因对董晚晴的一往情深而一如既往地对董晚晴爱护。

虽然好男人已经不多了，但好男人也不一定就是好丈夫。所以，如果不感兴趣还是要尽快拒绝。一是找个合适的机会告诉他，自己已经有情人了，让他帮忙参考一下，因为把他当成好哥哥；二是对他的关照麻木一些，把他的甜言蜜语当玩笑，让对方知道你在心中只把他当作好朋友。

# 12. 什么样的男人不能嫁

婚姻是女人一生中的头等大事，一个良好的开始是一个好的、长久的婚姻所必需的。所以，什么样的男人能嫁，什么样的男人不能嫁，女人们自己心中一定要有数。否则一步错步步错，往后再怎么缝缝补补都无济于事了。

女人结婚前一定要考虑清楚再作打算，才算不辜负自己的生命。以后的日子要怎样过，全在于你嫁给什么样的男人了，所以，在择偶方面要慎重，再慎重。

一、女人缘特别好的男人不能嫁。

他们对每一个女人都非常关照，就像一个大好人。男女之间是不是有真正的友谊还需要探讨，但若他对每一个红颜知己或者好妹妹都事无巨细地照顾，无疑会没有更多的闲暇顾及你。不信，你试试就知道了。

二、看重事业超过你的男人不能嫁。

有事业有地位的男人是最受女人青睐的，可是如果过分看重事业的男人，往往会牺牲个人情感，而选择那些能够在金钱、权势和能力等方面助他们一臂之力的女人。这种过分追求事业的男人择偶是有条件的，因而不是真正能够患难与共的伴侣。

三、高举大男子主义旗帜的男人不能嫁。

他们喜欢呼号出一副"大丈夫何患无妻"的模样。这种男人如果是表面上这样，而你的确爱他，那就迁就维护一下他的尊严吧；如果骨子里也是如此，那么做他的妻子就惨了。

四、有恋母情结并且有些"娘娘腔"的男人不能嫁。

这类男人在心理上可以说是跟母亲的脐带仍然未断，长大成人后凡事仍依赖母亲。而且这类男人的母亲也往往会插手儿子的生活，就算婚后不住在一处，也会对儿子的生活加以遥控，何况这种男人一般都会主动与母亲生活在一起。

他们在母亲溺爱下长大，顺利时勇往直前，逆境时就耐力全无，以致全线崩溃。同时由于恋母，他们的行为与心理都趋向女性化，这从他们的外表与喜好就可以看出来。和这种缺乏男子汉气概的男性交往，你不仅感觉他不像男人，也会觉得你越来越不像女人了。

五、装酷玩深沉的男人不能嫁。

他们给人的感觉总是非常酷、非常深沉，经常是一副莫名痛苦的模样，愤世嫉俗的样子。这种男人是要不得的，事实上他们生活在自以为是的悲惨世界里，痛苦得死去活来，追求一种永远也得不到的境界。他们与女人相处的时候，总是若即若离，使女人痛苦不堪。他们善于欺骗向往爱得轰轰烈烈的女人，可是，这种爱情仅仅是昙花一现。

六、"嘴上抹了蜜"的男人不能嫁。

这种男人甜言蜜语，虚伪地恭维每一个女人，使人浑身起鸡皮疙瘩，没

有一点诚意。可是，许多女孩就喜欢这一套，被灌得迷糊了，还在偷偷地沾沾自喜。与这种男人平时应酬一下，做朋友还不错，如果把他们的话太当真那可就糟了。

**七、太注意自己形象的男人不能嫁。**

穿着隆重得体，出门以前总是梳三次头再照三次镜子。表面上他是为了取悦女人，其实他最关心的人是他自己，而且十分自私，很少会顾及到女人的感受。

**八、占有欲太强的男人不能嫁。**

这类男人视女人为自己的占有物，妻子与异性稍有接触就会暴跳如雷，不尊重妻子的人格，猜疑心甚重。久而久之，令人难以忍受。

**九、志大而才疏的男人不能嫁。**

这种男人好高骛远，追求完美的生活和成功的事业，而又没有实际才干。所以他们按照社会的期望把自己的生活安排得很满，工作、交友和娱乐活动都不曾错过，并且都想赶在潮流的最前沿。而往往他们缺乏内涵，没有真才实学，因此才让许多事情来充塞时间，给你一种成功男士的假相。你如果和他在一起生活，时间一长就会发现他只是一个假好男人，本质上缺乏稳重的气质，显得虚浮缥缈，使人对他缺乏信任感，这类男人往往终生不会有多大出息。

**十、不修边幅的艺术家不能嫁。**

这种男人非常有才华，他们具有丰富的想象力，往往成为令众人仰慕的艺术家。他们觉得自己独一无二，行动与思想都非常另类。但是他们却不太注意外表，或许想展现自己的与众不同，留着长发，衣服也很破烂，很长时间不洗澡的样子；并且他们太陶醉于艺术创作之中，很容易忽略你的存在。和他生活在一起，你往往感到这并非真正的生活，你根本不能接受他的想法，你更无力去改变他。

**十一、交往不久就急于结婚的男人不能嫁。**

这种男人往往和你约会几天、甚至数个小时以后便会向你求婚。刚开始的时候，他会表现得非常绅士、非常浪漫，他会与你在沙滩上漫步，送你一束鲜花，替你预备晚餐，甜言蜜语地说"我爱你"。可是如果你真的嫁给了他，就会发现他所做的一切全是表面化的。结婚以后，他马上会完全改变，总是挑剔，喜怒无常，并且他从不认为自己有错。因此，对于这种男人应该趁早避开，特别是经过多次婚姻的男人。

**十二、相信金钱万能的有钱男人不能嫁。**

他们什么事都以金钱为第一，似乎有钱就有了一切，物质上全都满足了，精神上却是十分空虚的。和这种男人在一起，女人往往会变成傻子。她的精神世界也变得十分空虚，喜欢把自己的物质条件向其他女人炫耀。

了解一个人的本质需要时间，也需要你的聪明才智和理智的头脑，多用第三者的眼光来看待，你所选的也许也有这样或那样的毛病，但只要选个真正适合自己的你就会觉得幸福。

选择生活伴侣是一件终身大事，女人绝不能草率行事，否则的话，婚后一定会造成许多矛盾，不仅婚姻的美满感无从说起，还会导致家庭的破裂。

# 第三章

## 不找最好的　只找最合适的

## 1. 男人没有最好的，只有最适合的

身为女人就一定要相信：在这个世界上，从来没有最好的男人，只有更适合你的男人。

2008 年贺岁电影《爱情呼叫转移 2》，就是通过一位女明星与 12 位不同类型的男士展开的爱情故事，来向女人们印证一个道理：男人没有最好的，只有最适合的。就连作为该电影编剧之一的伊能静也表示，自己对于感情的信念是："没有最好的，只有最适合的"。

当你在街上看到一位窈窕淑女却依偎在一个"三寸丁谷树皮"的丈夫身边；又或者是精明能干的女经理嫁给了老实巴交的小学教师，才华横溢的美女作家终身与一个普通男工人为伴……之类的情景的时候，是否会觉得不可思议呢？

女人们，结论不要下的太早，虽然看上去也许并不和谐，但事实上他们生活过得幸福美满。而其中的幸福婚姻秘诀便是：找丈夫，不找最好的，只找最适合自己的。

隋婉宁是在两年前认识现在的先生贾士锋的。那时，她刚结束了那段维持了数年的初恋，情绪低落，正处在低谷中。她和初恋男友从中学到大学，一直在一起，关系也很稳定，很多人都很美慕。大学毕业后，她在一所中学教书，男友在一家外资办事处工作，大家都忙忙碌碌的，于是见面次数少了很多。而后，他渐渐地变得忽冷忽热，若即若离，令人无法忍受。于是，隋婉宁先提出了分手。他没有表现出一点点的留恋。

隋婉宁现在的先生贾士锋是一个公务员。贾士锋长相普通，穿着亦不讲究。那天相亲和贾士锋聊天时他便坦白的说："我还没有谈过恋爱。"那年，贾士锋二十九岁。对于这一点隋婉宁并不吃惊，因为他外表不出众，加上内向的性格。但她很快感觉到了贾士锋对自己的好，实实在在地感受到了自己在他心目中的地位。于是，隋婉宁嫁给了他。因为她知道，贾士锋不是最好的，甚至很多人都认为他有点儿配不上她，但是她觉得贾士锋是最合适的。婚后，因为贾士锋对她好得一塌糊涂，她觉得自己过得非常的幸福。她明白了自己的这个选择是多么的正确。于是婚后的她经常不经意的露出满足的笑容。

只有适合你的人才能与你共度一生。假如你是一个一心想成就事业的人，为了事业的成功可以牺牲时间、精力。如果你的另一半也和你一样，抱着为了成功可以不惜一切的想法，那么你们就会像一对优秀的合作伙伴，可以每晚都一起"密谋"。如果你是一个生来淡泊人生的人，只想有一本好书、三两知己，那你就要选择一个和你持同样人生哲学、可以欣赏你的人共度一生，这样你们才会有幸福。

相对于恋爱的浪漫，婚姻就显得要现实了很多，而且是需要在后半生都生活在一个屋檐下同甘苦共患难，因此只有生活在最适合自己的爱人身边，你才会感到找到了归宿一般安宁，你才会得到自我价值被肯定的成就感。

两个优秀的男女组成了一个伤心的家庭，一对平平常常的异性却能拥有一个幸福的婚姻。其中的秘诀就在于：是否懂得发现两人搭配的适合性。各自保持自我的完整是情侣交往的最佳境界。恋爱过程中是很容易迷失自己，失去理智的，只有一个办法能做到不失去自我，那就是：选一个最适合你的男人，然后真心地去爱这个人。

爱情之路充满坎坷，尤其是踏上这条路的女人，想要拨开荆棘走向美好未来，选对另一半就是你要迈出的第一步。人人都羡慕的理想男人并不一定是最适合你的，只有牵起对的人的手，婚姻才能不再是坟墓。

## 2. 他有怎样的爱情观

对于你爱的男人，如果你连他最基本的情况都不了解，那么你们的感情就是不踏实、不牢固的，婚姻就更不可能幸福。也就是说，要知道他是否适合做你的爱人，首先要对他做出全面的考察。而重中之重就是了解他的爱情观。

男女心理特点不同，思维方式也不同，所以女人不能用认知你的女性朋友的方式去了解你的男朋友，而应当换个思维方式去认识他们。

姜丽珊和男友恋爱了五年，两个人的年龄也不小了，谈婚论嫁早就应该

是理所当然的。可每次面对这个问题，男友就逃避，为此事吵闹。姜丽珊只好妥协，不再提。令她想不到的是，不久，男友却提出要和她分手。

姜丽珊去质问男友，为什么要这样对她。这个男人却振振有词："我不是不想和你结婚，而是不想和任何人结婚，我根本不想结婚。你非要逼我结婚，不如我们分开算了！我从来不觉得一个人非要婚姻不可，一个人的日子也挺快乐。"

姜丽珊欲哭无泪，说白了，他男朋友并非是不想要爱情，而是不想承担爱情带来的相关责任以及种种生活上的琐事。

其实，在女人们身边，有这样爱情观的男人不在少数。这就更要求女人们能及早认清自己的男人对爱情和婚姻持有怎样的态度，才好及时对自己的选择做出调整。如果发现对方根本不适合自己，就不要勉强，及早退出这场错误的感情吧。

女人在结婚前，你要清楚他需要的是什么，如果不适合，最好及早放手，避免自己陷入感情泥潭不能自拔。

田海琼既能干又要强，就连做家务都无可挑剔。但认识她时间久一点的人都知道，田海琼本来是一个衣来伸手饭来张口的女孩。她之所以会变成今天这样，都是为了她的男朋友。为了他，因为爱，她照着烹饪书上学会厨艺。但是，这仍然没让她的男朋友心里有多少感激。

田海琼的男朋友是个骨子里很传统的人，面对田海琼的所作所为，他并不欣赏。他一直希望自己女友能像林妹妹那样，软弱一些，能依赖自己，最好是哪里都比自己差一点。但田海琼根本不知道他的心思。

有一次，田海琼的男朋友和助理去一家公司洽谈业务，那个负责人态度很傲慢，久经商场的他，认为这次生意可能要吹了，正准备说出结束语时，助理却突然指着对方桌上的一张报说："呀，是嫂子的文章。"负责人低头看了一下，眼睛一亮，再抬起头时脸上就堆满了平易近人的笑容，别有深意地看着田海琼的男朋友，说："原来田海琼是你夫人啊？我很欣赏她呢，看过她不少文章，特棒……"

"不是，我们还没有结婚。"田海琼的男朋友尴尬的说。

虽然后来的洽谈很顺利，但田海琼的男朋友心里极不是味。回家后，田海琼的男朋友执意地和她分了手，只是因为身为男人那说不清道不明的自尊在作祟。

田海琼正是因为不了解自己男朋友的爱情观，才最终导致了两个人的分道扬镳。当然，现实中也有一部分男人是希望妻子优秀、能干的，他们欣赏另一半的优秀，同时也希望她能和他同甘共苦、共同打拼，创造出一片属于他们的天地。面对此类想法的男人，如果你一心只想花前月下地和他浪漫恋爱，然后幻想着结婚后做个"成功男人背后的女人"，做个全职太太，这样的想法是很危险的，因为他根本就不愿意接受一个一味只想做"贤妻良母"的女子。你依赖他，他反而觉得你是个累赘。

总之，女人们想找到一个合适的伴侣，就一定要先了解他的真实想法，并不是要附和着他的需求去改变自己，而是让你在了解他的前提下，审视彼此的感情与差距。只要你并不是想玩玩了事，就不能不慎重考虑，毕竟女人们的最终目标是为了走进婚姻，开始幸福的生活。

## 3. 新时代女性择偶也讲门当户对

在提倡自由恋爱之初，年轻的男女必定也经历过爱情至上的冲动，但今天，无论你再去追问哪个女孩，得到的回答都必然是大力赞成门当户对，由此可见门第差异在现代婚姻中的影响作用还是很大的。

人与人之间总是有各种距离的，包括性格的距离，年龄的差距，文化的差异等。男女两种性别之间本身也存在很大不同，观察和处理事情的方式很不一样。但是良好的婚姻必须跨越这些距离。从这个角度来看，"门当户对"无疑是有利于婚姻生活和谐的。

每当提到门当户对的问题，很多女孩的回答很"狡猾"：你们的家庭可以不是门当户对，但是你要有与对方门第相应的气质。又或者：门当户对的涵义应该是两个人之间要有对等的观念和思想，大到事业、未来，小到春节去谁家过，兄弟姐妹伸手要钱怎么处理。

还记得轰动一时的《泰坦尼克号》吗？杰克和露丝的美丽爱情让多少人为之流泪。但是，也有人会提出这样的疑问：如果杰克没有死去，地位悬殊

的两个人真的能够长相厮守下去吗？答案恐怕正是很多人都不想听到的，却又不得不相信的吧。

"门当户对"是一个古老而长存且极具争议的社会现实问题，而且与我们绝大多数人息息相关。这个词一度被曲解为与爱情相对立的东西，当然这里所说的这种门当户对并不单纯的指门弟的高低，而是强调一种精神世界的一致性。我们成长的环境、接受的教育、生活的家庭，决定着我们的人格，而更多的是一种文化的差异。婚姻生活不是恋爱，家庭背景的不同，对潜在于各自灵魂深处的矛盾，在日后的生活中会日益显现出来。

"门第决定了幸福，不然日后在这方面双方需要花很多精力去磨合，而且还不一定能磨合成功，既然如此，不如当初就找一个既相爱又彼此对应的人。"一个年轻女孩直截了当地这样说，"当然，家庭和睦是需要彼此谦让，但是，这需要双方共同的努力，双方都不能踏过对方的底线。"

现在的婚姻不仅仅是穿暖吃饱了，更需要的是夫妻俩人的沟通。思想上的沟通，心灵上的沟通。记得一部韩国的电视连续剧中有过这样的台词："你嫁给他，就嫁给了他社会关系的总和。你们两个的结合就是两个家庭的结合，他娶了你就娶了你的一切，包括你的社会关系，包括你的父母……"其实，这种婚姻模式是中国从古到今都存在的。所以，"门当户对"的问题才会在很早的时候就被提了出来。

不要试图在现代女人中找出一些依然认为"爱情大过天"的例子，几乎没有女人考虑过"有门第差异的婚姻"。对她们来说，"那实在是自找麻烦"。当自我感受的重要性超越了所有一切，爱情、婚姻也就不再神圣。这或许是门第观念不仅没有消失，反而比任何时候还更强化的原因吧！

现代女人个性鲜明，经济独立，女方也在家庭和婚姻中起着举足轻重的作用。门当户对很必要，因为它是家庭和睦的重要因素。一个灰姑娘，因为爱情嫁入豪门，固然可喜可贺。但是婚礼之后呢？丈夫的家族是否能长期善待出身寒门的媳妇呢？就算对媳妇不错，那对媳妇的娘家人呢？作为女儿的能坐视婆家人对自己老实巴交的父母冷眼相对吗？不要以为灰姑娘的故事一定会出现在现实生活中，那只是童话里的故事。没有相当的经济背景的话，在以后的实际生活里，会深切的体会到两个家庭之间的差异。还有一个就是要有相当的学历。真的很难想象一个研究生和一个小学生的婚姻会很幸福。

现实中的婚姻是需要门当户对的，因为现实生活中不容许有太多的浪漫幻想。就算因相爱而结婚，也不一定能够忽然之间改变自己的生活方式。所以，长久下去必定会有矛盾的产生。现实终归是现实，其本身就不适合有太多浪漫的幻想。

爱情可能会在不同的人群中产生，但良好的婚姻更多的是在相似的人中间产生。物以类聚，人以群分。在婚姻中亦是如此。结婚双方的家庭或本人如果经济、地位、学识、成长的环境等相差较大，结婚以后一般不会幸福。随着时间的推移，两人的价值观念、消费观念、文化、娱乐、卫生习惯、感情要求等生活的方方面面都会格格不入，最后导致分手，不分手的例子是双方都能高度容忍对方，或一方已被另一方改造。背景和出身类似的人更容易找到共同语言，更容易走得长远。

当然，现实生活中并不匹配的婚姻却很和谐的故事也是有的。相互匹配并不是幸福婚姻唯一的条件，更重要的是夫妻双方的理解和宽容，如果你可以愉快地接纳对方的差异，那么也就不必考虑什么门当户对了。

在现实生活中，夫妻关系中最难逾越的一道心理鸿沟，恰恰是那些鸡毛蒜皮的小事反映出来的婚前环境造就的差异，它妨碍着双方最终的接纳、亲近、融洽。在众多的婚姻危机中，"感情不和"、"性格不合"、"缺少共同语言"、"价值观相异"等等，经常成为当事者挂在嘴边的问题，正是这个差异的表现。所以，在选择婚姻对象时注重缩短这个差异的距离就显得格外重要，其实，这就是择偶上的门当户对。

## 4. 婚姻如鞋，选择舒适比漂亮多一点

婚姻如鞋，鞋子舒服不舒服只有脚知道。选择满意的婚姻如同选双满意的鞋子，舒适的鞋子才能养脚。记住舒适的鞋子不一定是最漂亮的鞋子，但是对于婚姻来说舒适远比漂亮重要得多。因为上路最怕穿错鞋，婚姻最怕受折磨。如果你的鞋子漂亮但特别挤脚，就要趁着还没把脚挤伤的时候，赶快换上一双，千万不要因为漂亮的鞋子能得到别人的啧啧称赞，满足自己的虚

荣心，而自欺欺人装出幸福的模样。

从某种意义上来说，自欺并不是什么坏事，但如果你是为了维护自己的虚荣心而自欺，就有点可悲了。自欺欺人，不仅是不成熟的标志，同时会让你生活在痛苦之中。

王琳一直认为自己很幸运，找了一个帅哥做男友，一个被众姐妹羡慕的白马王子。可是结了婚她才发现，那是白天的戏，夜晚来临，她就得扮演披头散发的女奴。

丈夫比自己小三岁，家庭背景体面，又在外资企业里做主管，风度翩翩。但实际上，这个男主角外壳坚硬，善于虚张声势，而内心却很自卑。

可是，这个在外被大家"宠"坏的长不大的孩子，占有欲又极强。于是，便借一次又一次对王琳的征服、欺凌、虐待，来确定自己的权威与魄力。

在这桩外人叫好，内人心酸的婚姻里，男主角不想承担什么责任，也害怕承担责任，可又要耍大男人的威风，最变态的便是几乎夜夜都要打太太出气。

而更可悲的是，王琳为了不被别人笑话，她怕别人说自己找了个人人羡慕的帅哥还不知足。每次丈夫动粗时，她只有苦苦哀求，别打她的脸就好，因为那样会被别人看到，那很丢人！她以为哀兵政策会软化他冷酷的心，总以为他会长大，不再分裂成白天与夜晚截然不同的两种角色。

总之，她这一忍就是近十年，她说，总以为他还小，耍小孩脾气，忍一些时间，他会浪子回头的。她不知道这种人格不成熟的男人，或许只适合谈恋爱，不适合做丈夫和父亲。

或许，爱神真的是个瞎子。他只负责给你冲动，感动，激动，他只诱发你幻想，变傻、变痴，然后只见树木，不见森林……他让当局者迷失方向，情不自禁，却又不自知、不觉醒，赔了青春之后，才发现一切已经晚了，只好忍着，以为太阳下山了，还会有星星缀补那颗受伤的心……

而这一切都是因为自己的虚荣心，守着表面的光鲜，暗地里忍着钻心的痛。当你在黑夜里自己舔着伤口，想没有想过为什么要过这样的生活？为了维护自己在别人眼里的美丽，真的值得自己如此付出吗？

对待爱情，忠贞，但不要愚忠；放弃，但不要失去自我。幸福如同穿鞋是否舒服，只有自己知道，不是做给别人看的。有些幸福，对自己而言，是如此真实，但在外界看来，却不精彩；有些"体面"与"光彩"，人们如此看好，但身陷其中的你，才真正体会到"败絮"的无奈。这时，你要清醒，要学会保护自己，学会一点点自私，毕竟，只有你才可以创造幸福！

不管男性还是女性多少都有虚荣心，但女性的虚荣心一般比男人重，这也是女性的天性所致，但如果女性在与男性交往或恋爱中处理不好虚荣心的问题，往往容易迷失自己。很多女性在恋爱时总希望男性对她好，但往往忽视对男生品质素养的了解，总要求男人去满足她的虚荣心，如果不能满足她就认为是男生不爱她。随着虚荣心的满足，也渐渐丧失正确的恋爱态度和原则，结果就是把好男生逼走，更给坏男人以可乘之机，架不住一些坏男人的花言巧语，一点恩惠就被看成"爱"，甚至用以身相许来交换虚荣心的满足。

我们早已习惯了郎才女貌这个词，几乎所有男人都会因自己娶了个漂亮老婆而自豪不已。社会在进步，如今，不仅是男人喜欢找漂亮女人，女人也想个找帅哥做男友，因为那样无论到哪里都会非常有面子。因为帅哥总是招人喜爱的，和帅哥谈恋爱可以赢得众多姐妹的羡慕和嫉妒，走在大街上回头率也高，这都很大的满足了一个女人的虚荣心。

选择帅哥没错，但是很多女人由此走进了一个误区，她们在选择老公的时候，只看重其外表。可是却忘记了有些帅哥是"金玉其外，败絮其中"，为了虚荣心，赔上一生的幸福实在是不值得。

女人都难免会有虚荣的心理，常常容易被爱情表面的华丽迷惑双眼，其实幸福是一种实实在在的感觉，而不依赖于它光鲜的外表。如果一个男人长着一张让无数女人着迷的脸，你万幸成了他的女友，千万不要高兴的过早，更不要在别人的羡慕声里沉醉。小心他只是徒有虚表，暗地里只会对你拳脚相加，从来不懂得什么是爱，什么是责任。嫁给这样的男人，你的幸福将如石沉大海。

婚姻如鞋的道理，我们很早就听说了，可是女人直到30岁的时候，才能体会深切，所以，她们会选择舒适比漂亮多一点的鞋子。穿着舒适的鞋子不管走多远的路，多崎岖的路，都不会太累。

## 5. 恋爱时一定要了解男人怕什么

纵观几千年的文明史，男人们总以为自己是顶天立地的，他们满怀豪情，觉得满天下的风云都是供他们来叱咤的。在这漫长的史卷上，唱主角的似乎只有男人。没错，自古以来男权社会，男人都顺理成章的成为"阳刚"、"坚强"、"勇敢"、等词汇的代名词。

但是事实上，随着女性社会地位的崛起和社会从工业时代发展到今天的网络科技时代，男人天生优于女性的条件，正在飞速的丧失。男人的内心世界，充满了担忧与恐惧。恋爱中的女人，只有了解了男人心中所怕，才能知道谁才是更适合自己的，谁才是自己最理想的伴侣。

**一、男人最怕没钱、没权、没地位。**

支撑男人一副君临天下的神气，主要是钱、权和地位。有了这些，就有男人的一切，地位、金钱，还有美女，这是男人一生最看重的。大丈夫不可一日无权，小丈夫不可一日无钱。男人天生控制欲强，希望当领导，希望做上司，希望受崇拜。

但相比之下，男人不怕失去美女，失恋算什么，天涯何处无芳草。男人总认为自己有了地位、有了钱，得到二者后想要美女还不是易如反掌。反之，一个男人如果没有钱、没有势，他会觉得天下不是自己的。活在别人的天底下，男人自然垂头丧气。一个垂头丧气的男人，脸上写的都是窝囊。所以女人们，不要妄想让自己在男人心中的地位超过钱与势，那是不现实的。

**二、男人怕女人流眼泪。**

男人不怕打架，哪怕打得头破血流，哪怕打得一败涂地，只要打了，就能显示出男人的力量和霸气。但男人怕女人的眼泪，女人一落泪，他们就手足无措，就目光茫然，不知道怎么才好。这时候，男人露出的尽是慌乱和胆怯，令落泪的女子大喜。

**三、男人怕你批评他的父母。**

动辄就"你妈怎么着……"、"我比你妈强多了"的妻子让丈夫望而生畏，要记住，永远不要想表现得比他妈还贤惠。

**四、男人不喜欢被当作孩子。**

一个女人如果总是把丈夫当作一个孩子，他就会把你当作"母亲"。女人往往只关注别人的需要，却忽略了自己的需要。开始，男人还喜欢被照顾，但一个女人越接近母亲的角色，这个男人就越难以用丈夫的方式去对待她。

**五、男人怕慢病折磨。**

病床上的男人，好汉实在比较少。他们不耐烦，他们怕死，他们心烦意乱，他们神经脆弱。他们窝窝囊囊地蜷缩在床上，需要女人浪费掉很多的唇舌来安慰和鼓励他们。

**六、男人怕啰嗦的女人。**

男人一定很怕不厌其烦地追问你到底爱不爱我，总是絮絮叨叨地和他一五一十地讨论两个人的情感关系的女人。从根本上说，男人和女人的脑部结构不同，女人的大脑中，感情中枢紧挨着语言中枢，而男人产生情感的脑部组织则是和他们的语言组织完全分开的。所以和女人常常可以很顺畅地表达感情，喜欢倾诉探究。相反，男人则常常有爱说不出。专家提示：不要轻易把语言交流的多少和你们之间的亲密程度混为一谈。

**七、男人怕被骗。**

上当受骗意味着智商低，聪明睿智的男人，绝对不能允许自己智商出差错，那是比打架打输要丢人得多的事。一旦被骗，男人最喜欢的方式就是"沉默是金"。

**八、男人怕婚姻。**

他不是不需要家庭提供的方便，而是怕家庭带给他的麻烦。在他们看来，爱情的要求并不高，只要两个人懂得相爱就够了，但婚姻不同，婚姻容易使两个人都受伤。所以，只恋爱不结婚是不错的选择，既可以保证相爱的人之间的吸引力，又避免了许多麻烦。

**九、男人不怕老婆怕女儿。**

在男人眼里，女儿比老婆重要得多。老婆是衣裳，可以换洗，女儿是骨肉，一换就伤元气。许多男人自嘲是"气管炎"，其实是男人怀着心理优势用来说笑的。男人说这话时，心里非常清楚，知道自己敢这么说，是因为老婆天天在伺候自己。但女儿就不同了，所有的男人都在女儿面前气短三分。女儿一

第三章　不找最好的 只找最合适的

67

**十、男人怕比自己挣钱多，比自己名气大的女人。**

这并不是大男子主义在作祟，也并不是真怕女人有本事，而是怕女人由此衍生出的傲慢和脾气。无论如何，我们的社会还是一个以男性为主体的社会，如果一个女人要在其中占有一席之地，那她势必会具备一些让男人受委屈的不良"嗜好"，比如：任性而为、霸道胡闹、自以为是、喜欢据理力争、办事不讲情面、不留余地……这些无疑会让男人感觉很憋闷。

**十一、男人怕把爱情看得超过一切、拿爱情当饭吃的女人。**

女人们一定要清楚的认识到，爱情在大多数男人身上不过是一个插曲，是生活中的很多事物中的一件事，当然也有很少数的男人把爱情当作世界上的头等大事，但你遇到这种人的概率实在是很小。所以如果你把爱情看得超过一切，甚至想拿爱情当饭吃，那势必会让男人躲着你走，没有一个男人会想要和一个视爱情为一切的"痴情女"谈恋爱，更别提结婚了。

**十二、男人怕纠缠不清，动辄歇斯底里的女人。**

所有男人都受不了这样的妻子：他的妻子结婚以来一直不厌其烦地采取全场人盯人的方式。他的电话每5分钟就响一次，如果有事没有接成电话，一定要向"调查局"出示自己不在现场的证明。女人想控制你爱的男人不是错，但若毫无节制必铸成大错。

这世上，比男人更了解男人的是女人。男人的爱与不爱、恨与不恨、怕与不怕、敢与不敢，女人们了如指掌。所以，聪明的女人总是能在男人一转眼珠的时候，就知道他们在打什么主意了。不必事事都过问，你给他一点自由，他会觉得你是一个通情达理的好妻子，从而会更加爱你。

# 6. 爱你的人 vs 你爱的人

看着童话长大的女孩们，也许没有想过，所谓的幸福生活就是你的爱人每天都会因为诸如清晨谁先用盥洗室、晚餐由谁来做这样的小事而与你争执不休，你也被他的不解风情气得大发雷霆。既然真实的婚姻是这样的，那么我们只有摒弃了对婚姻的不切实际的幻想，才能更多地体会到婚姻里的美好和快乐。

女人们在面对婚姻这庄严的一刻，浪漫完全服从了现实。如果要结婚，绝对会选择那个真心爱自己的人，而不是自己深爱的人。当然，最理想的结果当然是和彼此相爱的人并肩走入礼堂的。

婚姻对于女人何其重要，你的一个决定，便决定了你的一生。你爱的人跟爱你的人不是同一个人，这是人生中的一大悲哀与遗憾。如果有那么一天，你非得择其一不可的时候，你会嫁给谁？

一直流传一种说法：聪明的女人会嫁给一个爱他的人，愚蠢的女人会嫁给一个他爱的人。这是否真的就是能够帮助女人获得幸福的真谛呢？

淑红在二婚之前是一个苦命的女人。淑红因为自己以为的"爱"，在21岁的时候就嫁给了她的初恋男友。但婚后生活却完全不是她想象的样子：从结婚那天起淑红就没过过一天好日子，前夫喝醉了酒总是打她，有什么不顺心的事情，也是找她出气，她生了女儿，婆婆对她也是骂不绝口，说她断了自家的香火。

后来，她丈夫喝多了酒，和人打架被打死了。婆家的人叫她丧门星，说是她克死了丈夫。在这个贫困的小山村里她是没有任何地位可言的。她也一直认为这就是她的命，她在改嫁之前并不知道男女之间居然还有一种叫爱情的真挚情感。

30岁的淑红虽然已经不再年轻，但还是展现着女人最娇艳的美丽。媒人上门提亲时，只说春富是个过日子的男人，就因为当年成分高耽搁了终身大事，改革开放后靠手艺吃饭。女人因为想急切地逃离那个家庭，所以也没有多问就过来了。过来才发现，他长得又黑又丑，满口的黄牙，而且他的所谓手艺也只是在外面风吹雨淋地修鞋。见到春富的那一刻，她心中有一种上当的感觉，但是自己已经没有了任何退路。

然而，就是这样一个不起眼的普通男人，让她深切体会到了男女之间真正的爱情。

结婚之后春富很宠她。隔三岔五给她买些小玩意来，一盒胭脂，一支眉笔，有一次还给她带回了几串荔枝……过去30年的岁月中，淑红从来没有使过这些东西，更不用说吃荔枝。她觉得自己比帝王的妃子还要幸福。吃荔枝的时

候春富只是傻傻地看着她吃，自己却不吃。她让他："你也吃。"他却皱着眉说："我不爱吃那东西，看你吃我就高兴。"后来淑红上街时看见卖荔枝的，过去一问才知道荔枝竟然要20元一斤。她的泪水一下子就流了出来，是阿，那么香甜的东西他怎么可能不爱吃？他是舍不得吃呀！

有一天，春富对淑红说："总有一天我要走在你前面。"淑红一下子就哭了，说："那我和你一起去。"

"那我会生气的。"春富说，"咱们现在的钱还不多，我们再挣几年，给你养老应该没有问题。还有，我给你在一块地里种了五百棵树。等有一天我去了，你也不能动了，那五百棵树也长大了，我相信那五百棵树就能养活你了！"

淑红扑到春富怀里哭了。五百棵树，那只是五百棵树吗？这一辈子没有人这么替她着想过，春富甚至给她想到了养老，她觉得这辈子活得真是值了。

两年后，他们生了个儿子，儿子的名字叫幸福。

只有被爱的女人，才能在婚姻中品尝到一种叫做"幸福"的果实。在你决定走进婚姻殿堂之前，请你一定要考虑清楚，你的婚姻目的是不是为了要拥有幸福，如果是，你就不要把婚姻当作得到权利与金钱的工具。只有一个真正爱你的人，才会宠你疼你，才会给你带来生命中真正的幸福。

请不要轻易嫁给你爱的人，即使他就是那个你梦想中的成功男人。虽然他无疑是杰出的，但是真正成功的人只有两种。一种是天才，另一种是工作狂。但无论是哪一种，他们都已经有了一种傲性。他也许真的爱你，也许他爱你超过了其它任何一位异性，但是他的爱可能比起别人给你的爱要少一些。如果你不是太在乎安逸的生活，那么面对汽车、洋房的诱惑时，就要勇敢地拒绝。因为财产可以得而复失，失而复得，但是婚姻却不是拼图，拼错了可以再从头来过。

被一个男人爱着是一件幸福的事。因为他爱你，所以你可以肆无忌弹的在他面前撒娇、扮痴；你可以任性的做任何你想做的事；在他面前你可以尽情的放任自己，你可以不修边幅。因为你知道不管怎样他都会宠着你、顺着你、迁就你、包容你。所以奉劝女人们：如果真的要结婚，就请挽住一个真正爱你的男人的手臂。

## 7. "家庭妇男"是取还是舍

勤于家务是女人良好品质的体现，中华民族自古男尊女卑，女人好像天生就是洗衣做饭带孩子的。不过今天也有很多女强人的家里出现了"家庭妇男"这一新兴的社会角色。

但是，现代女人对于"家庭妇男"的态度却是褒贬不一的。持反对态度的人普遍认为大男人变成"家庭妇男"是可耻的行为，奋斗，以求改变现状，这才是一个男人真正要做的。

女人通常知道要离开杀人犯、酒鬼、吸毒者、虐待狂、神经症患者。这些男人，她们想起来就害怕。可她们却可能会对另一些男人缺乏警惕，比如那些乐于做家务也很会做家务的男人，有时候看起来很性感也很容易讨女人欢心，但男人太爱做家务就会让人不知所错。这种男人大多平庸乏味，被消磨得没什么男子气概。

有很多"傻"妻子还认为这是个优点，以此作为在同伴面前夸耀的资本。仔细想想，一个在家务上乐此不疲的男人，能有什么出息？女人在外事业有成，要风得风要雨得雨，男人却在家拖地板，细声细气地带孩子。女人怎么能够容忍自己的男人成天在厨房挥汗如雨，总是忙着买菜、煮饭、洗衣服。他为什么就不会反过来想一想，他应该有钱买洗衣机，不用洗衣服的，他应该有钱下馆子，不用煮饭，他应该有钱请保姆带小孩，不用亲历亲为的。现在，这些家务都由"丈夫"自己动手，聪明的女人应该读出其中的悲凉和猥琐才是，哪有什么幸福可言？

当然，对"家庭妇男"持肯定态度的呼声也是很高的。甚至有很多在社会上拼搏的女强人，因为能在回家时吃上老公早已准备好的饭菜，而号召全体女人为"家庭妇男"大唱赞歌呢！

徐峻浩就是个标准的模范丈夫。因为妻子是女企业家，没时间料理家事。他每天在家打扫卫生，清洁环境，洗衣做饭不厌其烦，他总觉得老婆在外辛苦工作一番，回到家就该好好享受。尽管做得很累很辛苦，但也没有任何怨言。

妻子每天上班前，都要以君临天下的风度，指点江山的气概向老公布置一天的各项家庭任务。比如买什么菜做什么饭，比如洗哪件衣服哪条裙子，比如孩子一天要控制看多长时间电视……这个时候，徐峻浩总是摆出一幅"惟雨丝马首是瞻"的架势，唯唯诺诺，连连称是。

妻子下班回到家，房间被收拾的井井有条，晚饭也早已上桌，一家人开开心心的共享晚餐，生活别提多幸福了。

其实夫妻俩在家里的地位都是平等的，家务男人做还是女人做并没有原则上的分界线，只是一种家庭内部分工而已。如果妻子在社会上承担着比丈夫更重的责任，那当丈夫的坐一回"家庭妇男"也没有什么不可以的。

如果说男人做点家务，还有些别的什么好处，首先便是在感情方面，在对生活理解方面的收获了。男人带带孩子，多一点时间跟孩子手牵手、面对面地在一起，无形中便会使亲情浓厚起来。男人与女人分担洗碗、洗衣等等家务，减轻了女人的负担，也体现了对女人的体贴，无形中也增加了彼此的感情。能到市场买买菜，还可以增加对社会的了解，感受到普通人生的另一面。总之，琐碎的家务劳动，能让男人多少明白一点居家的不易，生活的艰辛，特别是能够体谅理解作一个女人的难处，从而互助互谅，酿出一口醇美馥郁的葡萄酒。

其次就是可以教育好孩子。现在的孩子大多数是独生子，为了避免孩子娇生惯养，形成饭来张口，衣来伸手的坏习惯，做父母的应该言传身教，给孩子当好劳动模范。在孩子面前，没有比行动更有说服力的了。

最后可以锻炼身体。俗话说："劳动光荣"，抛弃"大男子主义"思想，要以一种良好的心态把它当作一件伟大而快乐的事情。面对众多的家务活，大男人应该挺身而出，脏点累点也值得！既显示了男子汉的气概，还节约时间锻炼了身体，何乐而不为？

总体上家务还是共同负责比较好！男人做家务不是丢人，但要是勤于家务而疏于政务那可就大大要不得了。共同承担家务不仅双方都能体会到其中的快乐，而且还可在劳动中寻找乐趣，调调情也是不错的选择。这样生活上也就不会出现不协调的问题了。所以说，好的习惯都是培养出来的。好的习惯靠养成，家务共同分担才是上上策。不论男人女人对家都有责任和义务，共同的劳动既能寻找到乐趣，还能提高生活的和谐性，和乐而不为呢？

但是，"知耻近乎勇"，如果你不想让自己长期与猥琐、贫穷为伴的话，就尽量把你的男人从蓬头垢面的家务劳动中解放出来，让他到外面放手一搏；如果他自己沉迷于家务而不知奋斗的话，你最好考虑是否应该离开他。


# 8. 分清两种"大男子主义"


封建社会妇女没有什么社会地位，嫁鸡随鸡，嫁狗随狗，一切生杀大权都掌握在男人手中，所以造就了一大批具有大男子主义的霸道男人。虽然时代改变，但这种根深蒂固的观念依然在影响着当代的男人。所以为了自己的婚姻幸福，女人们要先了解男人，再谈情说爱。对于不适合结婚的大男子主义男人，一定要尽早远离。

我们所常见的"大男子主义"有两种，第一种大男子主义的男人，多半比较霸道，一言九鼎，一旦女孩逆了他的要求，他就会责骂女孩。男人的这种大男子主义，说到底就是一种变相的自私。

华韶芳虽然很爱她的男友，但却还是对其男友的大男子主义困惑不已。她经常对朋友这样说："我现在真的很苦恼，他虽然对我也很好，但他的霸道让我疲惫不堪。"

男友不让华韶芳穿裙子，说华韶芳的身型不适合穿裙子，短裙容易走光，长裙又显得腿形又短又粗。男友说，哪怕是穿短裤也比裙子强，所以华韶芳几乎从不穿裙子；

男友不喜欢华韶芳的发型，让华韶芳换成短发，说华韶芳的脸型就应该留短发。其实这种"学生头"华韶芳一点也不喜欢，但华韶芳担心他生气，还是依着他换了；

男友不喜欢华韶芳工作，华韶芳就辞了。没有工作的日子里，华韶芳闷在家里过了一天又一天，时间漫长无比，感觉如坐牢一般。

辞掉工作之后的一段时间里，华韶芳在无所事事中打发时光，憋闷得几乎难以承受。和他商量着出去工作，他就问华韶芳是不是不相信他的能力，说华韶芳的任务是做好家务事，守住他就行了，其他的一切，不需要操心。

华韶芳愈来愈觉得，凡是他觉得不如意的，就一定要我按他的意思办，不然他就会很生气。他还说他只要华韶芳开心，华韶芳没有告诉他："其实我非常非常的不开心！曾经我很爱他，所以我为他改变了很多。可是随着矛盾的增多，如今我也不知道自己对他还有几分爱。和他在一起，更多的是疲惫。"终于，华韶芳想到了要和男友分手……

第二种大男子主义，虽然同样以自己的观念或思想为主，凡事得他来做主张，不让女孩发表意见或决策，但却敢做敢当，懂得呵护爱人。尽管有时，他们也比较霸道，但这样的霸道却是因为心里的爱，出自于对所爱的人负责。余洁的男友就是这种类型的大男子主义。

无论是朋友还是赵冬娜本人，都觉得她的男友太大男子主义了，可每当赵冬娜这么说他男朋友的时候，她的语气里却多半是赞赏与欣赏，脸上也会不自觉的露出幸福的微笑。

赵冬娜自己比较瘦弱，但男朋友高大而壮实，总是无微不至的呵护着赵冬娜。但赵冬娜却认为男朋友有的时候太过于大男子主义了。

赵冬娜和男朋友一起吃饭，即使是在家里吃，哪怕菜就在赵冬娜的面前，他也要不停地把菜夹到赵冬娜碗里，然后还要温柔的说："多吃点猪蹄，对身体好。""多吃牛肉，有维生素B6，养身体啦。""芹菜可以健齿！"

赵冬娜知道男朋友都是爱自己，为自己好，可嘴上却还是不耐烦的说："干嘛总逼我吃东西，我都快吃反胃了……"心里却是美滋滋的。

不理会赵冬娜的抱怨，男朋友依旧我行我素地让赵冬娜吃这吃那，逼得赵冬娜不吃都不行。和他在一起，赵冬娜的体重直线上升！不出三个月，母亲就对赵冬娜说："你胖了，不过这样看起来健康多了。"赵冬娜却对母亲说："现在有人把我当成猪在养，怎么能不胖呢？"

两个人单独在一起的时候，不管赵冬娜做什么，男朋友都会阻止，他总是对赵冬娜说："放着我来！这些活不是你们女孩子应该做的！"一副他是男人，只有他能干的模样。

有一回赵冬娜和男朋友一起搭乘电梯，人太多，电梯挤不下，赵冬娜说走楼梯吧，男朋友竟然边走边说："一会你肯定走不动的。"果然，到了七楼，赵冬娜的腿就开始抽筋。他二话不说，把赵冬娜背在背上，嚷着："说了你不行，没说错吧，现在还有什么话说吗？"

赵冬娜伏在他的背上，小声地嘀咕了一句："这家伙也太大男子主义了。"可是心里却温暖无比。

对于两种不同的大男子主义，女孩要区别对待。对于第一种大男子主义的男人，最好离他远些。这类男性不会给女孩带来幸福与快乐，他的霸气也不是源于爱，而是源于自我满足式的自私。很多女孩面对这种男人，因为心里有爱，所以容易过分地谦让，殊不知，正是自己的谦让，助长了他的威风和霸道，让他更加感到你怯懦好欺。

而对于第二种大男子主义的男人，女人一定要好好把握他。这种男人虽然有时言行上的霸气让女孩难以忍受，但他这样做，是源自于真正的爱。面对这种男人，只要不是原则上的大是大非，忍让一下也无妨。这种男人多数属于"顺毛驴"，多顺着他，他自然会听你的。

# 9. 别人的老公绝不适合你

很多女人会因为羡慕别人有一个好老公而心生"歹意"，企图把别人家里的好男人抢过来。但她们不知道，没有一个男人是天生为你准备的好丈夫，他们展现给你的优秀，都是经过他们的妻子长时间的培养才形成的，所以，别人的老公即使你抢到了，也绝不可能适合你。

而且，女人做第三者的下场既不光彩，而且也犯不着，因为最终总是要身败名裂的。做第三者，麻烦事免不掉的，当名正言顺的夫人打上门来，当着诸多同事的面骂一些不堪入耳的话，那时你的颜面何存？

十年前，杨乐心还是那个世界上最幸福的女孩，有那么温柔又那么美丽妈妈。又有体贴、好脾气的爸爸，妈妈常常说，只要爸爸在，天塌了也不用害怕。

她还记得每天放学回家，总能听见爸爸妈妈在家里又笑又闹，妈妈总是被逗得哈哈大笑，有时妈妈会出差，爸爸每次都会去机场接她，一家人甜甜蜜蜜。还有谁能比她更幸福，她真的觉得自己是世界上最幸福的孩子。但是，美好事物的保质期似乎总是那么短暂。

在杨乐心高一的那个寒假，她的世界在天堂和地狱之间瞬时颠覆。一切

来得太突然，毫无预警。爸爸和妈妈感情明明是那么好，但还是没有阻止得了爸爸爱上了一个只有24岁的年轻女孩。

杨乐心和妈妈一起来到爸爸的办公室，看到那个女孩，当时的妈妈已经无力反抗。后来妈妈大病一场住了院。杨乐心气急了扬起手就是一巴掌，当时的她无法控制自己的情绪，真想把那个女人从楼上推下去，想剥她的皮，吃她的肉，想把她绑在火柱子上放在油锅里。可自己越是憎恨那个女人，爸爸就越是百般呵护。

妈妈住院了，爸爸一方面安抚妈妈说坚决不会离婚，可另一方面爸爸也坚决不放弃那个女孩，又柔弱又真诚的女孩——孙孝莉！

孙孝莉当着杨乐心的面，躲在父亲的怀里边哭边颤抖，她果然表现的又柔弱又真诚。她没有妈妈美丽，但是比妈妈年轻，总是一副楚楚可怜的样子。孙孝莉说：她不愿意伤害她爱的男人，所以不打算破坏别人的家庭，她只要待在他身边，爱他就好，她什么也不要。她还如此理直气壮的像蛇一样的缠住爸爸，她软弱的话里毫无打算退让的意思！

妈妈还没有出院，孙孝莉，这个口口声声不愿意破坏别人家庭的女人，终于忍不住跑到母亲居住的医院。她在妈妈病床前声泪俱下，说怀了爸爸的孩子。妈妈再也受不了如此沉重的打击，不久便永远的离开了人世。

三年后，爸爸回家了，因为孙孝莉，这个女人说，她的青春有限，不能陪爸爸了，不能再"奉献"了，于是她带着两套房子和几十万离开了，爸爸表示理解，他说这么好的一个女孩子给他奉献了如此多的青春，应该得到补偿。

杨乐心不能原谅爸爸，也不能宽恕孙孝莉，她要复仇。

杨乐心换了一个工作，那是一个不太好的单位，报酬、工作条件都很低，但那是孙孝莉老公所在的单位。她开始处心积虑的勾引孙孝莉的老公，想把以前孙孝莉夺走自己的一切让她加倍偿还。

他叫程远斌，虽然是个很木讷的人，但是杨乐心毕竟年轻美丽，又对他大献殷勤，很快，程远斌就对杨乐心用情很深，并且有很长一段时间没有回家了。

一天清晨，程远斌和杨乐心还没有起床，就听到一阵急促的敲门声，杨乐心知道一定是孙孝莉。果然，进门后，孙孝莉骂人骂的很厉害，她是那么惨，那么痛苦。但程远斌什么话都没留下，把妻子送回家后，像往常一样的去上班，他好像对妻子已经毫无感情可言了。杨乐心胜利了，完完全全的胜利了。

孙孝莉的家没有了，她没有工作，没有爱她的丈夫，她快离婚了，她没有小孩，成了孤身寡人。此时的她和一俱行尸走肉有什么区别呢？这就是她曾经垂涎别人老公的惩罚。

这个结局表面看上去是最悲惨的，不过，又好像是最好的，对第三者而言。因为他的不爱，可以让你看清自己的爱有多糊涂！更可以让你心安理得去寻找自己的幸福！

想做第三者的女人，是该觉醒的时候了。你已经没有再爱这个属于别人的人的能力了，因为你的全心投入，把自己的爱都耗在那个纠缠不清的是非之地。那个地方不仅让伤痕累累，同时还因为伤害了他人的家庭和幸福，遭人唾骂以致被施以报复。千万不要试图去抢别人的丈夫，他根本就不适合你，这样做只会让你得不偿失。

# 10. 慧眼识别"网聊男人"

网聊的爱情都太过于短暂、苍白，谁也不知道深陷在爱情中的人们，会以何种伤收场。也许网恋的开始真的是因为有缘，但是当女人们看清了"网聊男人"的真面目之后，恐怕只有分手才是最明智的选择！

与未婚夫的恋爱曾经很浪漫，可是随着婚期的临近，这种感觉却越来越淡。为了寻求新鲜感，郑子绢迷上了网络。

上网聊天成了郑子绢的爱好。郑子绢常上那种留言的版，可以尽情发泄自己情绪。郑子绢曾告诉未婚夫网址和网名，但他说："我很忙，没时间做无聊的事。"

留言版有许多素质不错的人，其中一个叫如风的，因为常给郑子绢发回复帖子，而且文笔相当不错，令郑子绢不得不注意他。

后来，郑子绢与如风干脆在网上直接对话，越聊越投机，彼此之间有了一种相见恨晚的感觉。郑子绢了解到如风是一位老师，未婚，比郑子绢大几岁。郑子绢有了种预感，也许他们之间会发生什么事。

果然，如风要求见面，郑子绢却避而不谈。毕竟郑子绢与未婚夫是青梅竹马的恋人，而与如风不过结识几个月。被拒绝的如风是个固执的人，他开始拒绝在网上与郑子绢对话。没有如风的网络，郑子绢才发现是多么寂寞！郑子绢想如果他能给自己爱那就让自己再燃烧一次吧！于是郑子绢在给他的帖子上与他约好了时间。

但是，与网友见面并不是会像想象的一样完美，更不要把一切想得太好。否则就会像郑子绢一样，弄得很狼狈。

如风的外表其实不错，但男人不是只看外表那么简单，也许他有点误会，一见面他就牵郑子绢的手，仿佛是以郑子绢的男友自居。但郑子绢偏偏是个守旧的人，如此之举很令郑子绢很反感。那天的见面结果是不欢而散，郑子绢不明白在网上能聊得那么投缘的人，为何在现实世界里却无法默契？因为有了比较，郑子绢才发觉未婚夫是多么了解自己，知道自己的爱和不爱，宽容自己的无理，虽然不再浪漫，但爱情也许发展到最后就是变成了亲情。郑子绢终于明白网友可能有很多，但爱人却只有一个。

对于"网聊男人"，从一开始就要有清醒的头脑搞懂自己此番的目的，这世界上不可捉摸的人和事那么多，连你身边朝夕相处的人你都不敢十成的信任，更何况是隔着距离和空间的网络中那浮漂的一句"我爱你。"过于相信"网聊男人"的女人终究会让自己的爱死无葬身之地。

傅希华和许萌萌的相识缘于一次偶然的网上聊天，那时的傅希华有着一个颇具侠义风范的网名，让许萌萌不禁联想他是否人如其名。而傅希华和许萌萌也在那次偶遇中一聊如故，就这样，成了彼此 QQ 好友中的一员。

一段时间的网聊，许萌萌和傅希华成了无话不谈的朋友，在许萌萌的心里，傅希华是自己的精神支柱，并把他当成自己最值得信赖的朋友。尽管彼此相识在网络，但许萌萌相信，网络，也有真情在！

直到有一天，许萌萌因有事耽误而没在平时固定的时间上网。而当她上线的时候，却看见傅希华仍在，于是许萌萌问他："你怎么还在啊？"傅希华回答说："我一直在等你啊。"许萌萌说："要是我不来呢？"傅希华回给许萌萌一个笑脸："我在等你，我知道你一定会来的！"

那一刻，许萌萌的心，有种久违的感动，为着一个陌生又熟悉的朋友，一句真诚的话语。

许萌萌和傅希华仍就这样，日子过得平平淡淡，那时的许萌萌，有着一个在外人眼里美满幸福的家。可是，没有人能体味她内心的那份孤独，她的心很累，却不知对谁诉说，那时的傅希华，就成了许萌萌唯一的朋友。在傅希华的面前，许萌萌什么都可以说，而他，也总是耐心地听她说，然后给我适当的安慰，在相互的安慰与鼓励中更增添了对彼此的信任与感激。

忽然有一天，许萌萌上线的时候再也没见到傅希华那熟悉的头像，而他，也像从人间蒸发了一样，了无音讯。

就这样，许萌萌失去了与傅希华的联系。没有傅希华的日子里，思念占据了许萌萌的整个身心，那一刻，她才明白：自己爱上了傅希华，爱上了一个从未谋面的男子。许萌萌感到无所适从，不断地在与傅希华相识的聊天室里发布寻人启示，希望上苍能念自己真情，会安排他们不期而遇。但是换来的却是一次又一次的失望和痛苦。

许萌萌对傅希华的思念在一天天加剧，她不知这样的感情要到何时才会有结局，不堪重负的相思，让自己觉得好累、好累。终于，许萌萌告诉自己，为了自己的新生，必须选择忘记！

"网聊男人"的胆怯和不负责，是感情结束时最大的伤心所在。不管值不值得爱，爱来时都会尽心去爱。这就是爱，很简单。你顾不了结局如何，在爱情如潮水般涌来时，在爱情将你没顶时，你只能沉迷爱情其中。

网恋无法避免的会考虑到时空因素。所以，每次无奈的结束，告诉自己不要刻意，一切随缘。随着缘分接受新的一段恋情开始，随着缘分接受这段感情的结束，让一开始的眷恋转为"倦恋"。渐渐的，自己也不再相信这种所谓的感情。它还是感情吗？是的，它是感情，只是它没有时空作为依托，注定了不会长久。

# 11. 是否要为男人改变自己

女人总是死心眼的，一旦爱上了一个男人，即使发觉自己不是对方喜欢的类型，也会幼稚的以为，只要自己肯改，改成对方满意的样子就会得到他

的爱。其实，为了男人而改变自己是没有任何意义的，不仅迷失了自己，同时也会让你的付出变得滑稽可笑，对方更不可能因为被感动而接受你。女人们请聪明一些，还是去爱那些懂得欣赏你、更适合你的男人吧！

对于爱，总有女人情愿改变，使自己卑微到尘埃里去，但自己的牺牲换来的却只有更大的痛苦。

单薇茹喜欢肖国辰已经很多年了，但一直得不到对方的认可。原因就是自己过胖的身材。终于有一天，肖国辰对单薇茹说："如果你能减到45公斤，我就考虑娶你。"

就这简单的一句话，单薇茹的生活有了目标。单薇茹开始拼尽全力、不惜一切的减肥。因为想到肖国辰说过会娶自己，所以在金钱、时间、精力上的耗费达都到了空前的程度，她不畏惧，想着只一步之遥，就能与他够相拥相守。只要能减到45公斤……一旦一个女人立志为了她爱的男人做一件事，那种毅力是很可怕的。

体育场上，单薇茹一圈接一圈的跑，气喘、力乏，几乎不能呼吸，腿也沉重得如有重负，可她仍在坚持，她只有在自欺自虐中才能感觉自己与幸福的间距在不断缩小。

长期的节食，超体力的运动量使单薇茹身体透支，她频繁出现头晕眼花症状，常常不觉间一头栽倒，更可悲的是她得了厌食症。很多食物刚一放进嘴里，就会全部吐出来，果然如愿地消瘦下去，只剩下40公斤了！虽然此时的单薇茹脸色晦暗，双目毫无神色，但内心却雀跃着。单薇茹跑去找肖国辰，想让他看到自己的变化，但此时的肖国辰身边已经有了别的女人。

"你不是说过要娶我？"单薇茹质问他，但没想到肖国辰竟然大张嘴看着骷髅样的单薇茹，闪电般地伸出一只指头——"就凭你？"

这就是单薇茹为了一个根本不爱自己的肖国辰而改变自己所得到的结果。

为什么要为他改变呢？如果恰好不是他喜欢的类型，改变了他就会真心爱你？

愚蠢的女人才会漠视触手可及的幸福，守候遥不可攀的玫瑰园，丢掉自尊荣辱狂热地追求着，侥幸得他暂时垂顾，也不过是爱的假相，失掉的自己又从哪里找回呢？

魏雨欣是一个职场女强人。曾经加班、强悍、执着，独立等词语都是属于她的。但现在她却变成了一个常驻家中的家庭主妇。为了一个男人，魏雨欣慢慢从一个职业女性变成了一个家庭主妇。别说她的朋友，连她自己也觉得不可思议。

让大家不能理解的是，这个男人并不是很优秀，以前还是魏雨欣的下属。他是做设计的，浑身都是一副艺术家的气质，总是在公司里显得格格不入并且还有被同事们排斥的迹象。但是不知道为什么，魏雨欣却爱上了这么一个同事们口中的"怪人"。

魏雨欣认为只要能和这个"怪人"在一起，工作、名利、头衔就都变得不再重要了，于是为了有更多的时间照顾他，魏雨欣辞职了，专心做一个家庭主妇。

很快，在魏雨欣的支持和帮助下，这个"怪人"的工作能力和为人处世都有了很大改观，仅半年时间就连升两级。魏雨欣为他开心。但好景不长，他的工作越来越忙，越来越忽略魏雨欣的感受。终于，当魏雨欣追问他什么时候和自己结婚的时候，他竟然说魏雨欣不工作、不思上进，和自己的距离越来越远，自己不可能和一个家庭主妇结婚。

魏雨欣完全崩溃了，难道他忘记了自己是为了谁而改变的吗？但一切已经无法挽回，他还是头也不回的离开了魏雨欣的世界。

女人一旦爱上一个男人，就会心甘情愿的为他改变，改变成他喜欢的样子。可是这时候，男人反而又害怕了，也许他还没有准备好，于是冷了下来，他甚至有些怀疑自己的选择，他不知道这个女人是不是真的可以做自己的妻子，于是男人开始躲避这个女人。

所以呀，女人不要因为喜欢一个男人而改变自己，继续按自己的计划过日子，按自己的喜好打扮自己吧。不要因为他想跟你说话或者想见你，就放下自己的工作。不要因为他说过卷发的女人有女人味，就跑去烫发。做好你自己，你才是最有吸引力的，喜欢你的男人自然就会来到你身边。

## 12. 别因为自卑而错误的付出感情

　　无论你是否美丽，在你和伴侣相处的时候都要保持一份自信，因为爱情是平等的，你不需要把自己放在一个卑微的位置，甚至委屈自己去乞讨他的爱情。这样不仅换不来真正的爱，而且你会把自己真正的幸福葬送在这笔不值得的爱情交易里。

　　刘晶欢不仅长得不漂亮，而且还很胖，在很小的时候她就知道了。所以，从小她的父母就开始给她存钱，他们总觉得女儿将来肯定得一个人过，除了指望自己谁都指望不上。

　　刘晶欢从来没有喜欢过谁，因为不敢，怕别人讥笑和看不起。后来，在父亲的帮助下，她自己经营了一个小店，她把小店当作了一辈子的靠山，所以干得很卖力，效益也不错。

　　但她仍然不自信，年近30了，还没谈过恋爱。虽然也有人给她介绍过男朋友，但都以失败而告终，不是男方不同意，就是刘晶欢无法接受男方比自己长得还丑的事实，因为她不想让自己的下一代还要承受与自己一样的痛苦。直到有一天，一个叫张绍文的男人的出现，一下子改变了刘晶欢多年来平静的生活。

　　那天，他来到刘晶欢的小店买点东西，当他得知刘晶欢就是这个店的老板时，惊讶地盯着她说："哎哟，真看不出来，年纪轻轻的还挺有本事啊！"第一次有男人这样盯着刘晶欢看，看得她的脸不由自主地就红了，心也开始怦怦地乱跳，她第一次感觉到自己还是个女人，是个需要男人关心和爱护的女人。

　　从那以后，张绍文就成了刘晶欢店里的常客。每次过来坐会儿就走，也不买什么东西。有一次，他给刘晶欢带来一条嫩紫色的丝巾，特别认真地说："刘晶欢，你皮肤白，戴这个颜色肯定漂亮。"刘晶欢害羞地从他手里接过丝巾，小声地说了声谢谢。从那以后，他们便经常一起吃饭，一起逛街，刘晶欢觉得自己一下子就变成了一个幸福的小女人，她都不敢相信这一切都是真的，生怕这只是一场梦，醒来就烟消云散了。

虽然张绍文也没有正式的工作，整天游手好闲，但刘晶欢想，只要他爱她，一切都够了，她还能在乎什么呢？是的，她什么都不会在乎的。

有一天，张绍文好像是不经意地说："如果我能买一部车的话，每天接送你就方便了。"刘晶欢也没有多想，拿着自己的积蓄就给他买了一部车，刘晶欢想，只要他爱自己，愿意娶自己，愿意给自己带来幸福，她就知足了。有了车之后，他又开始以各种借口向她借钱，虽然刘晶欢明明知道那都只是些冠冕堂皇的借口，甚至漏洞百出，但她一想到凭自己自身的条件是不会有人爱的，她就找不出不借钱给他的任何理由了。只要这个男人是真心的爱着她，她还有什么好犹豫的呢？

虽然她的父母多次提醒她，张绍文并不是个可靠的男人，也根本无意娶她，不要把自己的辛苦钱全搭在他身上，最终落得人财两空，但刘晶欢并不相信这些，她仍然不断地借钱给他，一千、两千、一万、两万。虽然他的理由仍然是漏洞百出，但刘晶欢还是不愿意拆穿他的谎言，她怕失去他，很怕很怕。她觉得除了张绍文，是不会有任何男人肯和自己在一起的。所以，一切，她都可以不在乎，可以不计较。两年的时间，她前后共给了张绍文30多万。

让她彻底清醒的是那一天，她发现自己怀孕了，也很想要这个孩子，于是她去找张绍文，问张绍文愿意与自己结婚吗？因为她想要这个属于他们的孩子。

结果，她得到的却是一句让她一辈子都感到屈辱的话，他指着房间衣柜的镜子说："结婚？谁和你结婚？你不去照照镜子，看看自己的样子，看了我都恶心，赶快给我滚出去。"这句话对刘晶欢来说犹如是五雷轰顶、天塌地陷的灾难，她的心碎了，她的希望破灭了，她付出的一切换来的是却是一场屈辱一场空。

其实，导致这场爱情悲剧的根本原因并不仅仅是刘晶欢长得不漂亮，而是她的自卑，她的自卑使他一再迁就和容忍自己的伴侣，以致迷失了自己，付出了惨重的代价。

一个根本不爱你的男人，你为他付出再多也不可能改变他的心意。所以，在此要警告那些对自己的外貌没有充分的信心，揣着明显自卑心理的女子，一定要擦亮眼睛，看清你身边的伴侣到底是真的钟情于你，还是钟情于你的其他。

# 第四章

## 好男人"倒贴"也要追

- 吸引对方，培养你的"男人缘"
- 降服钻石王老五
- 故意制造机会去"邂逅"王子
- 各种聚会是好男人经常现身的地方
- 不轻易亮出自己的底牌
- 越是优秀的男人你越是要表现出不在乎他
- 给他糖，但一次只给一颗
- 用你的甜美声音吸引他
- 若即若离，让男人永远兴致盎然
- 适时满足男人的保护欲
- 你的柔情让男人怦然心动
- 奉上女人特有的善解人意

## 1. 吸引对方，培养你的"男人缘"

对于现代女人而言，世界上最苦恼的事情不是情敌众多，而是摆好了巨型弓箭四处一瞄，不知道该往哪儿射。也就是说好男人太少了，所以一旦有优秀的男人走进你的视线就不要犹豫，即使是倒追也要把他变成自己的男人。

要想获得好男人的青睐，首先就是要吸引住对方的注意力，培养你的"男人缘"。

好男人总是很抢手的，当你在不经意中发现了让你心仪的他，有没有想过如何才能从追求他的众多女孩中脱颖而出呢？

如果你看到了让你心仪的男生，又碍于女孩的面子，而不好意思直接表达的时候，就找个合适的时机，抛个媚眼给他吧。恋爱是由人对美的感受所产生的一种激情行为，而这些美的感受，很大一部分是通过视觉获得的，由此可知，眼神对恋爱的作用有多么重要。如果他收到了你的信息，并且对你有意，那么你们很快就会有一个美丽的开始了。

本来，崔琳慧只是一名普通的工厂女工，但颇有远见的她，并不想和身边的小姐妹那样，选择男方家庭条件稍微好一点的普通男职工就匆忙结婚。她看上了一位非常优秀的年轻人，是一位重点大学的毕业生。

她知道这样一位优秀的男人当然也不会缺少追求者，而且那些年大学毕业生很少，在单位里非常受重视，择偶的条件自然也很高。为攻下他，崔琳慧开始了各方面的调查工作，首先，她从各方面展开了调查、了解，对这位男青年的家庭状况、个人喜好、社会关系掌握得一清二楚。有了调查，她就掌握了主动进攻权。

接下来，她为接近这小伙子做了巧妙地设计，她要让他第一眼就对自己留下无法抹去的美好印象。当她了解到这个小伙子很喜欢跳舞，在大学时就经常参加学校举办的舞会时，她立刻就有了信心。

一天，崔琳慧得知他将在晚饭后去某工会组织的大型舞会，她便精心打扮了一番，及时赶到了舞会。崔琳慧看到他正在和一位女伴聊天，她迈着轻盈的脚步，面带微笑，热情洋溢，风情万种地和认识的人打招呼。她的身材高挑丰满、面容白皙妩媚，自然很引人注目。她用余光看到他看了自己一眼，她暗自窃喜。

舞曲尚未响起，她就大方的坐在了与他不远的地方。她的位置抬眼正好可以看到他的脸，她优雅的坐在那里。她假装漫不经心转了一圈，然后把目光停留在了他的身上，她的目光终于碰到了他的目光，她没有退却，而是大方的看着他，她的眼神是微笑的，纯净的，含蓄的，还有一点羞涩，却又是撩人的。

当舞曲响起来之后男士们纷纷前去邀舞，他果然来约崔琳慧跳舞。在两人翩翩起舞的时候，小伙子发现他们配合默契，这时候，崔琳慧又向他频频的暗送秋波。两人开始聊天，由于之前崔琳慧对他已经有了一定的了解，自然有一见如故之感。后来，小伙子成了她的男友，再后来，崔琳慧就成了这个小伙子的妻子。

一个"男人缘"很好的女人，她之所以迷人往往不是因为她魅力的外表，而是那让人难以捕捉而又略带神秘的眼神，她用目光诉说了女人的娇媚与温婉。善于运用眼神传情的女人，才能更高效的吸引对方的注意力，成功俘获好男人的心。

那么，女人如何用眼神吸引对方呢？

要知道媚眼是女人魅力的无声语言。只有运用得当，能使对方读懂一颗怀春的心，倘若分寸失度，眼波"飞短流长"，反而会弄巧成拙，让人误解你要么是一个风月场上的老手，要么就是一个水性杨花的风情女子。

首先你应该想到这可能是一场美丽的开始，心里不可慌张，要在短时间里，迅速调整好自己的心态。为了平复自己的心情，你可以让自己的目光定格在身边一些美丽的事物上，比如鲜艳的花朵、蓝蓝的天空、朦胧的灯光等。OK，当你的心情、目光都调节在最佳的状态了，你就可以大方地将目光渐渐向他靠拢，然后捉牢他的目光。

这时候，千万要记住一定不能因为害羞而临阵脱逃，只有大方的目光才能一下穿透他的心，百发百中。畏缩、小气的目光注定不能引起他的注意。当你放松、大方、柔柔的目光迎上他的目光时，别忘了再添上一个最性感的微笑。让自投"罗网"的他隐隐觉得你为了这样的双目碰撞简直费尽心思。

还有，你要知道这一刻异常关键，所以切忌在你轻轻触及他目光后，便环顾左右。你要"气守丹田"，让这苦心经营起来的目光粘连衔接在四五秒钟左右，趁他还稀里糊涂的时候，你要加大"电力"穿透他的含糊目光，一直探进他的心底。在他突然反应过来时，你的暗示他已经全部收到了。同时你的一切都十分美好的留在了他的心里……当然如果你们以后可能再无机会见面，你还要记得留下以后的联系方式哦。至此，爱的开端已经完美地呈现出来了！

遇见好男人"倒贴"也无妨，但如果你担心自己"男人缘"不够，或者碍于面子，那么不妨尝试用眼神传情，既委婉又具杀伤力。只要你运用的得当，相信即使是"坐怀不乱"的好男人也抵挡不了你超强的吸引力，最终拜倒在你的石榴裙下。

## 2. 降服钻石王老五

所谓的"钻石王老五"，无外乎就是那些很有钱，而且事业成功的男士。他们自然是很多女人梦寐以求的想要嫁的老公人选。想成功嫁给这样的男人，不仅竞争激烈，而且对自身的要求也颇高，所以，想要降服钻石王老五，实在困难重重。

但是，在这个世界没有什么是女人做不到的。只要有恒心，妙招制胜，降服钻石王老五也不是"不可能完成的任务"。

叶晴是一个向往小资生活的女孩。时尚聚会、歌剧院、高级餐厅都是她所渴望出入的地方，玫瑰、高档服饰和钻戒都应该是男友赠予的礼物，名牌跑车接送，衣着光鲜亮丽，消费的限度不是取决于价格的高低，而是内心的欲求。这样的生活让叶晴神采飞扬。所以她对戴维·周展开了热烈的追求。

戴维·周不仅多金，而且是哈佛大学毕业的，为人也是倜傥风流，是所有女人都垂涎三尺的钻石王老五。

叶晴的示爱戴维·周没有拒绝，本来这是一个好兆头：寓意着叶晴的爱情有了一个好的开始。但事实上，像戴维·周这样英俊潇洒的钻石王老五，觊觎他枕边位置的人怎么可能只叶晴一个人呢！其他女子的投怀送抱自然是少不了的。而且，戴维·周从来是来者不拒的。这样的真相，让叶晴顿感降服钻石王老五的希望渺茫。

但是，叶晴不是一个轻易放弃的女孩。面对戴维·周的放纵，叶晴隐藏起了内心的矛盾，发誓不管付出多少代价也要守住这份爱情、降服这个钻石王老五。

叶晴的降服秘技就是在食物上做文章。戴维·周总说吃厌了酒店的食物，叶晴就筹划着为戴维·周做顿饭。起初，戴维·周满心狐疑，认为叶晴这样的小女孩不可能做出什么好菜来。但当叶晴抓住那尾一斤的红鲤鱼从容宰杀，去头、内脏、腮，从尾部切一个小口子抽出背部主筋，将鱼身剖成两扇，用刀子在腹背部斜划，用调料腌渍，放入油锅内煎。旺火和慢火轮番上阵，把已经勾芡装盘的美味端上桌的时候，戴维·周才真正被惊呆了。而且那道菜色彩如此鲜艳，口感酸甜，味道鲜美。

忙碌的叶晴穿着家常便装，平实温柔，戴维·周不觉看呆了，纵然身边美女如云，谁曾下过一次厨房？用心做过一道菜？也正是那一次，戴维·周才将叶晴从他众多的女友当中区别开来。

叶晴还给戴维·周做过蘑菇豆腐肉骨头汤，一斤肉骨头加清水，姜片、老酒，文火炖得酥烂，再加入半斤蘑菇，一块嫩豆腐，几片柠檬，旺火煮沸，慢火稍炖，再撒些砌碎的香菜或香葱；白的豆腐、小小的伞状蘑菇、绿绿的香菜，简直把这个春天的美丽与美味一锅端了。

叶晴说："加了醋的汤不但可以使骨头里的磷、钙溶解到汤内，而且使汤的味道鲜美，更有利于人体的吸收，有效降低血液中过高的胆固醇含量。这道汤专治爱情缺钙症，喝完后，可以挺直腰杆去面对人生路上的坎坷和风雨。"

终于，叶晴的美味爱情菜俘获了戴维·周的心。一天，戴维·周包下了整个餐厅，水晶花瓶里插上了代表甜蜜爱情的玫瑰，金色心形图案的蜡烛杯里荡漾着金色心形花纹的蜡烛。侍者送来了第一道由两只明虾首与首相对，尾与尾相联，组成了一个心形的法式西柚鲜虾色拉。随盘附上的小纸条里写道："你让我怦然心动。"随后，戴维·周又在叶晴的无名指上戴上一枚用白金和钻石簇拥着的黑珍珠戒指。这次没有纸条，只有热烈的目光注视，还有戴维·周真诚的声音："希望你愿意嫁给我！"

戴维·周精心准备的求婚菜回馈了叶晴的深情，用情至深迎得美人归。而最初叶晴又何尝不是用她的厨艺拴住了戴维·周这个钻石王老五的胃呢？

遇到一个值得爱的钻石男人，这是多么好的爱情机遇呀！他可以令爱情不再死水微澜，而是充满挑战和创意，可以修炼到爱情的至高段位，可以无往而不胜。即使在老了以后，仍然可以为年轻时的跌宕起伏而心潮澎湃。

真正的名钻，璀璨并不仅仅因为光芒，还因为它的高贵与态度。钻石级男人为女人所梦寐，而他的内心所想又如何窥透呢？一旦你真的确认了一位钻石王老五，就不要轻易放手。从他的个性入手，一点点滋养爱情的果子，寻找到默契点，讲些策略，一切都要在以爱情的名义之下，一点一点的降服他。当他一切都在你手心的时候，再摊开手要一张结婚证明，那么彼此就可以尽享爱的甜蜜，让爱结出丰美的果子了。

## 3. 故意制造机会去"邂逅"王子

无论是在电视上还是在电影中，女人们一定看到过这样浪漫的桥段：一些优秀多金的公子哥，总是乐于花心思在自己心仪的女孩身上，比如在女孩上下班必经的路口痴痴地等候着，当女孩走过来时却又装作漫不经心遇见，然后满脸惊讶的迎上去，制造出一段美丽的偶遇。这种情景任何一个女孩都不可能抵挡得住，所以很自然的，一段恋情随之悄然展开了。即使最终男孩的"骗局"被揭穿，女孩也会为他的心思而感动。

其实，这种故意制造的邂逅机会并不只是男人的专利。如果遇到让自己动心的优秀男人，女孩也可以主动出击，花点心思，反被动为主动，制造些浪漫的邂逅，创造结识"王子"的机会，也一定会为自己带来意想不到的甜蜜爱情。

邂逅对于一段爱情的产生如何具有神奇的力量，我们不用怀疑，因为白娘子会遇上许仙，灰姑娘会遇见王子，茱丽叶会邂逅罗密欧……这些经典的爱情故事，都是始于一场美丽的邂逅！

但是，为什么要女孩故意去制造"邂逅"白马王子的机会呢？因为故意制造的邂逅，从某个角度上来说，就是在人为地制造情分或缘分。自己制造的邂逅比真实的邂逅更能成就女孩的爱情。

因为是自己精心设计的邂逅机会，女孩一定会事先在衣着、形象上精心装扮，会展现给意中人最美的形象，让女孩更加从容。这样的意外，令"邂逅"的惊喜更容易产生出意想中的效果，通常比真正的邂逅还容易接近爱情。同时，有助于把主动权握在自己手里，不至于在碰面时被动或手足无措。这样，仪态、风度会落落大方，自信优美，令人欣赏。

毋庸置疑，一个女孩"费尽心机"去制造一个浪漫而美丽的邂逅，目的当然是想要给"偶然邂逅"的白马王子带来无限的惊喜和爱情的冲动。那么，这次邂逅的场面就一定要既精彩又巧妙，否则一旦被识破，哪里还有什么浪漫和惊喜可言了。

也就是说，必要的"邂逅"技巧是不能少的。

首先，要做好"邂逅"白马王子的心理准备，不要明知道有可能会碰到他，或是故意去"邂逅"他，却衣衫不整，手足无措，慌乱而尴尬。

蒋雨涵喜欢上了一个高大帅气的男孩，每天都想着如何与他见面。

一段时间里，蒋雨涵每天都去那男孩必经的路口等候他。终于有一天，她等到了，可是，她却没有得到预计的效果。因为惊慌失措，蒋雨涵根本不知道说些什么。蒋雨涵站在那里，尴尬地想说却又不知道说什么，"你……你……"结巴了半天，愣是说不出一句话来，那男孩瞥了蒋雨涵一眼，不屑的走了。蒋雨涵呆若木鸡地愣在那里，不明白自己到底在干什么。

成功的爱情属于有所准备的女孩，想邂逅白马王子就更是要细心的准备一番才行啊！

其次，自然不做作。

虽然是故意制造机会去"邂逅"王子，但也要尽量自然，太假、太做作，对方必定会识破，又如何能让他感觉像是上天的安排的呢？如果漏洞百出，就会穿帮。这样就不好收场了，而且以后你再制造邂逅，都会让人感觉到你是刻意的，有预谋的。

涉世不深的翟雨秋，喜欢上了她的上司，但却不知道如何能让上司注意到自己。正在这时候，翟雨秋从同事那里知道了这样一个故事：一个女孩喜欢上了她的老板，知道他每天会固定在那个时间走出电梯，她装作有急事回

公司的样子，抱着一大堆易碎品，匆匆过去，两人果然"巧妙"地相撞了。结果令老板好生歉意。老板要赔她，她说算了。他坚持，她让他陪她上街去挑选……就这么一来二去，两人就恋上了。

听过后，翟雨秋决定效仿，为自己与上司制造一次偶然的邂逅。但她抱的不是易碎品，而是文件。可惜，她把握不好，看到上司过来了，就急急走过去撞他，最终，文件倒是掉了一地，上司却疑惑地问："你撞我干什么啊？"

翟雨秋本来就紧张，再加上上司这样一说更害羞了，满脸通红。精明的上司觉得翟雨秋有点小诡计，从此以后看着她大老远过来，马上就避开了。翟雨秋真是悔恨不已啊！

女孩子怎样制造邂逅，这样的邂逅会有什么样的效果，都是要讲究技巧的。制造邂逅要有技巧和新意。也许有些女孩会说这也太难了！但世上无难事，只怕有心人。每个女孩只有结合自己的实际情况，来点新意、加点技巧，就一定可以如愿的邂逅自己心中的白马王子。

## 4. 各种聚会是好男人经常现身的地方

想必每个女孩都度过灰姑娘的童话吧？灰姑娘偷偷地穿上华丽的礼服，去参加王子的舞会。王子被她的美丽吸引，整场舞会都在邀她跳舞。灰姑娘离开时，还不忘留下一双水晶鞋……当然，最后王子凭着这双水晶鞋找到了梦想中的爱人。

原来，即使是童话中的女主角也是通过舞会这个大聚会，才得以认识王子并过上幸福快乐的生活。那平凡的我们，又为何不能效仿一下，在联谊会这种好男人经常现身的地方寻找自己理想的另一半呢？

姚红雨没有男友，她说主要的原因是她长得不够漂亮，没有人追求她。但姚红雨生性乐观，并不太看重自己的外在。性格开朗的她经常和朋友参加聚会、跳舞、爬山，爽朗的性格令她在朋友中颇受欢迎。

各方面条件都很优越的薛邵宁在一次朋友聚会中偶遇姚红雨。当时，姚红雨在聚会上展现的真实，令她收获了意想不到的爱情！当他开始追求姚红雨的时候，不但姚红雨本人，连其他朋友都觉得不可思议。

薛邵宁刚和前任女友分手。薛邵宁的前任女友人长得十分漂亮，但就是人特别敏感又爱哭泣。起初，薛邵宁被女友的楚楚动人所打动，无限怜惜无限爱。可时间一长，女友因为一点小事也会哭诉不休，薛邵宁也开始反感女友的眼泪，终于导致分手。

而此时开朗的姚红雨的出现，正好让薛邵宁眼前一亮。薛邵宁发现自己很喜欢和姚红雨相处。但薛邵宁说："姚红雨健康而自然，有一种很多女孩身上没有的清新的真实感，令我神往。薛邵宁想，与其和一个哭哭泣泣的漂亮女友心烦意乱地过一生，不如找个快乐健康的平凡女孩，一起运动一起玩，这样的生活更快乐，也更自在！"

联谊会也好，普通聚会也好，能最大限度地扩大我们结识人的范围。而且，聚会也是容易发生一见钟情的地方。所谓千里姻缘一线牵，也许，在不经意的聚会间，爱神就把他牵到了你的面前。

既然联谊会能给女孩带来意想不到的爱情收获，渴望爱情的女孩如果不主动去寻找机缘，又怎能被丘比特之箭射中？

每个人有自己固定的生活圈、工作圈。在固定的圈子里，除了少数的意外，我们结识圈外人的机会并不多，而圈外的视野往往比圈内大得多。如果圈内没有意中人出现，就要考虑在圈外寻找了。

大龄女青年孙媛珂在自己的工作圈子中一直没有机会接触到合适的男孩，原因不外乎就是上班时间工作忙，业余时间还忙着学习、"充电"等等。当然，也有过男孩对她展开过追求，可孙媛珂对那些或幼稚、或平庸的男孩根本没有感觉。

有朋友"怂恿"孙媛珂参加联谊会、单身聚会，她很不屑，认为自己还没有到"剩女"的程度。但是，眼看年纪已经不小，却总是遇不到如意的男友，孙媛珂心中也难免不是滋味。于是，这天，在好朋友的强烈要求下，孙媛珂还是去参加了一个聚会。孙媛珂心想，自己工作太累，压力很重，正好可以借此放松一下也好，当然如果能认识几个朋友也没什么不好。

孙媛珂运气很好，在这次聚会她认识了一个很优秀的男孩——王寰宇。

因为久坐过度，孙媛珂感到很疲劳，正在这时，一个瘦高而风趣的男孩跑去帮她拿东西、照顾她，他就是王寰宇。

王寰宇给孙媛珂的感觉非常特别，和其他很多呆板的白领男同事完全不同，既幽默又认真，而且也没有那种工作不稳定的小男孩的幼稚。这些都吸引了孙媛珂。再后来，王寰宇就成了孙媛珂的男友。

聚会给女孩们都带来了意外的爱情收获。那么，我们为什么要封闭自己，或因为矜持而不愿意多参加聚会呢？

哪怕不为寻找爱情，女孩也应该多参加聚会，借此多结交一些朋友。多参加聚会，心情也会变得愉悦，精神状态也会随之改变，这种状态又会反过来影响到容貌的光彩，能增加女人获得爱情的筹码。

当然，聚会上也要注意一些事项。比如，不要过于的招摇，那样只会让人反感，失了风度，失了矜持。因为聚会的目的是参与交际，并在公众场合中展现真实的自我，结识新朋友并因此而获得异性、同性的欣赏，以寻找到自己心目中的爱情。千万不要偏离参加聚会的主旨，弄巧成拙！

## 5. 不轻易亮出自己的底牌

很多女人在陷入爱情中的时候，就会变得很愚蠢，认为结婚只不过是一张"纸"罢了，形式上的东西并不重要，早一点生活在一起、早一点成为他的"妻子"，又有什么不好呢？再说，他不是天天说要攒钱，等结婚的时候给自己买一个钻戒吗？于是，单纯的女人便轻易亮出自己的底牌……

可是，随着时间的推移，你慢慢的发现一切似乎有了微妙的变化，你和他之间争吵的次数多了，吵架过后，他也不再向你道歉，哄你开心了。重要的是，他再也不提结婚的事情了。直到，有一天，他提出了分手，你才恍然大悟。

早知今日，何必当初呢？爱情是需要距离的，有距离才能产生美感，是自己早早的把这段距离省去了……别把自己轻易交给他，不要过早的扮演"妻子"的角色，那样就如同拔苗助长，强求速成，结果反而把事情弄的更糟。

谢晓楠和常平伟是多年的同学，但由于谢晓楠是个很内向的女孩，相貌也平平，所以在学校的时候，他们几乎没说过话。后来，他们大学毕业后，都回到了家乡的县城工作，而且单位很近，低头不见抬头见，慢慢地就有了来往，又慢慢地谈了恋爱，一切都顺其自然。然后有一天谢晓楠去常平伟的宿舍，天黑时他对她说："太晚了，今天不走了吧。"

谢晓楠犹豫着想说这样不好吧，但是他用嘴巴堵住了她的嘴巴，他喘着气说："亲爱的，我爱你。"于是，谢晓楠半推半就地，把自己交到了他手上。

又过了一些日子，他说反正要结婚的，不如先搬到一起住吧。谢晓楠也找不到反驳的理由，就挑了一个好日子搬了过去，过上了同居的日子。他们还约定等结婚年龄到了，也在这一天去领证。

最初的日子很新鲜，常平伟对谢晓楠也很照顾。同居满一年时，他们俩还上街照了相，吃了饭，庆祝"纸婚"。可是，时间久了，像所有的真正"夫妻"一样，他们也有了各种各样的矛盾，家务活谁做得多谁做得少啦，出门看朋友谁的举止有欠妥当啦，给谁父母的钱多钱少啦，总之一点儿小事都可能成为争吵的原因，原来在以前还能彼此迁就，相互克制的事，现在却斤斤计较。

在同居了三周年纪念日的那一天，常平伟送给谢晓楠一枚戒指，谢晓楠给他买了一条领带。可第二天，常平伟就跟她说："咱俩分手吧。"谢晓楠如五雷轰顶，在她的眼里，即便两人有再多的争吵和矛盾，也不会到分手这一步的，做了这么久的"夫妻"了，怎么能说分手就分手呢？

谢晓楠问他为什么，他说不合适，他不想就这样吵吵闹闹过一辈子。她用几近哀求的声音对他说别人也是这么过的。他说别人是别人，他是他。谢晓楠也恼了，对他大吵大闹，还打了他一个耳光。然后怒气冲冲地收拾了自己的东西，从他的那间屋子里搬了出去。

时间很快就过去了，他考上了外地一所大学的研究生。走前他来找谢晓楠，他说："对不起，我要走了，希望你能原谅我。谢晓楠早已没有了眼泪，她恨这个无耻的男人，也恨自己的无能和当初的幼稚。

在你热恋的时候，在你面对一个男孩无以抗拒的追求时，也不要过早的亮出自己的底牌。再给自己一段时间，或许你会因此得到更远更美好的将来。如果你的心里还有一点疑惑，比如你不确定他是否适合你，或者你担心他和你有了肌肤之亲后就变了样，你对他还没有足够的信任，那么你就不要半推半就的依了他，你应该多花点时间再作考虑。

谁也无法百分之百确定他是否值得以身相许，但是既然你还有疑虑，就

表示你们的关系尚未稳固到可以上床的程度。有的女孩担心自己如果多次拒绝男友的要求，会最终失去他。要知道单凭做爱绝对无法抓住一个男人的心。如果他事前并未爱上你，他也不会在事后为你神魂颠倒。正如许多男人所言："我不会因为和某个女孩上床就爱上她，但是如果我真的爱她，我也不会因为她不和我上床就甩了她。"

女孩们，请不要轻易的亮出自己的底牌，即便男友强烈要求，也一定要给自己时间去冷静的考虑，或者向自己信任的人寻求帮助，以避免自己最后沦为爱情的牺牲品。毕竟爱情和婚姻是不同的，如果你过早的从爱情直接过渡到婚姻，你会发现曾经美妙无比的爱情，会因为彼此的距离太近而失去了最初的吸引力。所以，恋爱还是要按部就班的进行，才能最终瓜熟蒂落，水到渠成。

## 6. 越是优秀的男人你越是要表现出不在乎他

女人一旦遇上了一个非常优秀的男生，就要好好把握，千万不能轻易放弃。即使优秀的他身边从不缺少喜欢他的女孩，即使优秀的他从开始就对你若即若离……只要你能巧妙的把自己对他的爱慕加以修饰，还是很有机会成为爱情中最后的胜利者的。

最巧妙的方法就是，不要让他知道你多么的在乎他，因为你越是在乎他，他越不在乎你。你要把你的爱变成诱饵，然后躲到一边等他自动靠近。

刚刚大学毕业的艾茹静年轻漂亮，毕业后就去了一家小公司做助理，不久艾茹静年轻的上司就喜欢上了她。

上司开始追求艾茹静，但是她最多偶尔答应和他共进午餐，很少答应他晚上的约会，也尽量避免和他单独在一起。她知道喜欢他的女孩很多，个个都很出众，几乎每天他都会接到来自她们的约会。而艾茹静从来没有主动约过他一次，她只喜欢表现出一点对他的好感，从不做出取悦的姿态，也从不让他碰她，尽管她的心里非常喜欢他。艾茹静认为这是对付男人的策略，不仅能抓住他的心，而且也能考验男人的真心。

艾茹静就这样和自己的上司保持着若即若离的关系，由于和上司的这层关系，她的工资开始猛涨，还有加班费。因为加班，她的上司就能看到她，他喜欢有她在身边。半年过去了，艾茹静挣到了足够的钱，她开始计划去旅游，去她一直梦想去的地方——加拿大。

艾茹静的上司听说后，自荐陪她去，并负担一切开销。艾茹静拒绝了，她说工作是不能离开他的，而且这次旅行，她想享受一个人的自由。

但艾茹静又接着说，她会挂念这份如此热爱的工作，会挂念相处得非常好的这些人。她有意不提什么人名，好让人琢磨不透：难道"这些人"是指他？

艾茹静的上司说："那好吧，祝你旅途愉快。"然后意味深长的看了她一眼。两天后，艾茹静登上了去加拿大的飞机。

到达目的地后，艾茹静找了一家旅馆住下来之后，就如约给他打电话，然后就他问他有什么安排，现在住在哪个旅店等等。艾茹静都一一作了回答。

在艾茹静到达加拿大的第二天早上，突然接到服务台打电话说有人找她，是位男士。她诧异不已，说没弄错吧，我在这里根本不认识别人。但服务台说没错，就是找她的，现在楼下的咖啡厅等她。

她疑惑的走到咖啡厅，看到了她的上司！他的手里拿着一把鲜艳的玫瑰花笑着说："我也来度假，这里的景色不错。"

艾茹静的眼睛湿润了。他走上来，把花递给她，然后给了她一个温暖的拥抱，并附在她的耳边轻轻的说："我爱你。"

优秀男人的征服欲都很强，如果你过早的被他征服了，他会因为没有挑战性而很快厌倦，所以，你要懂得抓住男人的这种心理，表现出不在乎他，反而会让他对你产生更大的兴趣。

因为人都有一个毛病，那就是对于太容易得到的东西不太在乎。聪明的你，应该假装不在乎他，这会让他觉得你比他其他女孩更有魅力，也更能激起他对想追求你的兴趣。

一个名叫江语燕的女孩，她对待喜欢的男人，尤其是那些优秀的男人，从来不主动投怀送抱，她喜欢假装不在乎他，然后以静引动，就像鱼饵一样，等待他自动上钩。

他是一个事业有成、魅力不凡、气质脱俗的男人。某次他吃午饭时，来到一家江语燕经常光顾的自助餐馆，他与她初次相遇。他很自负，凭过去的

经验，往往是女人主动与他搭讪。

不过，让他意外的是，江语燕是他惯例中的一个例外。当时江语燕正全力以赴地对付面前的火腿、莴苣和番茄三明治，他竭力想引起她的注意。江语燕知道他在注视自己，她在心底对他也有好感，但她假装毫无察觉。

第二天他又来了，江语燕照样只是装作无意地看他一眼，接着就全神贯注地解决她盘子里的美食，不再对他多看一眼。他觉得自己骄傲的心受到了挑战，他不能容忍有女人敢如此轻视他。于是，第三天他又来了，一切没什么改变。第四天他不死心，还来，江语燕仍然对他视如无物。他终于耐不住了，他认为这是公然的挑衅，既然如此，他就必须和她正面交锋。他不相信，还真有对他毫不在乎的女人。

于是，第五天，他主动约她出去，她答应之前，略微犹豫了一下，说："我不认识你，所以我不会以恋人的方式待你。我们可以像朋友一样开始，然后，顺其自然。"这个男人曾经让许多女人趋之若鹜，但当他遇到江语燕之后，不得不面临一个挑战，即追求一个让他不太容易得手的女人。

以这种方式，江语燕如愿以偿，成了这个许多女人梦寐以求的男人的妻子。而他，却始终以为这是他的胜利。

面对一个高傲的男人，你不能像其他女人一样，对他抛送媚眼，主动搭讪，甚至投怀送抱，你要做得与众不同，那就是无论你心里多喜欢他，也要假装不在乎他。只有这样，你才能激发他的斗志，让他对你越来越在乎。

男人喜欢自己处于主动的地位，如果女人太主动，反而会让男人心生疑虑，认为你有所企图，或者是你迫不及待想把自己处理出去。男人害怕掉入陷阱，男人更没兴趣接受一个已被他认定是个处理品的女人。因此，女人要想抓住一个男人，除了前面讲过的制造看似自然的偶遇外，最好还不要主动投怀送抱，只须静观态势的发展。

# 7. 给他糖，但一次只给一颗

大部分女人在被追求的时候还可以做到矜持二字，一旦被爱情俘虏，就会盲目的失去自我，全身心的投入到爱情中去。这样的做法是错误的，好男人不会因为你的付出而停下脚步。相反，如果你能不紧不慢的撩拨起对方的兴致，那么，你必将成为这场爱情战争中的胜利者。

也就是说，面对优秀的男人，不要一股脑的把自己所有的爱都给了对方，而是要像哄孩子一样，可以偶尔给他点甜头，但一定要紧把分寸：给他糖，但一次只能给一颗。

爱情中的女人，学会为自己保留一点神秘感，太过坦白对增进感情并无帮助。恋人之间的吸引力来自对方的神秘感，保留一点个人的小私秘，令对方偶尔有新的发现，是更有助于巩固彼此感情的。

有节制地给予你的爱，首先要注意对他的生活你不能全部进驻，要采取"部分参与"的方法。因为，男人在很多方面其实也如同女人一样，看重自身的私密。所以要充分尊重他的私人空间和他的个人秘密，而不要过早地介入他生活的各个方面。

很多恋爱中的女人都误以为对方已经给了你某些"权力"，你便迫不及待地开始行使它，你会自作主张地替他安排许多事情，尤其是在他并没有给予自己确切的承诺以前。如果一个男人发现自己的女友总是想支配自己时，他可能很难下决定与她结婚。别以为你们的关系已经非常亲密了，也不要以为你有了他公寓的钥匙就等于他已默许了一切。过于殷勤只会让他对你失去所有的胃口，最终远离你。

如果你想让你们的感情继续发展下去，请记住，不可过早干涉他的生活，要控制好火候。不要动他的剃须刀和牙刷，离他的浴室远一些吧，即使你们刚刚亲热过，如果你要进入这里，最好能让一切保持原样。不要过早地表明你想主宰这里的意图，待他请求你做时，再做也不迟。不要以自己的眼光和标准来衡量他的房间，更不要自作主张地帮他整理书桌、抽屉，不要随便看他的邮件，如果你们的关系刚刚开始，这些举动很可能会令他对你的爱荡然无存。

一个男人只有对自己深爱的、并渴望与其结婚的，或是彼此了解的女人，才会乐意为她做出改变。如果你们的关系仅是处在交往阶段，就不要奢望他能立即为你改变自己的风格。任何事物都需要循序渐进的一个过程，爱情也是这样，你不用操之过急，等你们的爱情牢固时，他会很乐意地将一切交给

你去办。

可事实上，总有些女人，为了表明自己和对方已经有了不同寻常的关系，便将自己的一些物品故意留在他的家里，一只口红或是几件睡衣，也许你只是暗暗希望这些东西能提醒他，你们在一起度过的甜蜜时光。而聪明的女人从不在他还没有足够的心理准备之前，刻意在他的家里留下自己的痕迹。

另外，你还要管好你的嘴，说话要适合时宜，不要信口开河、不要过于急躁。语言是人类交往的工具，我们依赖语言这个工具，相互沟通，表达我们的情感，但它同时也是误会和争吵的开始。一天之中，你的每一句话不可能都是经过思索才说出口的，对那些与你关系不大的人，乱开几句玩笑，随便说点笑话，可能不会产生什么严重的"后果"，可假若对方是你的爱人，一切都不同了。任何不经大脑而"随便说说"的话，都有可能给你们的爱情带来伤害，原因是不言而喻的，因为你爱着这个人，所以你对他有比对一般人更高的期望值，你希望他对你的方式与别人有所不同。

许多女人常常感叹，爱情是多么脆弱，但聪明女人知道感叹是毫无用处的。感情是需要细心呵护的，而不能急于求成，那无异于春天里突如其来的一场霜冻，绝不能让丰收的可能受其影响的。

聪明女人从不把全部心思都放在一个人身上，一味的去做爱的表白，她们会不紧不慢地谈些与他无关的事情。当你对身边的事物表现出极大的热情时，他心中的爱就会被点燃，这下就该轮到他痴痴地等电话，赴约会，没完没了地表达爱意了。这样，你们之间的感情反而会愈加坚固。

其实，恋爱中的"注意事项"实在太多，虽然需要你不断的给爱情降温，不能操之过急，以便产生一点神秘感，但是也要记住降温不能无限制，否则爱情便会荡然无存了。别忘了也要学会给爱情加温，稍稍加快进程，例如在一些特别的日子里给对方一些惊喜，比如在他的生日、在你们的相识纪念日等等。男人和女人一样，同样需要一些感动与温情，让他深深的感觉到你对他的在乎。

懂得"一次只给一颗糖"的女人，她们的感情似乎不用怎样去努力，就可以达到一帆风顺的程度。而对另一些女人来说，她们可能谈了一次又一次的恋爱，却仍以失败而告终。原因也许就是她们太快的把所有的爱都投入了进去，使得他一时"消化"不了，就会产生腻烦心理，爱情自然就不会顺利了。

在没有爱的时候，很多女人对别人谈起爱情来都是头头是道，几乎是一个"爱情专家"，可当她碰到自己的"真命天子"，就把以前的爱情理论忘记的一干二净，因为过于珍惜，就愈加的害怕失去，所以恨不得把自己毕生的爱都搜刮出来送给他，恨不得一天到晚都贴在他的心口，听她的心跳。

可是这样，却非常容易激起对方的反感，因为当你表现的过于爱他的时候，他就会对你表现出不在乎。或者即便是他被你所感动，但他对你的爱也不会持续多久，因为你的主动，使得他变得被动，而男人从来就是喜欢征服的动物，当你于他已经没有了征服的意义，他早晚会对你失去兴趣。

因此，与其让他的爱来得猛烈，去得迅速，还不如让他慢慢来，慢慢给予你对他的爱，控制好火候，掌握好节奏。给他糖可以，但一次只给一颗，这样既安全又温暖。

# 8. 用你的甜美声音吸引他

一个女人用来吸引男人注意力的方法有很多种，美丽的容貌、曼妙的身姿或者甜美的声音，都可能让男人深陷其中不能自拔。而且有些时候，最能引发男人兴致的恰恰是那悦耳动听的声音。

一个声音好听的女人，往往很容易被周围的男性接受，即使她不漂亮，男人也会说她是温柔可人的。甚至分手之后的恋人，听到女方的甜美声音，都有产生再续前缘的冲动。

女人甜美的声音是吸引男人的最佳途径。每个男人都有令他难忘的兴奋事，在夜深人静时听到所爱女人略带轻浮的耳茸软语，男人会永远铭记。不少女人担心男人没有真情，取得男人的真情其实很简单，只需柔声就行。女人对男人威胁、撒泼和自杀都是下策。现在是个竞争的时代，男人本身就累、有压力，潜意识里也想威胁人、想去发泄，你再给他这些东西，他不会要。男人需要柔情，温顺声音是柔情的化身，用它对付男人，就犹如磁铁对付钉子，男人会紧紧贴住你，甚至将灵魂全部交给你。

多年来葛青莉一直单身，原因只有一个：葛青莉相貌丑陋。曾有同事在

背后议论她，说但凡一个脑子正常的男人都不会看上她。每次听到这样的议论，葛青莉便只能一个人伤心落泪。

后来，为了排解寂寞，葛青莉开始在网上寻求精神寄托。在和网友聊天中，葛青莉从不使用视频，通常就是打字和语音。她对自己的声音是绝对自信的，许多男网友都被她的声音吸引，猜测着她一定是一个如水般温柔的美丽女孩。这一切，都让葛青莉信心倍增。

一个名叫烟火的网友同样也迷上了葛青莉的声音，在多日的聊天中他们互相爱慕，葛青莉也很喜欢这个幽默机智的男人。

通过视频，葛青莉发现烟火长得很帅，所以，每次聊天葛青莉依然只用语音。没想到这反而引发了烟火的好奇。烟火觉得葛青莉很特别，既然有如此动听的声音，肯定也长得很美。两人感情火速升温，在网上聊得难舍难分，俨然一对情人了。

终于，烟火提出要见见葛青莉，相片或者视频都可以。但葛青莉没有自信，她怕烟火一见到自己的脸就会离自己而去，于是试探的向烟火说出自己样貌很一般的真相。但烟火说没关系，样貌并不重要，鼓励葛青莉大胆的和自己见一面，其实，在烟火的心里根本不相信葛青莉所说的，认为那只是她的推托之词。因为按照常理，一个声音这样动听的女孩，怎么会样貌丑陋呢！

毕竟两个相爱的人不能永远不见面。于是思量再三，葛青莉还是把自己的视频图像发送给了烟火，但从此，烟火音信全无。葛青莉绝望了，她知道烟火一定是嫌弃自己而断绝了与自己的联系。葛青莉痛苦不已。

直到有一天，烟火突然从老家跑来北京找葛青莉，他说听不到葛青莉美妙声音的日子让他度日如年。葛青莉看着站在自己公司门口等待自己的他时，感动得哭了。

半年之后，葛青莉和烟火终于走进了婚姻的殿堂。

女人甜美的声音能征服和麻醉男人。越有阳刚之气的男人越容易被女人甜美的声音弄得晕头转向。女人向男上司请假或争取出美差，用甜美的音调事情准成。有人说女人甜美的声音是酒，是看不见火却在沸腾的水。甜美声音表面很柔，但实质上却像火一样烫人。男人经常自吹是钢筋铁骨，但在甜美声音面前，却很脆弱。

现在很流行煲电话粥，如果谁有一个"迷死你"的声音女友，谁就太有福气了。有些女人的声音真可谓"迷死你",但这些女人一般不会出来与男人约会。男人一定要理解她们的羞怯,因为她们的形象准会比声音差。懂感觉的男人乐意在电话中与她们约会,并愿意回避见面,只在电话中保持亲密关系。女人甜美的声音在电话中有无比神奇的效果,在声音的世界里,男女不仅实现了平等,而且女人还经常有比男人更多的主动权。这个世界的想象空间是最大的,男人可以在其中感受到女人的一切。

与女人在电话中交谈是一件很有趣的事,有经验的人能从女人的声音中感觉出女人的身高、体态甚至肤色和发型。当然,大部分都可能猜错女人的相貌,这不重要,重要的是你能从一个女人的声音中品味和解读出这个女人。

声音是女人的武器,女人应特别注意声音伤人。男人本身迷恋女人甜美的声音,但如果女人声音中总是显出过分的不可一世,男人的自尊就会受到伤害,心里就会有鱼骨卡喉的感觉。男人的记忆非常特别,一旦他反感某种声音,一辈子也不会忘记。看来,声音的教养比本人重要,好嗓音的女人一定要懂这个道理。

有些美丽的女人不注意自己说话的声音,结果使得凤凰变成了乌鸦。而那些相貌平平的女人反而懂得如何运用自己甜美的声音来吸引男人的注意力,最终改变自己的命运,成为了女人中的佼佼者。

## 9. 若即若离,让男人永远兴致盎然

如果你问男人为什么喜欢冒险、为什么喜欢挑战,他们一定会告诉你那是因为有未知悬念的刺激,不断的探索下去会有很多乐趣。所以女人们大可好好利用男人的这种心理,在与男人的恋爱较量中时刻保持若即若离的神秘感,必定会让男人始终对你兴致盎然。

女人想赢得男人,尤其是那些已经为数不多的好男人的心,必须要懂得在恋爱过程中偶尔玩一点小花样,永远与他若即若离,保持一点神秘感,一定能让他心醉神迷。

**一、适当的慢上半拍。**

当你遇见了一个非常优秀的男人，并且你对对方颇有好感，怎么办？这时，女人不要过于主动给男方打电话，对他的电话，也不要急于回复。雪莉•阿格曾经在她的作品《男人恋上坏女人》里这样说："有时可以让电话答录机或者手机的语音箱来回应。这会让他意识到你是一个值得等待和花心思的女人，所以，去让他为揣测你在做什么而绞尽脑汁吧。"

柳妍诗当初就是利用这招把男友迷住的，她的男友民宇是个很像韩剧中的男主角一样的帅气又有型的男孩，早就习惯了被成群的女孩子前呼后拥的包围和女孩们无条件的迎合。在与柳妍诗初次约会后，柳妍诗只给他留了家里的电话号码，而没有给他自己的手机号，因此民宇永远不知道她何时何地和谁在一起。而且，每当民宇在她家的电话答录机里留下口信，柳妍诗总是拖上至少一天才给他回电。

当柳妍诗回电话的时候，他又会很急切的问她到底在哪里，柳妍诗则很懒散的说一些"和朋友逛街太累了"或"同事之间应酬回家太晚了"之类的话作为解释。后来，民宇花了差不多半年的时间，才正式成为柳妍诗的男朋友，并一直觉得能追到她是自己莫大的幸运。

每个人都喜欢自己的求爱过程富有挑战性。通过拖延回复电话这样一个小小的细节，就证明了你自己不是一个简单的可以唾手可得的人，你有独立的生活和个性。而且，你还可以在这个过程中测试出他对你的用心程度，你可以看清楚他对你究竟是一时的兴起还是真心实意。

在使用这一招时，男人要适可而止，因为女孩子一般比较内向矜持，如果男士做得过了，只会让女孩觉得你对她没兴趣。而当男士遇到女孩在使用这招时，如果你真的是发自内心的对女孩有好感，那就把你的真实感受毫不犹豫的表现给她看吧！

**二、保持自己独立的生活空间。**

就算你们的关系已经很明确了，也千万不要让男人觉得已经牢牢的占据你社交日程的第一位了。你要给他的感觉是，和他约会就像去健身房或看电影一样，是你生活中再平常不过的娱乐。你要向对方做出暗示，他并没有掌控你们的关系，你的生活还是属于自己的，是独立的。

许君婷和男友交往了好长一阵子了，几乎每个周日都在一起吃午饭，一次用餐的时候，许君婷的男友不停的接电话，并且对周围顾客和餐厅装饰的兴趣似乎比对她更大。

于是，到了下一周，当男友打电话问许君婷周末的安排时，许君婷说因为一些事情周末无法和他共渡了。于是，到了第三周的时候，许君婷的男友为了能够顺利约会，早早预订了饭店和鲜花，还为许君婷准备了礼物。

你的忙碌会给他造成心理压力，他明白必须要马上行动才行。记住，喜欢他，但不要丧失自己的生活空间，生活被他点燃而不是被他主宰。你展现在他面前的是一个现代年轻人应有的自信和独立。

现代人都害怕失去自由，然而当发现对方并不是那么需要和依赖自己时，那种对约束的恐惧感便消失了，取而代之的是迫切地渴望成为对方生活中的一部分。一味的改变自我趋附于对方，只会令男人们逐渐的疏远和冷淡自己，而不是更加迷恋你。

三、懂得适当的拒绝。

如果在和他约会后，你就深深的被他征服了，同时你发现对方也喜欢上了自己，并开始了热烈的追求攻势。比如，男士频繁的约你，或女孩常常示意你可以和她约会。这时你要想让对方对你保持长久的热情，就要用点心计，把你心中对他的感情压抑一下，你的"冷漠"会引起他格外的注意和惦念，甚至让他产生没有你就快活不下去的强烈感觉。

所以在对方有约会的表示时，不要迫不及待的把同意说出口，要找借口推辞一下，如果说他有十次这样的表示，作为女士最多赴约三四次就可以了，如果是男士就要多一些，但切忌不要每次都答应。你甚至可以说：今天晚上因为有另外的约会而不能和他在一起，很抱歉。这样他会为了你整个晚上都坐卧不安，而且，第二天他一定会充满醋意的追问你和谁约会了等等，话语间会明显表现出不安。当然，你也不能做的太过分，让他感觉到你根本不在乎他，你要适时的表现出对他的好感。总之，不要让对方觉得你们两个轻而易举的就可以在一起。

四、当着对方的面与另外的异性攀谈。

方亚美在与男友的交往过程中，发现这一招非常管用，在男友公司的周年庆典上，她坐在吧台前点了一杯名字特别的鸡尾酒，这一举动显然吸引了坐在方亚美旁边的一个男人的注意。于是，他们就聊了起来，刚交谈没有几

分钟，方亚美的男友就走过来，整整一个晚上都在她身边寸步不离。

看来，男人吃醋的心一点不比女人弱，根据一项关于社会行为的研究，男孩子打架往往是出于竞争的刺激。因此，当你抛出一个香喷喷的诱饵——其实那就是你自己，接着就站在一边看他是怎样从躁动到疯狂的吧。

永远不要让对方以为除了他再没有别的异性对你感兴趣了，你要让他知道你是个能令不少人神魂颠倒、炙手可热的人物，这会引起对方强烈的征服欲。看到那么多人喜欢你，为你着迷，对方会加倍的对你好，以证明自己才是最值得你爱的对象。

曾经写过《第一性》的作家海伦·费希尔博士曾这样说过："游戏是使爱情长保新鲜的良剂。这是符合人性哲学的。游戏带来的刺激和想象空间会使女性更加关注和欣赏。同样的，磨难的挑战也会激起男士们更大的兴趣。"在这场追逐爱的游戏当中，若即若离是使其充满粉色的神秘感和甜蜜的刺激的必要法则，如果你能遵守这一法则，你定能成为那个笑傲情场的人。

## 10. 适时满足男人的保护欲

哪个男人不想当英雄呢？尤其是可以保护美女的大英雄呢？如果你的身边出现了一个令你心仪的颇具英雄主义的好男人，就不妨给他制造个"英雄救美"的机会，也好让他那大男人的保护欲得到满足。

男人生性喜欢保护弱小，聪明的女人想得到男人的心，就应该懂得主动示弱，给男人一个保护你、照顾你的机会，也许他从此就爱上了这个你给的"英雄"称号，成为了你的专属保护神呢！

孟小蕾大学刚毕业，还没有找到合适的工作，便暂时在表姐开的一家高档酒楼当服务员，全当是体验生活。当然，这里是那些成功男人出没的地方，孟小蕾心里还有个小算盘，也许能在这里碰到自己的贵人呢。29岁的沈嘉奕是一家大型国企的总经理助理，这几天将一个重要客户安排在这家酒楼，沈嘉奕几乎每天晚上都要来酒楼陪客户。沈嘉奕的公司是酒楼的大客户，沈嘉奕不仅相貌堂堂，年轻有为，虽经常因为工作需要涉足娱乐场所，但本身并不花天酒地。表姐便有意安排孟小蕾为沈嘉奕他们服务。

一天晚餐后，客人提出要去KTV房唱歌。孟小蕾周到地为他们点歌，陪他们唱歌，几首歌曲热身后，沈嘉奕颇为可惜地说："小姐，看你只不过二十出头，怎么不趁年轻读点书啊？"孟小蕾道："我大学毕业了，可还没找到工作。现在工作真难找，男朋友又离我而去了，我现在孤身一人，举目无亲。不得已，只能先在这里解决吃饭问题。"

"你是大学生？"沈嘉奕的心像被榔头敲了一下，他连忙问道。

"大学生又怎么样？找不到工作还不是啥也不是。"孟小蕾说话时双眸闪着泪光。几个小时后，沈嘉奕与客户离开了KTV房。临走时，孟小蕾默默地凝望着沈嘉奕，眼神中满是无助。沈嘉奕心里不禁涌起一股爱怜，孟小蕾模样清纯，不像是说假话的人；她俊俏可人，在这灯红酒绿的地方呆久了，岂不耽误了前途？他留下了自己的手机号码，认真地说："孟小蕾，我会帮助你的，相信我。"

再来的时候，沈嘉奕告诉孟小蕾，他已经帮她找好了工作，到他们公司做办公室秘书。孟小蕾惊喜万分。后来，孟小蕾成为沈嘉奕的下属。半年之后，她又成了沈嘉奕的恋人。

谁说"满足男人的保护欲"是老套的手法，它的成功率之高是大家都不能否认的。古往今来，英雄救美成就姻缘的故事俯拾即是。曾有一个新闻，说一美貌女子当街晕倒，几个男人争先抢后为女子做人工呼吸，甚至为此大打出手，不觉失笑。故意表现较弱，虽然俗套，却永不过时。只要能达到目的，何必管手法是时尚还是俗套呢？

装扮成较弱的女人等待男人伸出援手其实很简单。比如，你心仪的男人站在旁边，你只需故意将手上的外套交给他，并跟他说："抱歉你能帮我个忙，替我暂时保管几分钟吗？我想去一趟化妆室。"等你回来时，微微一笑作为答谢。不要担心他拒绝，在能够表现自己的绅士风度的场所，男人是乐于为女人效劳的。

又如，你可以找一个月色很好的夜晚，醉倒在目标男人的私车旁，并装作醉得找不到回家的路，他便只好先把你架到他家，接下来，就看你怎么把握了。你还可以在他的视线中落水，在和他一起时故意崴了脚，等等。只要你有心，创造这样的机会易如反掌。

需要注意的是，女人们在准备让男人展示他强大、保护弱小女孩的时候，桥段的设计难度一定不要太大，否则，小心他施展英雄气不成，反而知难而退，那你可就作茧自缚了。

## 11. 你的柔情让男人怦然心动

什么样的女人最容易让男人动心，九成的男人一定都会回答是温柔的女人。没错，女人身上最能让男人心动的莫过于那一抹似水柔情。女人不漂亮没关系，只要你还有温柔，一样可以俘虏男人的心。如果你没有了温柔，那么即便你再漂亮，也很难赢得男人的爱。

林黛玉并不是《红楼梦》中最美的，薛宝钗就比她漂亮，连贾宝玉都认为那串八宝璎金的项链，如果戴在宝姐姐的腕上会更美。可是宝玉还是更爱黛玉，读红楼梦的男人们也会觉得黛玉比宝钗更可爱。为什么？因为她比宝钗温柔，她的娇嗔、她的妩媚、她的婉转、她的细腻、她的柔弱无骨，甚至她的弱不禁风，哪个男人会不心疼这样一个林妹妹呢？又有哪个男人面对她的娇弱会不怦然心动呢？所以，在男人眼里，她就是最美的。

刘馨予和男朋友在一起已经五年了，但男朋友一直没有结婚的打算。刘馨予性格开朗，不拘小节，做事雷厉风行，平时喜欢和同事说说笑笑的，虽然这也让刘馨予和男朋友的关系很融洽，但刘馨予的男朋友还是觉得缺了点什么。

直到有一次，刘馨予和男朋友逛商场，恰巧碰到一同事带着女儿，当时同事的女儿吵着要吃冰激凌，因为那天天气不好，刘馨予的同事怕孩子吃了肚子疼，不给女儿买。刘馨予就蹲下来帮着同事哄孩子。后来，刘馨予的男朋友说："还真没见你那么温柔过，不过你温柔起来很美，很有女人味。"很快，刘馨予的男朋友就向她求婚了。

作为女人，不管你是聪明美丽、真诚善良，还是独立坚强，如果你缺乏女性特有的温柔，你就会被认为是没有女人味的女人。只有温柔的女人，才是最有女人味，最让人心动、最美丽的女人，才能暗香长留，清美幽远！

温柔的女人，是微笑的天使。温柔的女人，总是微笑着去唱生活的歌谣，从不抱怨生活给予的磨难。她把每一次的失败都归结为一次尝试，不自卑。把每一次的成功都想象成一种幸运，不去自傲。她用微笑的力量，去关照周围，去感化周围，去影响周围。她的微笑，像一把神奇的钥匙，可以打开心灵的迷宫，她的微笑，似一缕温柔的暖风，可以化解情感隔膜的冰霜。她的脸上始终挂着一片不落的灿烂。

温柔的女人，是爱的化身。她把热诚献给朋友，把仁孝献给长者，把慈祥献给孩子，把爱恋献给丈夫。她是良友，是孝女，是慈母，是贤妻。她是一种慈祥、热诚、仁厚、道义和爱的结晶体，坚强有力，与美丽并存。

温柔的女人不是没有主见的"乖"，也不是野蛮女友的"凶"，而是回归女人本色，是一种好性情、一种智慧、一种女人味。女人的温柔是一种可以让男人品尝后主动驯服的软酒，口感细腻的佳酿。

温柔的女人，她也许不是都市的白领，学历不那么高，厨艺不怎么样，她的手不巧，甚至是笨拙，长相也一般，总之，她算不上一个十全十美的佳人，但她却温柔，说起话来"和风细雨"，这就足以让男人陶醉。在男人眼中，女人的这一特点比其他所有的特点都可爱。

温柔的女人是通达的，她会让爱在一种平淡中走向坚固和永恒。一位知识女性，她深爱着她的丈夫，但是，她爱她丈夫的时候也没忘记珍爱自己。她的丈夫常年在外经商，但他们的感情十分融洽，从未有过一丝半点的裂缝。有人问：你不担心他在外面寻花问柳吗？这位女士回答：我和他的爱从来都是平等的。从接受他的爱那天起，我就给了他信任，我爱他但不苛求他。我希望他成功完美，但我从未把自己的一切抵押在他身上。我担心什么呢？有些时候感情这事儿你放开来看，其实恰恰就是一种最好的把握。她给了男人足够的信任、理解和宽容，同时也给了自己足够的自由，她可以尽情的享受爱，但不为情所困。

温柔的女人也从不苛求于他人，对丈夫也如此。每个人都有一大堆的毛病，这在你嫁给他之前你就知道了，改变他是不可能的事。或者换个思维，你会发现那是可爱的毛病呢，否则就由他去吧！让自己空闲的时候去听听风的声音，看看海的波涛，欣赏一下大自然的美丽，和朋友聊聊天，让自己的胸怀慢慢地宽广，对任何人不要苛刻。其实老公也一直在容忍着自己的很多毛病呢！

学会了宽容，最大的收益人是你自己。谁说宽容不是一种美丽呢？

温柔的女人是美丽的天使。许多女人，总想留住自己的青春和美丽，不惜花费很多的精力去精心打扮自己，小心呵护自己的容颜。她们的目光更多地聚焦在了名牌服装和化妆品的价码上，她们的心思更多地花在了发型的改变上，以至于疏忽了老人的安康、家人的冷暖，这样的女人的美只是岁月的一个记号，终有一天要消逝。而温柔的女人不一样，她们不会过多地去矫饰自己的容颜，她们把更多的时间献给自己身边的人。尽管不再年轻，尽管时间的巨轮残酷地在那平滑的脸庞上碾下凌乱的皱颜，但温柔的女人依然是温温情情，真真切切，精精致致，悄悄地关爱着身边的亲人，在细细碎碎的呢喃中越发娇艳欲滴。温柔的女人让美丽在她们身上获得了永恒！

作为女人，你可以不够聪颖，不够美丽，不够坚强，但你不能不够温柔！你拥有了温柔，就拥有了永恒的美丽！

## 12. 奉上女人特有的善解人意

漂亮的女人可能会让男人一时心动，但只有善解人意的女人才能长久的抓住男人的心。

男人喜欢什么样的女人，这大概是女人私下里最热衷讨论的问题了。大多数女人认为，男人喜欢的应该是漂亮、妩媚、贤惠的女人。实际不然，大多数的男人还是对温柔的善解人意的女人情有独钟。

因为只有善解人意的女人才知道，男人是既刚强又脆弱的动物，而有的男人是把荣誉和脸面看的比生命还贵重的。因此，善解人意的女人知道在男人的精神世界里存在着哪些禁区，总是会很细心的避开，以免她的男人在尊严上受到伤害。而男人大多都是理性的，所以他们会对女人的善解人意心存感激。在他们看来，善解人意的女人才最有女人味。

事业有成的彭承杰因为女友的离弃而郁郁寡欢，后来经一些朋友介绍认识了李欢歌，在接触中他惊奇的发现，李欢歌是一个善解人意的女孩，就属于他喜欢的那一类女孩。

比如，在朋友的聚会上，他喜欢海阔天空的神聊，李欢歌总是用赞许的眼神看着他。但有时，聚会过后，他会收到李欢歌给他开的"处方"，那些纸条有时藏在他的衣袋里，有时夹在书里，上面的字句，婉转的纠正了他的一些说法。彭承杰对她的温柔做法和良苦用心自然是很领情的，同时也心存感激。

在彭承杰和李欢歌交往一年多的时候，他向李欢歌求婚了，然后他们就开始买房子准备结婚。可就在他们准备结婚的前一个月，那个曾经和他相恋三年却跟着一个老外跑了的女友回来了，给他打电话，说要见他。这让彭承杰犹豫起来，他原以为自己沐浴在李欢歌爱的阳光下，已经忘记了那个为了出国抛弃自己的女人了。可是他无法骗自己，他的心里还有她的位置，他开始动摇，他告诉自己，自己只是和她见面，只要不让李欢歌知道，是不会伤害到她的。

于是，他为了和她见面，多次编谎言说要加班，后来竟然鬼使神差的以出差为借口，和她一起去了海南。在那里，她的这位前任女友告诉他，那个曾经要带她出国的男人，去了温柔国之后就杳无音讯了。现在，她又把彭承杰当作了救命草，一定要他帮着办加拿大的移民，还自说自话的规划着他俩的未来。彭承杰忽然发现，眼前这个女人是那么的任性和自私，与善解人意的李欢歌是没法比的，想到这，心里非常后悔。

这时，自己和李欢歌的介绍人打电话来问彭承杰和前女友的事处理的怎么样了。彭承杰忽然打了一个激灵，这些事公司里的同事都知道了，李欢歌怎么会不知道呢？彭承杰想到这心里忽然很害怕，他第一次感到自己是如此的害怕失去她。一夜未眠，第二天一早，他就飞回了北京。

重逢的那一刻，他看到了李欢歌红肿着双眼，依然装出很快乐的样子迎接他，这让他感到一阵心痛。他明白她的意思，什么都没说，只是紧紧地把李欢歌拥到了怀里，他想这一辈子，他都不要李欢歌再为他担惊受怕，他要好好的爱她，给她幸福。

聪明的女人知道，要征服一个男人，尤其是有能力、有地位、有才华的成功男人，仅仅依靠魅力的外表是不够的。这些优秀男人更看重的往往是女人的品德，聪明的女人会用她们特有的善解人意，宽容和体贴来滋养男人的心。当然，这样的女人最终一定可以登堂入室，成为那些优秀男人的妻子。

# 第五章

## 像金三顺那样钓个"金龟婿"

- 男人想听什么，你就说什么
- 俘获白马王子靠的不是美貌，是智慧
- 站在帅哥旁边的"丑女"凭什么
- 永远不为爱他而不惜践踏自己的尊严
- 你的工资可以不多，能养活自己就是本事
- 可以不美丽，不能不自信
- 如果你能让男人感觉快乐，你就成功了一大半
- 不说爱他胜过爱自己的傻话
- 去爱吧，像不曾受过伤害一样
- 要想钓到金龟婿，就要像金龟婿那样思考

## 1. 男人想听什么，你就说什么

2005 年，随着韩剧《我的名字叫金三顺》的热播，即不漂亮，也不苗条的"老女人"金三顺被大家所熟知，并被她为了爱情而做出的努力所深深感染。尤其是那些一样在爱情中苦苦挣扎的女人们，也从金三顺身上学到了很多对爱情有用的东西，其中就包括如何说男人想听的话。

常听人说"男人靠捧，女人靠哄"，这句话一点不假，男人总是好面子的，女人想获得男人的宠爱，不仅要关心他，照顾他，更要满足他的虚荣心，知道他想听什么，而且还要能恰到好处的说出他想听的话。

而且，说男人想听的话，也不仅是为了满足了男人的虚荣心，维护了男人的面子，同时也像一个"气管"，不断的给男人输送能量。不过你要记住，你的"捧"一定要是发自内心的，一定要有事实的依托，这样才能收到预期的效果，让他更加爱你！

### 一、你好有趣

目睹法国大鼻子影星德帕迪约这样相貌平平的男人让名模靓女们发狂，我们才发现，原来男人通过风趣诙谐完全可以弥补自己的先天不足。

"阿雪最开心的笑声就是接受我的最好表示。尽管她总记不住我曾说过什么，也不为我的运动能力叫好，有时真把我活活气死，但至少有一点还值得欣慰——她特别喜欢我的风趣幽默。"男人总是想在自己喜欢的女人那里听到关于自己幽默的赞誉之词，"只让她觉得我仅仅是有趣还不够，我想亲耳听她说我是世界上最有趣的人"，所以女人们大可不必吝啬自己那些发自内心的话。

### 二、你真聪明

如果一个男人夸一个女人聪明，好像就意味着她的长相有待商榷，可是如果一个女人说，"你真聪明"，男人就觉得这是他们理所应得的。其实，很多称赞夸奖的话都是废话，谁不知道自己几斤几两呢？可是既然所有的人都爱听，那么它的存在就是不能被抹杀的。温柔称赞是一种动力和承认，也是一种找回或者增加自信的很好的凭借物。

### 三、你真勇敢

勇敢这个词现在好像不常用了，毕竟需要勇敢的机会越来越少了，只有很少的一部分热爱极限运动或者极地探险的人除外。勇敢已经渐渐地从一种行为转换成一种思维。在这个竞争残酷的商品社会里，男人的英雄主义情结还是无处不在，毕竟任何一个新机会的获取都是需要勇气的，无论对事还是对人，勇敢的男人永远是女人的最爱。"你真勇敢"如果不是一句讽刺的话，就一定是打心眼儿里的钦佩。

### 四、你这个人，有思想

注意，这句话是要分两截说的，说到中间的时候，停顿片刻，仿佛经过短暂的思考，然后说出后面半句。其实很多内在的东西都是主观的。一个人究竟有没有思想是很难评判的，这要看评价你的人是在一个什么样的思想层面上，所以切莫过早地高兴。不过，如果听到"你这个人好有思想"这样的话，虽然男人会对这个人的智力水平产生各种各样的猜测，也一定不会对她产生太大的排斥感吧。

### 五、你真幽默

有幽默感的男人总是吃香的，只要你不是一个话痨或者小丑。很多人会因为自己没有幽默感而苦恼，其实，幽默感是天生的，后天的积累也很重要。"你这个人真逗！""你真幽默！"所有的男人都喜欢听别人夸自己富有幽默细胞。因为幽默不仅代表了一种乐观的生活态度，更是一种聪明的表现。

### 六、你真大方

在我们这个物质生活还没有彻底极大丰富的社会里，慷慨的男人还是缺货的。女人们都喜欢慷慨的男人，否则找大款做什么？其实不是男人不大方，是有的人没有大方的条件，而有的人从小就养成了勤俭节约的好习惯。"你这个人真慷慨，真大方"这句话怎么听都像是从老婆嘴里说出的怨言。可是，很多话只要语气不同，意义也就完全不一样了。真心的称赞他的慷慨，会让他觉得自己更像男人，一种自豪感会油然而生。

### 七、你真能干

男人好像天生就应该是出色的，女人喜欢能干的男人，没人想要窝囊废。所以当他为你做出了、付出了的时候，你应该用崇拜的口吻对他说："你真棒！"这样他们也会对自己更有信心。

### 八、你是一个成熟的男人

随着年龄的增长,人会越来越成熟,可是不能说所有的成年人都是成熟的。成熟的男人会散发一种独特的魅力。成熟的男人很吃香,可谓是同龄和跨年龄段的通吃杀手。

### 九、你是一个好丈夫

虽然男人的天性风流,可是男人还是希望自己生活在一个五好家庭里,再在头上扣一顶模范丈夫的高帽。爱护女人天经地义,爱护老婆责无旁贷。

### 十、我爱你

是的,男人也爱听你说我爱你,虽然他们自己并不爱说。但他爱听的理由其实和你一样。也许你还可以动用日语、法语、希伯来语……所以请说,而且用主动语态说,而不是说:我也爱你。

女人都喜欢男人的甜言蜜语,其实男人也喜欢女人说些他们喜欢听的话,女人也要能了解男人的心思,偶尔说几句让男人感动的情话,彼此之间的感情必定能更加稳固。

## 2. 俘获白马王子靠的不是美貌,是智慧

金三顺不漂亮,甚至还有些中年发福,但却能在最终赢得王子的心,她依靠的是什么?运气吗?当然不是,是她那看似傻傻的外表下隐藏的女性智慧。

其实现实生活中这样的事情很普遍,比如我们经常能看到一个并不美丽的女子最后嫁给了一个人人羡慕的"王子",而且"王子"对她百般的宠爱。这让那些美女极为嫉妒,让那些平凡女子极为羡慕,她凭什么征服了这样优秀的男人?答案只有两个字——智慧。

邓文迪这个土生土长的中国女孩,19岁时全家迁入广州,1984年就读于广州医学院,80年代末移民美国。不论从哪个角度来看,邓文迪都算不上美人。可就是这样一个绝对称不上漂亮,也毫无家世背景的女人,却成功地征服了被称为世界传媒界最有权势的人物之一默多克,成为了这位"传媒大王"

的第三任妻子。

邓文迪是个颇有心计的女子，但有心计不代表"坏"。她在学业上非常地努力，据加州州立大学的DanielBlake教授回忆，当时邓文迪和另外三名本科生组成一个四人小组，她们经常一起吃一起学习，曾合作过一个大型书面计划，分析财政政策对美国经济的影响，而这个小组成为了有史以来该校经济系的最佳小组。

邓文迪也正是凭借着好学努力的精神，本科毕业时在老师的推荐下到名校耶鲁读MBA（工商管理硕士）。在DanielBlake教授的推荐信中，她被称为是"顶尖"学生。

1996年，邓文迪从耶鲁大学毕业，准备谋求到香港发展。这时，她获得了一生中一个非常关键的机会。在飞往香港的飞机上，邓文迪恰好坐在了默多克新闻集团的董事BruceChurchill旁边，当时这位先生正准备上路前往香港担任卫星电视公司的副首席执行官。

在一些人看来，在旅途的过程中和谁坐在一起有什么关系呢？大家又不认识，即便聊天认识了又能怎样呢？而另外一些人也看到了这个机会，但是由于遇到的人的地位和身份与自己过于悬殊，再加上没做好准备，难免心生胆怯，以致与幸运女神擦肩而过。

但是聪明的邓文迪不属上面任何一种，尽管缺乏在娱乐业的从业经验，但她凭着商务学位以及精通英语、粤语和普通话的有利条件，飞机还没到香港，她已轻而易举地谋到了卫星电视公司总部实习生的工作。

在卫星电视公司工作期间，邓文迪保持了她一贯的作风，她非常努力地争取每个表现自己的机会。据当时她的同事说，邓文迪经常会毫不犹豫地、不声不响地走进高级执行官的办公室，同他们进行讨论并提出大胆的建议。虽然当时邓文迪只是一名低级执行员，但她的魄力已经引起了公司一些重要人士的注意。

1996年秋，在香港一个高级管理人员的鸡尾酒会上，默多克认识了满是东方情调的邓文迪。据说，作为低级执行员的邓文迪并没有资格参加那次酒会，但她还是打扮得异常出众地强行参加了。邓文迪的聪明和努力，使她获得新闻集团董事长兼首席执行官默多克的青睐，从此，默多克开始安排两人间一次又一次的"日常接触"。

1999 年 6 月 25 日，默多克在泊于纽约港的私人游艇 MorningGlory 号上与邓文迪举行了婚礼。当时默多克 68 岁，他的新娘是 32 岁的香港女子邓文迪。邓文迪，这个多年前普普通通的小女孩，终于凭着智慧登上了她人生的顶峰。

美貌对男人的确有一定的吸引力，但是女人的美貌终会随着时间而逐渐失去魔力，而智慧却是女人手中的一张王牌，能让男人心甘情愿地拜倒在她的石榴裙下，将她当宝贝一样宠着。

一个女人没有美貌并不可怕，只要你有成为智慧女人的决心，就可以通过很多途径达到，比如多读书，如古人所说，"腹有诗书气自华"；比如多和优秀的人交往，学习像男人那样理性地思考；比如多借鉴其他因为智慧而成功的女人的经验。

俘获白马王子靠的不是美貌，是智慧。聪慧的女人终有一天，你会修成"正果"，赢得优秀男人的青睐。

## 3. 站在帅哥旁边的"丑女"凭什么

天底下美女无数，或者身材妖娆，或者脸庞精致，总之天生丽质的她们有各种办法让芸芸众生为她们疯狂，尤其是英俊多金的成功男士，更是梦想着找到一位与自己的成绩、地位相匹配美貌女子，那是不是就意味着相貌平庸甚至丑陋的女子，就没有结识帅哥的机会了呢？

当然不是！其实我们常常能够看见一个高大英武的帅哥身边跟着一位外貌与自己并不匹配的女友，为此很多容貌俏丽却没有得到帅哥青睐的女子心中难免愤愤不平，却没有仔细的思考过，这些站在帅哥旁边的"丑女"，凭借的是什么呢？

宋雅娟可是出了名的丑姑娘，不仅具有一副龅牙、宽额头的困难长相，而且个子矮小，身高仅仅 1.48 米。本来，所有人都为她的婚姻而担心，认为她只能找一个和自己条件相当的丑男人了，可谁也没有想到，宋雅娟竟然嫁了一个身高 1.75 米，相貌端正，气度不凡的帅哥老公——孙家树。

更让人觉得这两个人不应该结合的是，相貌不匹配也就算了，就连"内在"

也不匹配啊：宋雅娟中专毕业，在一家公司做助理，实际上就是杂工，发展空间非常有限；孙家树本科出身，是宋雅娟所在公司的部门主任，而且专业技术过硬，可谓前途无量。

那么，这个"丑女"是凭什么嫁给了这样一个优秀的帅哥的呢？

多年前，宋雅娟刚被分到孙家树所在的部门不久。她工作马马虎虎，但活泼好动，乐于助人，和同事们的关系处得很好。

当时，28岁的孙家树主任正为恋爱问题发愁。父母给他介绍了好几个对象，他都不满意。26岁的宋雅娟同志见状十分着急：主任条件这么好，怎么会找不到好对象！于是，她紧急发动自己的亲戚、朋友，热心地帮孙家树同志张罗对象。谁想一来二去，孙家树没看上别人，倒看上她了！

有人问孙家树当年怎么就看上了这个并不出众的红娘时，孙家树含情脉脉的回想："她长得不美，可是热情、善良、热爱生活。别的女孩见了我都脸红，扭扭捏捏不敢说话，弄得我很局促。可她一见了我，就东拉西扯的说个不停，逗我也很开心。而且，现在的女孩子哪还有会做家务的，可她老在底下打毛衣，还边打边笑，一看就是个会过日子的人。"于是，孙家树就动了要娶她进门的心。

婚后，两人夫唱妇随，十分和谐。宋雅娟把家里收拾得温馨洁净，孙家树十分满意。

谁说夫妻俩一定要相貌匹配，丑女和帅哥的组合也许可以更幸福，这可能就是为什么会有越来越多的帅哥选择那些外表普通，但内心丰富的女孩子最为人生伴侣的原因了吧！

也就是说，如果美丽的女孩还认为"丑女"对于自己是完全没有竞争力的一群，那么，你就错了，在你还认为"丑女"没有资格站在帅哥旁边的时候，她们已经悄然占据了帅哥的心，而除了靓丽的容貌一无所有的你，再想收复失地恐怕就希望渺茫了。

在老家，潘晓芳是出了名的其貌不扬，但谁也没有料想到，她竟然凭着抹了蜜的舌头，把帅气、有才的于孜同"忽悠"进了自己的闺房。

那时候，潘晓芳只是个在城里打工的农村妹，属于走到人堆里就找不着的那号人。于孜同却是部队上的干部，谈吐文雅，精通音律，写得一手锦绣文章，可算得上是能文能武的全才。追他的姑娘能有一个排！

潘晓芳很偶然地邂逅了于孜同，对其一见钟情。朋友劝她打消"攀高枝"

的念头，找一个门当户对的对象，可固执的潘晓芳偏不听劝。

也不知道是哪里来的勇气，潘晓芳开始给于孜同写情书，穷尽所有形容词往于孜同脸上贴金。每每看到潘晓芳的情书，于孜同都会觉得自己简直就是神，连自己都崇拜起自己来了！

再冷漠的男人，也禁不住别人天长日久地拍马屁。于孜同休假回来，约潘晓芳见面。

本来，于孜同只打算与这位自己的超级单身粉丝见一面就走。哪料潘晓芳那无限崇拜的眼神极度地满足了他那大男人的自尊心，结果，约会时间无限期延长。终于，当于孜同转业回来的时候，立刻娶了潘晓芳做妻子。

并不是只有美女才有资格站在帅哥的身边，相貌丑陋并不代表内心同样一无是处。事实上，那些优秀帅气的男人，什么样的美女没有见识过，他们早已对虚有其表的"花瓶"心生厌倦了。能打动他们的往往是那些贤惠、懂事的好女孩。所以即使你是一个丑女，只要你具备了做一个好女人的内在因素，就已经具有了站在帅哥身边的资本了。

# 4. 永远不为爱他而不惜践踏自己的尊严

《圣经》上说，上帝造人时是趁男人亚当熟睡时取了他一根肋骨造出了女人夏娃，所以女人只能是男人的附属品。但事实上，在男女平等的现代社会，男人不再是女人的主宰，女人也早已不是男人的附庸。

现代的女性也不断的在知识中不断完善自己的精神领域，完全脱离了男人的支配。她们拥有独立的人格、自主的尊严，绝不会在为了男人而牺牲自己。

自尊，是女人在爱情和婚姻中保持独立的基础。自尊是对人格的提升，自尊并不是要求自己一定要胜人一筹，只希望你做得比自己认为可能达到的更好。说到女人的独立，人们就会想到一个高举红旗、坚决与男人进行抗争的女人形象。自尊就是帮助女人举起大旗的灵魂中的伟大杠杆。自尊并不等同于虚荣，自尊的女人对自己负责，追求的是踏实；虚荣的女人只是在用各种方式为自己化妆，她们所追求的是浮华。

那些为爱他而不惜践踏自己尊严的女人，是危险的。懂得自尊自爱的女人，是不会在爱情和婚姻中扮演取悦男人的角色的。当然，那样的女人对于男人也是毫无魅力可言的。真正吸引男人的还是那些自信、自立，有主见的女人。她们在爱情里全情投入、享受其中。却绝不委屈自己，迎合男人。

自尊的女人，是懂得生活和爱情的艺术家，她们对生活不苛求，对爱情不屈从，她们懂得如何把握工作、生活和爱情之间的平衡，品出平凡中的甘甜。爱情和生活在聪明的女人手中是一杯茶，懂得自己去品味，去把握。

沈熙，一个年轻漂亮，事业有成的成功女性。她从英国留学回来后自己开了一家公司，平时真的是很忙，上班期间自不必说，下班了也不能消停，各种应酬都推脱不掉。

她的忙碌与成功，让她少有时间陪伴爱人，但是她无论如何都不会为了迎合爱人而改变自己的生活习惯。比如，无论多久没有与他见面，沈熙也不会牺牲自己喝咖啡的时间去取悦他，沈熙说，女人也要有自己独立的生活，决不能为爱他而不惜践踏自己的尊严、不惜牺牲自己的生活乐趣。

所以，每天，沈熙还是会雷打不动的到公司附近的一个咖啡馆里坐上半个小时，有时候是中午，有时候是下午，或者是加班后的晚上。

来一杯咖啡，翻翻自己喜欢的时尚杂志，或者就挑一个靠窗的座位，看看外面的车流人群，想想自己的心事，再或者约几位知心好友聊上几句女人的贴心话。沈熙说："我不是一个工作的机器，生活里除了工作、爱情还有很多，我必须给自己一点时间让我自己回到真实的生活里。在那里，没有工作，没有男人，只有我自己，一个平凡的女人。如果我为了他而牺牲了自己的这半个小时，我想，我将会错过生活中的许多美好。"

聪明的女人绝不会践踏自己的尊严、牺牲自己的独立性去取悦男人。但一些愚蠢的女人却为了爱他而不惜牺牲自己的一切，她们心甘情愿的在爱情中扮演牺牲者的角色，最后换来的却是离弃！

葛倩大学毕业后，在一所高中当了一名教师，工作不算太忙碌。聪慧而不甘寂寞的她在业余的时间里自学了会计，后来又在朋友的介绍下，去一家公司兼职会计。于是，她原本清闲的工作一下就忙了起来，晚上常常很晚才能回来。所有的家务活都落在了丈夫身上，开始的时候丈夫心疼她，每天都劝她不要太累了。

有时晚上回到家，已经很累了，丈夫想和她亲热，但是她累的根本没有心情，丈夫说她不尽妻子的义务，她说丈夫不理解自己。于是冷战开始了，他们很久谁都不理谁，以前甜蜜的日子不见了。

她向自己的好友诉说苦衷，她的朋友说："不要让工作破坏了你们的感情，因为女人的爱情远比工作重要的多。千万不能因为工作而忽略了自己的丈夫，那么你将失去一切啊。"葛倩恍然大悟，于是，她向公司辞了职。

这样，她又恢复了以往的生活，每天下班回家做家务，陪丈夫聊天，只要丈夫高兴，她甚至和他一起出去跳舞。可她们的日子没有恢复以往的平静，她的丈夫在跳舞时认识了更年青漂亮的姑娘，最后竟带着那个姑娘一走了之了！葛倩不去公司上班，每天做好吃的等丈夫回来，这一切的付出没有换回甜蜜的爱情生活，得到的却是被抛弃的惨景，以前恩爱的日子还是终了于此了。

女人不能变成任由男人摆布的机器，不是有句话说，只有会取悦自己的人才能被别人取悦吗？所以，聪明的坏女人绝对不会因为男人而让自己变成爱情中的取悦者。为爱他而不惜践踏自己的尊严的做法绝对是不理智的。

每一个女人都要相信，女人的魅力是无法替代的，女人要在仅有的时间里学会品味爱情和生活，学会爱别人之前，要先学会尊重自己。这样自信、自爱的女人才能让好男人更加的尊重你、欣赏你、迷恋你。

## 5. 你的工资可以不多，能养活自己就是本事

事业从来不是男人的专利，尤其是今天时代不同了，女人也可以和男人一样为自己的事业奋斗。而且，女人还有一个比男人更优越的条件，就是无需拼命工作而把自己变成一个工作狂式的女人，因为的工资无需太多，只要能养活自己就可以了。

女人也离开了家里的三尺灶台，和男人一样走上了工作岗位，这是如今男女平等的最显著标志。而且，对于现代独立自主的女人来说，工作是一份心灵的寄托，工资高低没有关系，只要做的是一份自己喜爱的工作，就会发现每一天的劳累，都不是难耐的折磨，而是享受快乐的过程。

工作对于每一个女人，都应该是一种享受，而不要把自己变成工作的奴隶，于是她们在选择工作的时候就费了不小的功夫。虽然赚到更多的钱是大多数人努力工作的重要原因之一，但是当你在自己不满意的事业中努力工作了一辈子，却在退休后发现，你已经老到、累到无法享受成果时，那将是多么残酷的事情。

　　女人工作的最佳状态是能够像那些积极参与游戏的人一样，追求的是游戏过程里自己得到的那份快乐，而不是游戏结果的胜败与输赢。只有依照自己的兴趣、爱好去发展，那才能收获真正的快乐。

　　梅妤娇性格活泼开朗，喜爱唱歌跳舞，中专学的是幼师专业，但是毕业后，父母希望女儿能有一个待遇更好的工作，于是托人把她安排到了一个机关工作。但是在梅妤娇看来，机关的工作虽然工资高、任务轻，但是枯燥乏味，整天闷在办公室里，简直快把人憋疯了。

　　梅妤娇上班时总是迫不及待的要回家，可是回到家心情也不好，看见什么都烦，本来想着自己的男友会安慰安慰自己，可是偏偏男友又是个不擅言辞的人，向他诉苦，他最多说："你每天没什么事干还拿那么高的工资，别人羡慕还羡慕不来呢！你还是先干着吧。"梅妤娇的心里就更加不平衡，她的性格也因此改变了，整日不苟言笑。

　　后来有一天梅妤娇终于爆发了，和父母大吵一架之后就辞职了。男友也责怪她："你现在越来越不可理喻了，我们还是分开一段时间吧。"梅妤娇没想到男友会和自己分手，但是无奈，她也只好答应彼此先不见面。现在最要紧的是重拾工作中的快乐。不久，梅妤娇就在一个幼儿园找到了一份工作，她的工作是在父母眼里很没出息的幼儿教师，薪资微薄。但是她非常喜欢孩子，喜欢自己的工作，和孩子在一起，她活泼快乐的天性又显现了出来。

　　生活中，梅妤娇也渐渐恢复了以往的自信和快乐，她的父母终于也原谅了她。她的男友又开始找她约会了，他说："看来你的选择是对的，工资高低不重要，你开心就好，以前，都是那份工作差点害了我们的爱情，现在的你又是我刚开始认识你的样子了，自信、可爱、快乐又洒脱，我要重新开始追求你……"听到男朋友这样说，梅妤娇笑了。

　　一份自己不喜爱的工作就是一种巨大的精神压力，只能让你失去快乐，并且疲惫不堪。尤其是在那些上进心强的女性身上，我们看到的是她们的焦虑，她们被人称为工作狂，她们不懂享受、不断否定自我，渴望不断超越。

她们每天忙忙碌碌，效率却不高，又很容易把自己糟糕的情绪带到家里，面对老公容易莫名其妙的发火。她们埋头于繁忙的工作中忘却自己，疏远爱人，怠慢孩子，渐渐地因为一味的透支身体，而处于一种慢性疲劳和亚健康状态中。久而久之，她们的工作成了负担和苦闷，而不是充实和享受。这样的女人终究会在男人面前一点点丧失自己的魅力。

既然女人们工作不是为了更多的金钱，而是为了更好的享受生活，那什么样的工作才是女人梦寐以求的呢？

大多数女人常常被公众默认的标准所催眠，认为那些能够使自己更有名、更富裕的工作才是好工作。而事实是，即便你得到了众人竞相追逐的高薪工作，如果这工作不能使你快乐，那么对你而言它也是没有意义的。

可悲的是很多女人不知道自己擅长干什么，虽然有自己最感兴趣的工作，可那离自己太远，是一件很难做到的困难的事。于是她们便只会羡慕别人，或者模仿别人做的事，很少去认清自己的专长或为自己感兴趣的事去做一些努力。还有一些女人有不错的学识，但是因为所从事的职业与她们的才能不相匹配，结果久而久之竟使原有的工作能力都失掉了。

所有选择了自己不喜爱的工作的女人，她们只能别别扭扭地做着自己不擅长的事，更不能对自己的职业尽心尽力。更可怕的是，即使下班之后，她们仍然不能摆脱工作时的不良情绪，在自己的男友或者老公面前，仍然无精打采，毫无生活乐趣可言。她们怨叹工作的不幸和人生的无聊，几乎变成了一个可怕的怨妇，这怎能不让男人敬而远之？

所以，女人们再不要为了想得到较好的报酬而去从事自己不喜欢的工作了。女人只有选择了一份真正感兴趣的职业，这样工作起来才能精力充沛。同时，一份合适的职业还会在各方面发挥你的才能，并使你迅速地进步，自身的魅力也会大增，男人对这样的女人怎能不欣赏、不喜爱呢？

## 6. 可以不美丽，不能不自信

有些女人总是愿意为自己的自卑找借口："我也想自信，可当我看到其他女孩漂亮的脸、窈窕的身材，而我却是如此的平庸，那么我还凭什么自信呢？"其实拥有这种想法的女人，她的美丽已经打了折扣，因为她们已经失去了自信。

面对自己心仪的男人时，每个女人都应该是自信的，甚至是自恋的，而其自信最大的特点就是欣赏自己，从心里认可自己的美丽。事实上，每个人只有先学会欣赏自己，喜欢自己，然后才能让别人来欣赏你，尤其是得到男人的认同。所以，自信是女人必修的一门课程。

一些好女人不自信，常常是因为自己的容貌不如别人，而产生深深的自卑感，她们会因此不断的贬损自己，觉得自己对男人没有足够的吸引力。

自信的女人，要做到不畏惧别人的目光，做到不在意一时的得失。自信的女人是固执的，比如对于爱情。她们不是挑剔，而是要执着地寻找内心深处最合适自己的王子，那个人也许爱她胜过爱自己。宁缺毋滥是她们笃信的誓言。比如对于生活，自恋的女人不轻易向生活妥协，执著的找寻生活中自认为最幸福的时刻，其实追求的也许并不是物质的丰盛，而是精神的满足而已。

自信的女人可以是一个漂亮的女人，或是一个相貌普通的女人，但内在的自信和外在的美一样都可以赢得男人的爱，甚至相貌普通的女人比漂亮的女人更有吸引力，这就是自信的魅力价值。

张瑶今年 36 岁，她和丈夫结婚 10 年了。张瑶的丈夫经常向朋友抱怨说，自己的妻子什么都好，就是缺乏自信。在家里，张瑶整天照着镜子抱怨老天爷不公，没有给她一张漂亮的脸蛋。其实，张瑶长得并不差，身材也不算胖。但是，她总是认为自己长得太丑了。外出的时候，她总是要把衣柜里的衣服都拿出来试穿一遍，如果丈夫赞美她一两句，她则会气呼呼的说："不要说风凉话了，我知道不好看！"有时，张瑶也会说："我的头发太长，穿这套衣服让我看起来很臃肿，你难道没有看出来吗？"结果弄得每次出门，都成了丈夫最头疼的事。

一般情况下，漂亮的女人容易有自信，但是对于那些相貌平平的女人来说，其实自信就是美丽，如果连你自己都不能认可自己，那么你怎么能让别人认可并喜欢你呢？

李群和严丹红本来是幸福的一对夫妻，但严丹红对自己身体过于自卑，这总是让丈夫感到很不自在。比如，严丹红要么一定要把灯关了才敢和丈夫

亲热，要么就趁丈夫不注意迅速脱了衣服用被子把自己裹起来。严丹红不喜欢甚至害怕丈夫看到她的裸体，她认为自己的身体一点都不好看，不像一些电影或电视中的女人身体那样有吸引力。李群和严丹红沟通过多次，但是她坚持不和他裸体相对，严丹红说自己的身材不匀称，小肚子有点大，不想让自己不完美的身体破坏他们的"性"致。

其实，严丹红不知道，几乎所有的男人都不能忍受那种对自己的身体感到羞耻的女人。男人总是容易接受女人的暗示，如果你一再的暗示自己的缺陷，一再的贱视自己，并指出自己哪里不够完美，那么男人就会慢慢的信以为真，接受你的看法，继而和你一样讨厌你的容貌或者身体。

作为女人，经常要面对做个"完美女人"的疲劳轰炸——身材要修长、高挑，亭亭玉立。许多女人判断自己美不美的标准就是按照这种体型。一旦她们认为自己不能达到那种标准，就会对自己的身体引以为耻。当她和自己爱的人在一起的时候，就会变得不自信，变得很在意自己，甚至有点神经质，唯恐他看到自己的缺陷，发现自己不够完美。

身为女人就应该坦然接受自己的容貌，并懂得爱惜她，无论美不美，那都是自己，如果已经不能改变，又何苦自怨自艾呢？

即便不是大家眼里标准的美女，也要懂得自信的意义。你会因为自信而变得光彩耀人，美丽异常。如果你为自己的容貌感到自卑，那么你将失去一切，包括男人对你的爱。

## 7. 如果你能让男人感觉快乐，你就成功了一大半

想要让男人动心并不难，只要你长得漂亮或者会做一手的好菜，男人自然会拜倒在你的石榴裙下。但是，想要长久的占据一个男人的心，难度可就大的多了，而如果你想要得到的是一个可以改变你命运的好男人，那势必会更困难。除非，你能让这个男人感觉和你在一起的时候，他始终很快乐。

怎么做才能让男人感觉快乐呢？想做到这一点，女人首先要了解男人心

里的所想。

女人首先要知道，男人是最爱面子的，满足了男人的面子需求，男人才会快乐。"面子"从来都被男人们视如生命，就算是那些在家中毫无地位可言的男人，只要出现在他人面前也都想要充当男子汉。从来没有听说过哪个男人在外面对人说自己在家里事无巨细都要听从妻子的，因为，那样会有损他做男人的尊严。

有一位厂长的妻子在这方面就做得十分的有心计。当只有夫妻二人在家时，她说一不二，丈夫也是百依百顺。丈夫虽然是个厂长，但是对妻子却是唯命是从，堪称二十四孝老公。可是，一旦家里来了客人，或是公婆来到家里时，妻子就像变了个人似的，十分自觉地把自己放在服务的地位上。她主动地给他们端茶倒水，丈夫说的话也从不反驳，而是主动照办。她这么做不仅给丈夫留足了面子，更维护了丈夫在外的形象，而且这种做法还间接地起到了支持丈夫工作的作用。这一点使得丈夫对她十分感激，并常常在人前人后夸奖妻子做事有分寸，于是在家中对妻子就更加的宠爱、关心和敬重。

其实，厂长妻子的这种不失身份的做法，不仅能够起到维护丈夫威信的作用，更表现了夫妻之间的亲密感情，有助于赢得丈夫的好感，这样如此两全其美的事，为什么不做呢？

男人可以容忍自己的妻子在家中对自己呼来喝去大多是出于对妻子的爱，但是，女人们也该有懂得，没有哪个男人会宠爱一个从来不知道给自己留一点面子的女人。如果想要做一个聪明的妻子就要记住当众蔑视丈夫的作法是一种多么愚蠢的行为。所以，一个聪明的女人懂得在怎样的场合给丈夫留足面子，能够把握这种分寸也可以说是一种艺术。

在有客人在场的时候，聪明的女人懂得给足丈夫面子；愚蠢的妻子已经习惯了对丈夫的颐指气使，根本不管是不是有客人在场，结果严重损伤了丈夫的自尊心。比如，有的女人会习惯的当着客人的面指示丈夫说："去，给我把水杯拿来！"这就把丈夫搞得很为难：不拿吧，怕得罪妻子，因为平时妻子就是这样支使自己的；去拿吧，在客人面前显然有些丢面子，这种做法把丈夫推到了一个尴尬两难的境地。

在让男人感到大有面子的同时，女人如果能同时满足男人的虚荣心，想必他会更快乐。

有一位雕刻家，他的前妻十分漂亮，且受过相当高的教育，治家也很有方，属于那种人见人爱的女性。然而他们最终离异了。而他的第二任太太，既不会理家，也不会带孩子，家里经常弄得一塌糊涂，可是他们夫妇之间的感情却甚笃。就连柏杨先生这样的婚姻问题专家，对雕刻家这样的做法都感到百思不得其解，惊呼没有了逻辑，没有了人之常情。

原来第二任太太的制胜法宝就是通过满足丈夫的虚荣心来让沟通变得更快乐。每当丈夫雕刻的时候，他都会非常郑重的陪在一旁，时不时地说上一句："你这一刀刻得妙极了，简直使这个人像栩栩如生，叫人看了连汗毛都舒服。"男人都喜欢被自己心爱的女人吹捧，尤其喜欢这个女人欣赏他的工作和事业。雕刻家在妻子热情的吹捧下，对妻子的爱与日剧增。

除此之外，男人最看重的一点，就是女人能不能给他一定的自由空间，如果你做到了，那么你的男人一定会是一个快乐的男人。

男女双方保持一定的距离是非常重要的。如果你的爱让男人感到窒息，对方就会讨厌你。要保持对方对你的新鲜感，是漫长感情生活中必不可少的。如果一男一女成天泡在一起，早晚有一天，双方都会感到索然无味。如果你爱他那就让他去做自己的事，八小时之外或是晚上和你在一起就足够了。

有人说，女人一旦结婚，就会在一夜之间突然变成了五角大楼里培养出来的超级间谍，对丈夫总是管教有加、步步设防、层层加锁，害得男人们总是抱怨：再也没有以前的日子了！"以前的日子"意味着自由支配时间没有束缚、做自己想做的任何事无须顾忌。"家"对结了婚的男人有时就像是动物园里的牢笼，虽然身在笼中，但心中真正渴望的还是无拘无束的森林、草原。

所以，想让你的男人快乐，就给他充分的个人活动空间，自由独立，他会知恩图报，倍加珍惜妻子的信任，外面跑累了，会乖乖的回家。相反，你给丈夫更多的禁锢，给他披枷带锁，让他感受到的只有"有妻徒刑"的煎熬，那么他脑袋里整天想的就是怎么才能做一只解禁的"狗"，一旦逮到机会，就会变本加厉地"犯错"，而且毫无愧疚。

让自己的男人快乐，是男女间情感保鲜的一种非常有效的办法，任何一个女人做到了这一点，她的感情生活、她的婚姻就已经成功了一大半，也只有这种趋于平衡的男女相处方式，才能让两个人都感觉舒服，才能让感情更稳固。

## 8. 不说爱他胜过爱自己的傻话

每一个女人都是降入凡尘的仙子，她们生来就应该享受被爱的快乐。所以每一个女人都不要牺牲自己去为别人而活，也不要说些爱他胜过爱自己的傻话，即使对方是你深爱的男人。

大家应该都听说过歌剧《水仙女》，它是捷克作曲家安东·德沃夏克根据剧作家亚罗斯拉夫·克瓦皮尔创作的脚本，是一部抒情童话歌剧。其中主要的内容是说：在很久很久以前，遥远的大森林里有一片神奇的湖，在湖的最深处住着一位魅力的仙子，她就是水仙女。

有一次，一个年轻的王子打猎时路过湖边，在湖边饮水，水仙女在湖底远远的看见了他，便爱上了这位英俊的王子。水仙女为了能再次见到王子，只好去求助湖中女妖的帮助。女妖对水仙女说，让她变成人的条件是她必须变成哑巴，而且，如果王子有一天不再爱她了，她就会变成半人半妖并且永远只能生活在湖的最深处。水仙女毫不犹豫的答应了。

变成人的水仙女终于来到人间，她如愿以偿的与英俊的王子相爱了，但是，就在他们举行婚礼的当天，一位来自邻国的美丽公主抢走了王子的心，王子与公主相爱了。水仙女痛苦万分，只好遵守诺言，半人半妖的回到湖水深处。虽然后来王子后悔了，他来到湖边请求得到水仙女的原谅，但太晚了，最后王子还是死在了湖边，水仙女抱着王子的尸体一起永远的沉入了湖底，再也没有出现过。

歌剧中的水仙女为了爱情而变成人，为了和深爱的人在一起，不惜抛弃自己仙女的身份，变成凡人去爱，结果却是飞蛾扑火的结局。现实生活中的女人是否也在过着爱他胜过爱自己的生活呢？

胡文慧和展鹏都是穷孩子出身，相同的出身，和对未来共同的憧憬：一定要在北京这座城市站住脚，让两个还在上大学的年轻人走到了一起。虽然没有钱去花前月下，但两个人的爱情一点也不贫乏，坐在湖边，一边读书一边谈情。大学就要毕业时，胡文慧突然发现自己怀孕了，那时学校里校风很严，

学校知道了这件事情后，坚持要严肃处理，胡文慧出于对展鹏的爱，没有说出他的名字，她要把这件事一个人承担了下来。胡文慧心想：两个人的前程，不能全都耽搁了，她要让他知道，她有多爱他，甚至可以为他放弃自己的一切。

毕业后，胡文慧无法在北京再待下去，只能回老家。展鹏的确感动了，胡文慧临行前，他甚至跪在胡文慧面前，发誓说毕业后找到好工作就接她们母子回来。

一年后展鹏毕业了，并且如愿的留在了北京，而且进了中直机关。这时，有同事就介绍女孩子给他，是北京女孩子，父母是高干，有车有房不算，还能对他的前途有极大帮助。展鹏动摇了。他想自己是农村孩子，在这里没根没业，有这样一个妻子做"靠山"，自己以后的路也许可以走得顺畅些。

但是，良心尚存的展鹏还是想起了老家的胡文慧，他决定回去看看她。但是，当展鹏看到披头散发，正敞着怀给孩子吃奶的胡文慧时，他害怕了。于是展鹏马上回到城里，和那个高干子女谈起恋爱来。为了躲避胡文慧的打扰，展鹏还换了手机号，和所有同学朋友说他要出国了，正在办手续。他要把旧的生活全部抛弃掉，重新开始全新的人生。

最终，胡文慧全身心的爱换来的只是抛弃，百分百的付出收获的只有痛苦，如果故事中的女人能多爱自己一些、多替自己考虑一些，最后又怎么会是以这样悲惨的结局收场！

女人不应该爱他胜过爱自己，否则只会无原则地容忍他，慢慢地他习惯于这种纵容，无视你为他的付出，甚至会觉得你很烦、太没个性，甚至开始轻视、怠慢、不尊重你……

女人也不应该太爱一个人，那样他会习惯你对他的好而忘了自己也应该付出，忘了你一样需要得到同等的回报——他完全被你宠坏了。太爱一个人无异于一支蜡烛，奋不顾身地燃烧，只为求得一时的光与热。待蜡烛燃尽，你什么都没有了。而对方只是一根手电筒，他可以不断放入新电池，永远保持活力。

聪明的女人不会对男人说爱他胜过爱自己的傻话，因为她知道，那样全身心的爱只应该出现在小说里，这个社会越来越不欢迎不顾一切的爱。减少对他的爱，给他呼吸的空间，也给自己留个余地——飞蛾扑火般的爱情，正在进行时固然让人觉得壮美，但若它成为过去时，你如何能面对那一地的狼藕呢?

　　叶萍是一个很懂得疼爱自己的女人，自己开了一个家小店。叶萍的生活理念是：为自己而活，活得精彩。叶萍说："我不是一个非常看重物质享受的女人，我更关注生活里每一点一滴的感动。因为对于我来说，生活本身比一切东西都重要。"虽然相貌平平，但是因为叶萍的独特的个性和爽朗的性格，成为了一个让诸多男人为之心动的女人。

　　每个女人都应该是独立的，首先要为自己而活，而不是净说些爱他胜过爱自己的傻话。女人要自己疼爱自己，男人才会更爱你，生活也才会更有价值，这样的女人身上会散发出迷人的芬芳，也才能赢得男人深厚的爱。

　　女人千万不要太爱一个人，这样不仅会被他牵着鼻子走，动辄还会方寸大乱，如被魔杖点中，完完全全不能自己。从此，你没有自己的思想，没有自己的喜怒哀乐，你以他为中心，跟他在一起时，他就是整个世界；不跟他在一起时，世界就只有他。

　　当女人爱一个人的时候，她知道爱到八分绝对是刚刚好，所有的期待和希望都只有七、八分，剩下的两三分用来爱自己，如果你还爱得更多，很可能给对方造成沉重的压力，让彼此喘不过气来，甚至丧失了对爱情的兴趣，而且一个人如果连自己都不爱，如何去爱别人，过多的爱只会带来压力，只会让爱变成恨。

　　女人在爱情中不该投入太多，爱他胜过爱自己就意味着你损失惨重！

# 9. 去爱吧，像不曾受过伤害一样

　　男人最欣赏的女人，就是那些对待感情拿得起放得下的洒脱女人。但是，更多的女人往往在离开的时候，不可以潇洒地掉头就走，而是一顾三叹，独自伤怀。其实，女人这样做根本于事无补，你的余情未了根本不能唤起男人的同情心，只会加快他们远离你的脚步。

　　所以女人们，最明智的做法就是潇洒的和这段感情说再见，就像不曾受过伤害一样，尽快的开始下一段恋情。因为既然心已走远，弥补和挽留又有

何用，还是将目光朝向未来吧，前面路上还会有鲜花和希望，多给自己一次机会，你会发现下一处风景会更好。

蔡思思参加演出，在后台化妆时，朋友风风火火跑来说，你的丈夫跟别的女人跑了。她听后先是楞了一下，接着是淡然一笑，继续化妆。那个妆她化得十分精致，十几分钟后，她带着灿烂的微笑一如既往地走上舞台。她和观众互动，说着轻松的笑话，她的表演让观众十分的开心。回到后台，她卸下妆来，坚强的她仍然没有落泪。

蔡思思的事业甚至因为婚变而更加辉煌，她的生活因为婚变而更加精彩。因为她知道对一个已经不爱自己的男人，再怎么悲伤已经无济于事，只能让自己受伤。所以她宁愿用盈盈的微笑去面对以后的人生，用加倍的努力去赢得自己事业上的成功。

女人清楚的知道，婚姻不是一个人的事情，只有两个人共同维护才能完美。如果其中一个人践踏了它的完美，另一个人付出再多也是徒劳。所以在感情方面，女人不要相信什么"他不要我，只是我不够好"这样的蠢话，事情的真相很可能就是你太好了，你给了男人压力，他觉得与你在一起不能彰显他的强大，他感到了活在你的阴影下。

众人皆知，王菲输给了高原，而邵美琪输给了梁咏琪。但她们都没有悲悲戚戚的哭着回娘家，因为她们知道那样是无法打动郎君的铁石心肠的。勇敢的女人，就算是被抛弃了，依然会不动声色、继续好好的生活。没了他，女人亦能爱上别人；或是被抛弃后，只字不谈，绝不将个人哀怨流露在脸上，即使向隅低泣，也不做怨妇而被人可怜。

有些女人一旦失去了爱情，就会连生活的重心也失去了。只剩下无助、寂寞、孤独、消极、悲观，甚至失去对生活的信心。而对另外一些女人来说，没有了爱情，生活依然是多姿多彩的。

其实女人即使没有了爱情，也应该留下生活的热情，工作的动力，还有爱人的欲望。然后才能像不曾受过伤害一样的继续去爱，继续去生活。

在 2006 年里，谢娜和刘烨分手了。但短短的一年时间里，谢娜似乎比以前更红了。出书、拍话剧、主持、新专辑、拍广告……她的事业全面开花。当有人把她和妮克·基德曼作类比时，她开怀大笑："谢谢大家抬举我！我没有她那么大成绩。我只是现在把全身心都投入到了工作中。"也许人生中的得与失原本就是个奇妙的悖论,她失去了刻骨铭心的恋情,却也从此冲破了"某某女友"这个拘束的头衔,虽然整个过程痛并艰辛,但破茧而出之后却爆发出自己的所有能量,开创了另一片天地——与其说这是人生的补偿,不如看作是一场蜕变。正如谢娜所言:"我还是憧憬美好的爱情,但是没有爱情,我一样精彩。"

女人要做生活的主动者,以优越的姿态面对生活。因为生活本身总比想象的更精彩。无论你年龄是多少,一切以健康为中心,要唱歌,要跳舞,要掉肉,要学俏,要爱笑。遇到烦心事你可以糊涂一点,要有滋有味的去生活。

女人没有了爱情,还可以积极地投入工作。在工作中享受人生的乐趣,体现自己的价值。不能停歇,只有继续战斗。失去了爱情也可以从容一点,选定一个淡淡的目的,使许多种微茫的快乐集中,那样,女人才能收获人生的如意多彩。

像不曾受过伤害一样去爱,对于女人来说,意味着在爱他的时候,就用尽百分百的感情对待,就算是争执、是吵闹,她也不理睬。因为不理不睬意味着淡漠,意味着她的心里依然爱着。张晓风说过:"爱的反面其实不是恨,而是淡漠"。若你真的不再爱了,还有什么不能释怀的呢?

莎士比亚说:"女人啊,你的名字是弱者!"这精辟的诠释使多少好女人为自己的软弱、顺从和屈服找到了足够的安慰。殊不知,女人被打上弱者的烙印,只是因为她们太痴情,一旦爱了,就不能自拔。即使爱已成往事,也不能轻易的转身说再见。而她们不知道,她们所面临的却只能是廉价的同情、无情地淘汰和粗暴的践踏。

女人失去爱情、失去婚姻都不可怕,一定要像不曾受过伤害一样的再去追求爱情。要知道:世间的爱情绝不会天长地久——除非让男女主角永远隔着千山万水痛苦而又快意地思念对方,享受爱情的痛苦却快乐着。一旦有了婚姻,爱情是会慢慢随着日子和油盐酱醋消磨掉的。所以,爱的逝去有时是必然的,每一个女人都应做好面对去留时的选择。

女人不要太犯傻,切记不要把爱情视为你的一切。千万不能因为爱情而放弃自己的事业、爱好和友情,放弃了这些宝贵的东西,也就放弃了你作为一个独立的人的创造能力。只有这样,当你要选择离开时,才能走得坦然。

女人最大的魅力在于洒脱,就算失去,也照样活得精彩。无论是柔情似水,

133

还是冷漠刚毅；无论是激情似火，还是平淡是真……时刻让自己充满美丽和自信，时刻让自己平静的面对爱情中的分分离离，这样才会拥有一片在爱情中来去自如的美丽晴空。

## 10. 要想钓到金龟婿，就要像金龟婿那样思考

很多女人都想钓个金龟婿，但她们却不知道金龟婿的心里在想些什么，这样怎么能走进他们的心，获得对方的青睐呢？

女人想要嫁给金龟婿或者是钻石王老五，就要像金龟婿和钻石王老五那样想事情，用换位思考、多替对方着想等优秀品质代替诸多抱怨，这样才能拴住男人的心，让金龟婿心甘情愿的娶你为妻。不仅如此，即使是在结婚之后，女人也要充分的站在对方的角度思考问题，理性的对待婚姻和他，幸福才能长久。

郭英奇年轻英俊，事业上也小有成绩，这样的他不可自拔的爱上了魅力的袁菁菁。郭英奇说，袁菁菁有一种让他不敢正视的美，她的那种宽容和从容的处世态度都让自己觉得自愧不如。袁菁菁喜欢买品牌的服饰，郭英奇说这代表了她的品味和品质的高度；袁菁菁不会赚钱，但却很会花钱，她总喜欢买一些很漂亮很精致的物品来装饰和丰富自己的生活，他说袁菁菁是一个真正懂得享受生活的人；袁菁菁就像一个旧时的大家闺秀一样除了琴棋书画其它什么也不懂，她一直过着近乎于自我幽闭的生活，他说男人养自己所爱的女人是天底下最天经地义的事了。郭英奇说袁菁菁是他从小到大都梦寐以求的完美女人，现在终于被他找到了，自己真是幸运。

但结婚没多久，两人就离婚了，郭英奇说袁菁菁从来都不体谅自己，从来不管自己赚钱有多辛苦，根本没有节俭的概念，只知道买名牌衣服，还经常抱怨自己没能力。他实在受不了这种日子了。

当初那有着不敢让他正视的美丽的袁菁菁，如今风貌依旧，却让那个感到真是幸运的郭英奇恨不能当初就没有开始过，越早跟这个女人脱离干系越好。

从一个梦想中的完美女人，到一个一无是处的想越快摆脱越好的女人，到底是谁改变了当初的袁菁菁？恐怕一切都是不懂站在丈夫的角度思考问题、不懂替丈夫着想惹的祸吧！

不同的生活习惯，往往成为争吵的开端，分歧越多，情绪越坏，考虑自己的感受也就越多，越发不能尝试着站在对方的立场上去感受。

所以，在婚姻中最好能够尝试站在男人的角度考虑问题，也许不会改变已成的事实，但至少我们可以不让彼此之间的爱转化成恨，自己也能够得到心灵上的一种解脱或慰籍。如果你还能在站在男人的角度考虑问题的基础之上多为对方着想，那么，在婚姻的相处过程中，也就不会有人成为"悍妇"，也不会有人成为"混蛋"了。

当女人们和一个人相处的时候，我们又有多少耐心去问他为什么？又有多少耐心会去听他解释自己的行为原因和目的？有多少次我们的愤怒是因为我们认定自己所认为的对方的思想就是事实，而从不给对方陈述的机会？

每个人都来自于不同的家庭，成长于不同的文化环境，这就造就了人与人之间不同的思维方式和价值观，你所想的，别人并不一定猜得到；而别人的行为准则，也并不是所有人都能了解并理解的。你爱他，就应该站在他的角度考虑问题，其实这也是给我们自己打开另外一扇窗，让我们可以看到一个问题的不同方面，恕人也是宽己。

不要埋怨什么时候他又没能实现说过的话，可能是他确实很忙，但他一定是爱你的。既然爱他，并嫁给了他，那么就要体谅他，毕竟在这个社会上，男人的压力比女人的压力要大些。多从他的角度思考问题，这才是你为珍惜这份爱而应该做出的努力。

第五章　像金三顺那样钓个"金龟婿"

# 第六章

## "下嫁"一个潜力股男人

# 1. 先测测你有没有运气嫁给亿万富翁

对于很多女性还说，嫁给一个亿万富翁或者千万、百万富翁也可以，必定是终其一生的梦想。但是，你到底你有没有这个福气呢？我们不妨先来测试一下！

比如现在你面前有几张牌，分别代表月亮、星星、太阳、力量、战车、隐士、恶魔、魔术师，选一张你最喜欢的牌，通过这张牌就可以知道你嫁入豪门的指数了！

选月亮的女孩：你没希望了！可能这个答案对于这类女孩太残忍了，但要怪也只怪一个理由，因为这种女人往往是超级女强人，在心理或行为上你都非常的强悍，所以无法忍受像个窝囊废似的，一切靠别人伺候的大少爷，更别说还连带着一个大家庭，等着你去做个温柔婉约只等着生孩子的小媳妇了，嫁入豪门机率像中彩票一样，机会不是没有，但太小了！

选星星的女孩：这种女人对爱情有着超梦幻的期待，成为童话里的美丽公主，然后遇到王子，永远是你的目标。虽说这种目标在现实生活中是遥不可及的，但好在你运气够好，你很可能毫无头绪地站在路边，突然莫名其妙的就认识了一个王子一样的理想对象，然后快速发展恋情，最后闪电嫁入豪门世家，可以说你是最有可能成为现代版灰姑娘的人选了！

选太阳的女孩：这样的女孩多半是世俗的，为求一份与有钱人的好姻缘，即便让你扮演第三者的角色留在有钱人身边，你也会乐在其中，也就是说在嫁入豪门前，都会是在台面下的秘密恋情居多。但同时，这种功利的女人又是绝不会心甘情愿的永远只当一个"小三"的，没有安全感和对物质的占有欲，最终会让她们不甘心于地下角色而与对方的正牌夫人争名争份。而强出头的结果，无疑是冲突频发，最终那个心虚的有钱人一定会头也不回的离你而去。

选力量的女孩：这是一群非常自信的女孩，你必然深信只要使自己想要的就没有得不到的。所以在感情上给人主观强势的印象。而幸运的你也常有机会遇到优秀家庭里多金的对象，当然你也很会抓住机会。但要想成功的升级成为少奶奶，一定要真心与对方交往，还要多注意对别人的尊重，以免对方家长亲友对你的强势有所微词，而阻止他们家的大少爷与你交往。

选战车的女孩：这类女孩就是传说中的"大嘴八卦"女生，连有目的去挑对象这种秘密事情，你也不忘通知八卦姐妹团一声。殊不知，这种要全天下人都知道的炫耀态度，是最容易导致恋情告吹的了。其实这都是你的个性太率直单纯的原因，对同事和朋友也总是推心置腹，所以你一旦发觉了一两个优质好男人，最后却难免落到姐妹们的手中。所以，千万要闭紧嘴巴，否则嫁入豪门就永远只能是你的一个梦而已了！

选隐士的女孩：这种女孩个性善良而低调，多才多艺而且有能力。这样的你会在偶然的机会下，因为兴趣而认识了可相处终身的对象，你对对方的喜好并非起自于太多利益上的观念，而是着眼于他和你有着类似的兴趣与专长。这样的关系稳定而令人称羡，但也有可能会分隔两地而变成柏拉图式的爱情！

选恶魔的女孩：这种女孩无疑是具有交际手腕的社交花蝴蝶，你擅长玩弄异性于股掌之中，你非常了解自己的需要，知道抓住适当场合去做适当表现，因此但凡你千挑万选了一个对象，只要你有办法制造机会让他看到你，嫁入豪门就不会是难事。但另一方面，你往往会将客观需求的条件放在爱的前面，所以为了有一个好的开始，必须要好好经营恋爱，才能真正的得到好归宿。

选魔术师的女孩：这样的女孩适合和一个在能力及个性上与你互补的男人交往，进而结合成伴侣扶持到老，说实在的，你并不是一个需要依靠男人才能存活的女人，换句话说，不是你要不要、能不能嫁给富少爷，而是随着你自身的条件跟着变化的，如你越强对方就越弱，反之，你越弱对方就越强，因此是否能开启豪门，完全取决于你自己的心意。

当然，这完全只是一个测试而已，对女人的恋爱之路只存在一点参考价值。最终能否嫁给亿万富翁、百万富翁之类的有钱人当少奶奶，还要看个人的修为而定。

就比如，美国福斯电视台在 2003 年举办的一档真人秀征婚节目"谁要嫁给百万富翁乔伊"。这位叫乔伊的年轻人号称拥有五千万美元的遗产，意图通过电视节目甄选未来伴侣。该节目播出时，曾创下福斯电视台创台以来的最高收视率纪录，众多梦想嫁入豪门的女孩踊跃的成为参与者。

但是就在竞争最激烈、观众热情最高涨的时候，主办方突然宣布，原来这个所谓的千万富翁只是一个身无分文的穷小子，让众多人跌碎眼镜。主办方征询那位最后获胜的女孩是否还愿意嫁给乔伊，女孩考虑了一下，认为自己在这一过程中已经爱上了乔伊，于是决定愿意下嫁给乔伊。最后，当获胜的女孩面对镜头许下真爱宣言的同时，电视台拿出了一张百万元的支票，恭喜他们通过了真爱的考验，并将此作为新婚的贺礼。最后，这个女孩和乔伊同时成为了百万富翁。

这个真实的故事就是在告诉女人们，有时候嫁给有钱人的机遇就摆在你的面前，关键在你怎样选择，如果不能慧眼识珠，发现那个真命天子的"潜力"，光有好运气也是没用的。

## 2. 没钱但有本事的男人也可以嫁

选择男人就像炒股票，如何评价一只股票不能只看眼前，而是要看它四十年后会是什么样子，选择丈夫也就是这样，一定要长期持股。很多时候，不能只看他眼前风光无限或是穷困潦倒。这些都只是暂时的表象，说不定转眼之间他就会来个一百八十度的大变型。

男人现在是否有钱不需要看得太重，家世、外表和身高也仅仅是参考，而学历、职位、才能、胆量、个性等才是衡量他能否在未来的某个时间一路飙升的重要指标。也就是说，如果一个男人现在没有钱，但他有本事，有在未来飞黄腾达的资本，那他就是一个值得嫁的好男人。

张瑛在大学时代和其他单纯的小女孩相比，可谓是独具慧眼，一眼看中了当时所有人都不看好的马云，并且始终对他不弃不离，终于在多年后，成为了阿里巴巴网站总裁的夫人。

当时在学校里，几乎没有女生会喜欢这个其貌不扬，而且似乎没有什么长处的马云。唯有张瑛，发现他身上有着常人所没有的潜能，他自立、勤奋，而且有股韧劲。于是，她喜欢上了他，并开始和他交往，她照顾他、关心他、陪伴他，后来还和他共同创业，为他放弃工作，不计一切地支持着他。

张瑛没有看错马云，她嫁给了他之后，马云依靠自己的知识和智慧，创立了阿里巴巴网站，现如今，马云的网站及其他的网络资本价值 40 亿美元。

真正有眼光的女人，绝不会只把目光盯在男人现在兜里有几个钱上，而是花更多的时间和精力去了解男孩未来的发展潜力。还有很多女孩，在男人还是平平之辈的时候，她们就用敏锐的目光发现了他的不一般之处。待这个男人功成名就的一天，她也被男人记上了一功。

所以，女人们不要担心自己看上的男人暂时没有房子、没有车，害怕跟了他往后的日子会不好过。要相信他，只要他有目标，有能力，就一定会有未来。一旦哪天他的才能得到充分发挥，事业就会蒸蒸日上，收入也会稳步增长。那时，两人的感情也更具沉淀感，与这样的男人生活在一起，才会让女人更有安全感和成就感。

现如今的女孩，在更加重视婚姻质量和生活品质的同时，婚姻观念也发生着潜移默化的变化——婚姻在承载爱情的同时，女孩们更多地希望它是生活的保障。对于很多年轻漂亮、有资本去选择的女孩来说，选择婚姻就是一种投资行为。

现在的年轻女孩嫁老公就像是投资，他们不会只看眼前的风光无限或是落魄潦倒，而是更关注长久的发展"潜力"，看准了，没准将来就是一路飘红的"绩优股"，且不说衣食无忧的大俗话，也会在别人艳羡的啧啧声中对自己独到的眼光自豪不已。

选婚姻就像选股票，女人要始终具有一双慧眼，找寻最有价值的那只绩优股。但是，如果传说中最理想的绩优股始终没有出现，也不妨选择一只最有潜力的"潜力股"，经过女人长时间的经营，同样可以获益良多！

选夫如选股。对于准备投资婚姻的年轻女孩子而言，最佳选择就是那些有成长空间的潜力股。相比于那些牛气冲天、财大气粗的实力股票而言，这些股票尚在成长之中，价位较低，便于投资，眼下虽然不能获利，但前景可待。

选择潜力股的关键就是着眼未来，着眼于股票未来的走势和发展方向，不以当下的成败论英雄，不被长相、身高等表面现象所诱惑。关键的是他现在从事何种职业，居于什么样的位置，但这些也仅仅是参考。才识、胆量、野心之类，这些才是衡量一个人、一个绩优股能否在未来的某个时间点一路飙升的重要指标。

## 3. 如何识别他是否具有真正的"潜在值"

　　女人在芸芸众男中寻找一个潜力股还是很重要的，这也是一场赌，运气，眼光，手段缺一不可。如果遇上陈世美这号一阔脸就变的男人，秦香莲就得哭着去打官司。若非碰上千载难逢的铁面包拯，人财两空，鸡飞蛋打在所难免。

　　在民间流传着这样一个故事：明代一个员外的女儿嫁给了一个财主的儿子，婚后不久财主就死了，家里只剩下小夫妻俩。本来家资殷实，但该男人除了花钱别无所长，很快家底就被这个财主的儿子给挥霍一空，之后不久就坐吃山空了。这时，员外来接女儿回家，女儿却不肯，她坚信自己的丈夫还是有"潜力"可以改过自新的。于是留了下来，靠自己织布为生，两人一起喝稀粥度日。财主之子终于懂得了生计艰难，于是发愤图强，刻苦读书，三年后考取功名，成了地方官。员外女儿最终没有看走眼，苦尽甘来了。

　　成功男人难找，普通男人一大堆。但成功男人都是由普通男人升值而来的。如果你选择一个有潜力的普通男人先埋伏下来，然后努力地帮助他朝着目标迈进，并耐心地等待他的升值，你还担心婚后会不幸福吗？

　　但是可悲的是，现时代的多数女孩子都喜欢在婚姻市场进行"现货与期货"交易。"现货"男人出门坐"大奔"，进门住豪宅，有事没事儿来杯 XO，虽然大多已近不惑之年，但因为可以坐享其成，所以一直属于市场紧俏货。可是"现货"实在太少，大多数女人们除了感叹自己没那种命外，又能怎样？其实，更好的方式还是选择"期货"男人，事实证明，绝大多数"现货"男人都是由"期货"男人升值而来的，这是一个蜕变过程，这个过程需要女人拥有敏锐的目光。

　　幸福是可以创造的，只要你选择的是真正具有"潜在值"的期货男人。

　　堂堂大汉丞相陈平虽然天生高大英俊，但未发迹时也是灰溜溜的。就连陈平的嫂子也对这个漂亮却游手好闲的小叔子很是不屑。陈平在乡亲们眼里，也大抵就是一个绣花枕头一包草。又穷长相又不好的他不愿意娶妻，看不上没钱的人家，而有钱的人家又不肯嫁女儿给他！所以人到中年的陈平迟迟没有娶妻。

就在所有人都以为陈平就要一辈子打光棍到底的时候，竟然有个姓张的富翁一眼相中了陈平，倒贴钱把自己的孙女嫁给了他。

张富翁慧眼独具，看出陈平不是池中之物，于是用张家的财力来帮助陈平闯天下。最后给了自己孙女一个文韬武略都胜人一筹的优秀丈夫！

当然，并非所有的女人都有张氏女这样老辣的家长，更多的时候，想要找到一个潜在值较高的老公，还得凭借自己的一双慧眼！

首先，他要聪明、有进取心。

刚刚结束一段恋情的张玉玲认识了一个男孩，这个男孩说话总是一副志得意满的样子，但在张玉玲眼中，觉得他是一个有才干、有进取心的男人，于是张玉玲便主动的开始了与这个男孩的交往。

但是，交往一段时间之后，张玉玲发现自己最初的判断是错误的。这个男孩看到朋友做土特产生意赚了不少钱，也想从事这一行。他想和朋友一起干，决定先投资十万给他的朋友。

但是，他哪里有那么多钱。于是他就去找张玉玲，让她帮忙借些钱。他向张玉玲描绘着赚钱的前景，豪迈不已，丝毫没有对现状的担心和任何顾虑。

张玉玲问他：“你胆子也太大了吧！你朋友是赚了些钱，但你一点也不了解这行就要去做，这太冒险了！”男孩说：“不了解可以学呀。”

张玉玲说：“十万不是一个小数目，难道随便就拿来交学费？”

两人吵得不可开交，男友说张玉玲没头脑，目光短，看不清时势。张玉玲却在这件事中看清了这个男孩是个愚蠢、冲动的男人，根本没有聪明头脑与实干精神，于是与他分了手。一段时间后再见到他，正如张玉玲所料，男孩和朋友的生意不仅没赚到钱，还赔得血本无归。

你有必要鉴别他是头脑清醒、踏实肯干，真的有进取心，还是虚浮于事、夸夸其谈而已。男人的进取心决定着男人的成败。虽然很多时候进取心不是一望即知的，但可以先看他的辅助条件——聪明的头脑、乐观的精神、实干的态度、敢拼搏的魄力和友善的待人方式等。

其次，他的本性是忠厚善良的。

真正具有“潜在值”的男人，必定具有所有优秀男人共有的一种品质：忠厚善良。虽然这个条件听起来有点老土，但却是致命的一点。你要选的“潜力股”男人必须在本质上忠厚善良，对你深爱不弃，否则，就算他将来“升值”

了，对你又怎么会好呢？

姚雪莹的男友一直以学习为由而不工作，在两人同居的时候，他就哄骗对姚雪莹说："等我找到了工作，你不想工作我就养你一生。"姚雪莹一听很是感动，于是就决心在经济上支持男友的学业。姚雪莹把存折交给男友掌管，自己则拼命加班，一回到家就大包大揽把家务全包了下来。看不惯的同事问姚雪莹："你男友闲着在家，为什么不做饭啊？"姚雪莹还替他解释是说："他学习任务繁重，又要考律师证，又在攻读网络远程 MBA。哪有时间做饭啊！"

可是，好景不长，同居三年后，姚雪莹的男友 MBA 毕业了，竟然在找到工作的第一天就发来邮件要求和姚雪莹分手。原来，姚雪莹的男友在攻读MBA 的时候认识了一位漂亮的女同学，女同学撒娇说不想上班，他就拿姚雪莹的钱给她做生活费。现在，他打算和女同学结婚，当然要和姚雪莹分手了。

像姚雪莹这样真可谓是"赔了夫人又折兵"啊！这样的男人虽然在能力上比较有潜力，但他的本性却不好，靠不住，属于"现代陈世美"。所以，无论他的潜力如何，你一定要先考察他的本性是否善良才行。

女人嫁了一个什么人，就等于选择了一种什么样的生活方式。选择好男人的关键是着眼于他未来的理想走势和发展方向，而不能以当下的成败论英雄。所以，暂时口袋空空的男人可以嫁，但脑袋空空的男人决不能嫁。

## 4. 温柔男人才是你的 Mr. Right

当女孩们听着蔡依林在歌中唱着如何与 Mr.Right 巧遇的同时，是否也在心中思考着，什么样的男人会是自己的 Mr.Right 呢？不要再到处寻找了，你的 Mr.Right 就在你的身边。他不是帅哥，也不是王子，就是那个爱着你、宠着你的温柔男人！

现如今的女人，之所以要拼命冲出婚姻的"围城"，大都是不堪忍受丈夫的冷漠与自负，而渴望一个温柔的伴侣。所以，聪明的女人应该婚前就破译出男人的温柔密码，把那个最温柔的男人变成自己的 Mr.Right。

男人的温柔在很多时候都是一种不经意的流露，他们羞于表达，欲盖弥彰，需要你去体会和捕捉。周润发给广告中的女主角洗头时，笑容是温柔的；成龙张口接住章子怡喂他提子时，眼睛是温柔的；梁朝伟在《重庆森林》里对着滴水的毛巾说："你真是一条感情丰富的毛巾！"那一刻他的柔情近乎忧郁；陈凯歌面对赤足下楼的太太陈红说："地板很凉，要穿鞋子！"这种貌似严肃的温柔，入木三分；姚明那样在美国打 NBA 时，把女友送的红绳圈套在手腕上，这种含蓄到底的温柔，当事人看到了会非常心痒。犹如他忘了对你说"早安"，但他是戴着你买的那条领带去上班；在厨房里忙碌着，下了味精，出锅，上盘，叫一声"亲爱的，你先尝尝！"刘仪伟式的男人，扎起围裙比穿西装好看！

具体说来，女人的温柔的 Mr. Right 应该是什么样的呢？

你打了他，他没有还手，也没有还嘴。但是一转身，他会把你抱住。男人的温柔，犹如深海，力量在里边，一切尽在不言中；吵嘴了，你背对他躺着，枕头间隔很远。被子里，却有双温暖的大脚正捕捉你的冰冷的脚，·最后你就范了，不再躲闪挣扎，因为有一股暖流从脚心开始传遍全身，这样的温柔让你的冰坚的心立刻融化。

幽会，路灯昏暗，风很凉，他脱下衣服，别误会，他不是因为爱"想抛开一切"，而是把大衣披在你身上，淡淡的烟草味，带着烟火的暖，如满天星闪烁着。他总是站在你左边，右手牵你，左手偶尔为你整理被风吹乱的头发。

他用一个字呼唤你，他常把"他"写成"她"，他还喜欢给你起别名，你像他的新王朝，他叫你时，很抒情，就像从心底流出的一串串美妙音符一样。

他把右手伸出来给你，请求你帮他剪指甲，因为他左手有点笨。男人求你做些小事，是男人式的撒娇，那是很可人的。

他呆呆地看着你画妆，从后面抱住你，两个人对着镜子会心一笑，就这样打发一个下午。他上半身柔情，下半身激动，但终归没有弄皱你的晚礼服，因为夜幕降临时，你要去参加一个女朋友的订婚宴，虽然他没有去。

他出差到另外一个城市，担心你半夜醒来会怕黑，所以他的手机全天候开着，为的是你随时能够骚扰他。虽然临行前，他没有拥抱你。

在整理房间时，他会突然的坐下来，目光停在一本旧相册上，不时会心一笑，然后大喊一声；"宝贝快过来看！"怀旧的男人，深情。

你怀孕了，他常常在背后为你托腰，用温暖的大手抚摸你隆起的腹部，轻轻的趴在你的肚子上面听胎音。

你把钱包弄丢了，气急败坏地回家诉苦，他只是笑了笑，递给你一杯水。你心有不甘，他怎么能反应如此平淡？过后想想，你恢复了平静，因为他也没有问你："丢了多少钱？"

你在沙发上看午夜电影。他坐在一边看报纸。无言，但你把脚放在他的大腿上，后来，报纸看完了，他就靠在沙发上睡着了，手里拿的不是报纸，是你的脚。

他削出来的苹果特别玲珑有致，而且果皮连绵不断。然后，你吃着苹果，还把果皮挂在他的头上，你很开心，他闭目享受，心里更开心。

你正在做瘦身运动，他帮她压住脚，你汗流颊背，气喘嘘嘘，他小声说："不要太累，其实我还是抱得动你的！"男人的温柔是含蓄的。女人当时可能不易察觉，但事后细细体会，感动便油然而生。

相比女人的温柔来说，男人的温柔是深厚的，包含着更多的责任感、承诺、人生态度，是一种修养，涵养，是一种由内而外的深刻展示。所以有时候没及时调节婚姻中的矛盾，也离不开男人那睿智的温柔。

咖啡厅里，两人小声地说话。侍者问，谁买单？先生把钱压在盘子下："不用找了，谢谢！"回家路上，先生开车，音乐一路相随。进了电梯，把太太搂了过去，低声耳语："夫人，我今天表现怎样？""很好！""想知道为什么吗？"太太说："想呵！"先生温柔地总结："因为今天你都不说话！"男人很多时候表现得很绅士，是因为他面对的是一个淑女。太太恍然大悟："讨厌，你是说平常我太唠叨！"先生笑曰："我没有这么说，夫人！"原来是男人的温柔一刀。

温柔的男人也许不善于言词，但擅长用肢体语言表达，情义在心，所以浑身上下散发出一种温暖的人格魅力。一个眼神或者微笑，足以化解一座冰山，冰雪聪明的女人可以挖掘他的独特气质，如美酒，温柔入口，火在里边，浪漫在里边。男人的温柔如同陈年的老酒，随着时间的推移，越发的醇香迷人，越发的珍贵。

面对这样温柔的男人，你还在犹豫什么，赶快停下你四处寻找的脚步吧，他就是你的 Mr. Right！

# 5. "挑三拣四"多听老人言

俗话说"不听老人言，吃亏在眼前"。这句话不无道理。老人的人生阅历比年轻人丰富，当女人们被爱情迷昏头时，"老人"却能一眼看出两人之间不协调的地方来。所以，在选择老公的时候，老人们"挑三拣四"的言论，女人们还是有必要听一听的。

在婚姻大事上听老人的话，并不是让女人无条件的服从他们的所有决定，而是说他们的意见多少能给你一些参考或提醒。千万不要因为任性说些"要嫁他的人是我不是你！"之类的傻话，而盲目拒绝老人的意见。

从小娇生惯养的朗欣悦，与男朋友相识的时候已经是一家著名报社的记者了。朗欣悦是硕士，而她的男朋友姜有为正在读博士，所以认识朗欣悦的人都觉得他们很相配。郎才女貌的一对佳人，眼看年龄也老大不小了，便商量着结婚。

但是，朗欣悦的母亲对这桩婚事，始终不赞成。她曾苦口婆心地劝过女儿："虽然姜有为的本质没有问题，学识相貌与你也算相配。但你从小在城市里生活、长大，而他是从农村奋力挣扎才终于走出来的，你们两个在完全不同的环境里成长，将来一定会有矛盾，到时……"

但朗欣悦从来不曾把母亲的话当回事，认为母亲是"老人"，思想上有偏见，歧视男友。现在农村长大的可比有些城市长大的孩子更能吃苦耐劳，更像男子汉，优点可多了，跟他结婚一点问题也没有。

于是，婚照结！这时，姜有为提议，春节后他没有多少时间，又要忙论文又要忙工作，春节他正好要回家探亲，不如回到他的老家去结婚，顺便探亲。朗欣悦便同意了。

当他们把回男方老家结婚的这个决定告诉朗欣悦的母亲的时候，母亲问她的男友："你们的婚事，为什么不在这里办呢？"男友说是为了满足父母的愿望。朗欣悦的母亲很不高兴，应付姜有为先走之后，母亲告诉朗欣悦，这门婚事，她坚决不同意。她说："他要和我的女儿结婚，为什么不先来问问我们的意思？这算什么？他家的意思是去他家办，那我们家的意思呢？连问都

不问一声。这样的男人、这样的家庭，我绝不同意！"

朗欣悦那时很不理解母亲，认为她这样的牢骚和唠叨很小家子气，觉得这事实在没什么了不起的，大不了两边各办一次。

于是，朗欣悦很坚定的对母亲说："你不同意我也要和他结婚，结婚可是我自己的事，你管不着！"那个春节，朗欣悦义无反顾地去了男友的老家和他结婚了。一直到千里迢迢的赶到了那个遥远的小山村，朗欣悦才终于明白母亲的担忧都是很必要的，但为时已晚。

朗欣悦随男友到了家，才发觉他几乎就不是自己从前认识的那个爱人了。有很多老乡满脸堆着笑请他帮忙办事，而姜有为几乎想也不想就答应一定办成。姜有为甚至承诺当地一个文学青年，在朗欣悦供职的报纸为他发表一篇诗作。为此，朗欣悦实在忍无可忍，对姜有为说："我从来不负责诗歌，这忙我怎么帮？"

姜有为却不理她的话，伸手把青年的诗接了过去，说："没关系我直接找他们总编给你发！"朗欣悦问："我们总编又不认识你，怎么会帮忙！"男友却打包票说包在他身上。朗欣悦哭笑不得，认为这简直就是闹剧。

而且，一有机会朗欣悦的准公婆就给他们训话，有一次，他们说很高兴自己的儿子在城里落了脚，说他们来年想去北京和他们一起居住。姜有为竟然再次满口答应了，还说可以住到他的岳母家去。这是何其荒谬，朗欣悦闻听此言，忍不住脱口而出："不行！"她未来的公婆立即沉下了脸。其实，朗欣悦的妈妈孀居多年，家里也只有两居室，她的妹妹还未婚，和母亲共住，一大家子住到她家里去，这将是如何的尴尬？朗欣悦非常不理解姜有为怎么会说出这样的话来！

朗欣悦来到男友老家没几天，姜有为的哥哥就对她说："今天的碗你嫂子洗了，以后你过了门，只要你在家，就该你洗，平常你们在北京，家里都是我们伺候的。"朗欣悦虽然没有说什么，但心中觉得非常委屈，就在那一刻，朗欣悦决定当天晚上就回家。那天正是除夕前夜，她从上车的一刹那就开始哭，一直哭到了北京。但是没想到的是，姜有为回到北京之后，居然以她"不懂事"为由首先和她提出了分手。

这次婚变之后，朗欣悦回想到这次逃婚事件，她才明白了母亲话里蕴含着的深意，后悔当初没有听母亲的话。有很多事，很多细节，很多问题，她在恋爱中看不出感觉不到的时候，她的母亲已经看得透透彻彻了。所以，母亲会对她的恋爱和婚事反对得那么坚决！

虽然我们不能奢望夫妻之间没有一点矛盾，但还是要尽量回避可能造成隔阂的各种诱因。因为很多夫妻就是因为生活中的磕磕绊绊太多而最终分道扬镳。所以，多听听人家金婚、钻石婚的老夫妇们的"过日子秘笈"，多听听父母的建议，对恋爱中的女孩来说绝对是很有必要的。

虽然大家一直在说"婚前要睁大两只眼，婚后要闭上一只眼。"但很多女孩却往往相反。大多数自由恋爱的女孩，婚前都处于半眩晕状态，不是不知道要睁眼睛，而是不愿意睁大眼，那时所看到的和自己所表现的，往往都是最好的一面，以为自己找到了不错的归宿。

原因就是很多女孩在恋爱的时候，不愿意受人摆布，总觉得让父母做主缺少了那份浪漫情怀。于是，坚持己见，不顾一切地跟心爱的人在一起。浪漫总有走到平淡的一天，生活却不会停下脚步，婚后不免会落入柴米油盐的俗套而心生怨气，这种巨大的反差让她们彻底清醒过来，婚前半闭着的眼睛这会儿全睁开了，于是感到对面的人变得不堪入目。所以相比较而言，如果是父母做主的，往往要客观得多。除去那些以儿女婚事作交易的父母，大多数父母都会反复斟酌比较，选择最适合自己孩子的。

考察一下那些经由父母介绍而结合的伴侣，才发现他们多半生活很幸福，因为父母是最能识别谁才是那个真是"能过日子"的人。所以，多听老人言，并不是说我们不要自由恋爱，而是说在恋爱时，多听听老人们的看法，多想想老人的理由。老人的话能把我们从幻想拉到现实中来，而生活正是现实的。

# 6. 如何应对婚姻的"潜力股"变成"ST"

股市阴晴不定，本来自己非常看好的"潜力股"很有可能一夜之间变成了"ST"，其中滋味自然不好受啊！

同样，女人选择丈夫也就像选股票一样，也有看走眼的时候，本来觉得潜力无限的好男人，一夜间变了嘴脸，那感觉，恐怕和那些苦恼于大盘急跌

的股民一样，如坠悬崖般的沮丧无助吧。

大龄女青年刘佩瑶一直单身，直到年初，在一个派对上，如同戏剧般浪漫的结识了林尹平。当时，刘佩瑶一个不小心把香槟尽洒在身边男士那得体的阿玛尼西服上，没想到就此"钓"到了现在的老公。

林尹平是典型的高薪一族，而且为人温文尔雅，才华横溢，这一切都让刘佩瑶难以相信，自己30岁还能有如此运气碰到这么好条件的男人，于是刘佩瑶牢牢把握住了这次机会，全心投入到了这场恋爱中，相识不到半年，两人就幸福甜美的走进了结婚礼堂。

有几次，当林尹平看着兴高采烈筹备婚礼的刘佩瑶时，都会踌躇片刻，忍不住开口说"刘佩瑶，我过去有些事想告诉你，我想你应该了解清楚我的……"但每一次，都被全心沉浸在喜悦中的刘佩瑶打断了。"过去的事还提它干什么，我们只展望将来的幸福就足够了。"

很快，刘佩瑶就得偿所愿：在众人艳羡的目光下结了婚，开始享受这幸福的婚姻生活。可婚后没多久，刘佩瑶就感觉到了牛市变"ST"的不幸！本来，刘佩瑶期待着高薪的老公能让彼此的生活质量更上一层楼，没想到仅过了数月，刘佩瑶就发现，每月林尹平除了交房贷3000元，给父母的赡养费外，能拿回家的只有2000元。刘佩瑶终于忍不住开口逼问：其他的钱都到哪里去了？

原来，当年林尹平自己创业开公司，但是因为亏损经营不下去，欠下了一大笔巨额债务，自己的钱，就是用来每月还债了。听到这，刘佩瑶崩溃了！

刘佩瑶质问丈夫："怎么会这样？为什么结婚前你不告诉我这么重要的事情？"

"刘佩瑶，很抱歉，但我不是故意隐瞒你，你想想，婚前我有几次都想告诉你我过去的事，但都被你打断了。"林尹平表情复杂，带着难堪和歉意。刘佩瑶仔细回想，确实曾有过如此情景，可她……谁又能预料得到他隐藏的是如此严重的情况呢。

事到如今，刘佩瑶陷入到苦恼的深渊，原以为嫁的是前途无限的"潜力股"，没想到如今却变成了难以翻身的"ST"垃圾股。

现在，刘佩瑶想离婚，可是当初如此得意的高调结婚，现在没到过半年就离婚，这让自己颜面何存，况且自己已不年轻，又怎么经得起在婚姻上如此折腾。但如果不离婚，本来她一心想尽快要个孩子，如今又怎么敢在这种状态下生育？而这样的老公是否还值得她继续信任？他们还能幸福地生活下去吗？到底该何去何从？刘佩瑶举步维艰。

当婚姻的"潜力股"变成"ST"的时候，女人们该怎样去面对曾经的兴奋和喜悦，又将如何为自己制造重生的希望呢？

首先，要从自己的角度找原因，想清楚伤害自己、欺骗自己的人是谁。

如果女人们感觉受到了伤害，那并不是别人伤害了我们，而是我们自己的愿望伤害了自己。

像刘佩瑶这样条件不错的女士，择偶条件一直是高标准严要求，但随着年龄的增长，她们需要寻找一个条件优秀的男人，通过别人羡慕的眼光来让自己获得价值感。当她们对爱情逐渐失去了信心的时候，遇到了像林尹平这样条件优秀的男人，她们自然会很珍惜这个机会，因为失去的恐惧，让她不敢去面对对方的过去。比如故事中，林尹平几次想说关于他过去的事情时，都被刘佩瑶打断不提。刘佩瑶宁愿假装过去什么都没有发生过，而生活在自己对未来的幻想中。但是结婚后，当她发现这个人不是想象中的那么完美，他没有了那些让人羡慕的外在条件时，刘佩瑶刚刚建立起来的优越感又要崩溃了。

所以事实上，伤害你、欺骗你的人不是别人，正是你自己，认识到这一点之后，再仔细的来考虑如何面对自己的婚姻问题。一段良好的感情能修复我们以前在成长中的创伤，让我们获得更多的价值感、成就感和归属感。

此外，要在婚姻危机中重建信任。

当婚姻出现危机时，能否重建信任，要考虑两个问题。第一，两个人要分别承担起他们应负的责任。刘佩瑶应了解到是自己的行为表现阻止了丈夫。如果她无法原谅自己，便也无法原谅对方。同时林尹平也要真诚的向刘佩瑶道歉，这样是否就足够了呢？第二，两个人都应考虑一下，在这段婚姻中各自真正的需要是什么。难道女人结婚真的只是爱金钱吗？人和情感要比金钱更能给我们带来安全感。认清了自己需要的，就会明白婚姻的重要性，并且各自努力开始重建对对方的信任。

最后，想一想婚姻为你带来了什么好处。

垃圾股也有翻身的时候，ST 也有重组复牌的可能。所以，刘佩瑶应该比较一下，婚后生活和单身生活，除了物质方面，其他方面她愉快吗？当她不舒服的时候委屈的时候，有一个宽阔的肩膀给她依靠，有一个人拥她入怀，

真诚地关心她爱护她替她着想，她感受到那种爱了吗？她体会到婚姻生活给她的安全感、安定感、稳定感了吗？她感受到有一个人陪伴、沟通、交流的快乐了吗？她享受到一个男人给一个女人的好处了吗？假如她感受到了，那么这个婚姻对她就是有意义的，那她就不要轻易结束这段婚姻。

如果刘佩瑶正的爱林尹平，那么，即便林尹平是一个穷光蛋，但假如他懂得生活有情趣能陪伴她、爱护她、让她开心，那点债务又算什么呢？或者你的男人一直就是一只"潜力股"，并且他样样都好，但就是对你不好，你要他又有什么用？

所以，虽然婚姻的"潜力股"变成"ST"对任何一个女人来说，都是很大的打击，但只要平心静气的想清楚，也并不是找不到解决问题的方法的。

## 7. 睁大双眼，不能与动机不纯的男人恋爱

无论一个男人的条件怎么样，两个人相恋，最关键的还是彼此间存有爱，只有这样的结合才会幸福。所以，如果一个男人与你恋爱的目的是不真诚的，是没有责任心的，只是为了玩乐而已，那么即使他条件再好，也是不能答应他。

恋爱对象一定要挑选好，因为一些男人恋爱并不是为了结婚，为了彼此幸福快乐，而是带有其他目的，他们只管自己的快乐，而不管别人的痛苦。一旦你落入他的陷阱，变成他的猎物，噩梦就开始了。

所以，女人在恋爱时，一定要睁大双眼，对于恋爱动机不纯的男人，一定要敬而远之。

**一、只是想用你来填补感情的空虚。**

有时，男人和你恋爱，并不是真心喜欢你，而只是为了排遣自己的寂寞。面对这种男人，女孩要睁大眼睛识别清楚，不要做弥补他一时空虚的过渡品，白白浪费情感和青春。

在大学二年级的时候，卓瑶晨爱上了班上的一个男同学，于是开始主动追求他，对方开始没有表态，但因为也没有其他更好的选择，于是后来慢慢地接受了卓瑶晨。大学期间，两人也曾花前月下一阵子，但是刚一毕业，男

友就向卓瑶晨提出了分手。

卓瑶晨质问他为什么，男友却避而不答。后来有一天，卓瑶晨无意中看到他和一个漂亮的女孩牵手走过。卓瑶晨打电话问他，是不是因为那个女孩才移情别恋的？男友不耐烦地说："谁移情别恋了？我自始至终根本就没有爱过你，当初是你纠缠我的，要不是因为寂寞我才不会和你在一起呢。"男友就这样把自己给否定了。

像卓瑶晨男友这样的男人不少，他们的眼界通常较高，条件差的女孩他们不愿意接受，条件好的又看不上他们。看到周围的人都在恋爱，恰好也有女孩追求自己，他不想一个人孤孤单单，于是便来者不拒。一旦他们有更好的目标，很快就会把身边的女孩蹬开。

二、把你当成满足生理需要的工具。

童歆和男友刚刚恋爱了两个月，男友就向她提出了同居的要求。但是童歆是个比较传统的女孩，觉得没有结婚前，不能住在一起，于是她委婉地拒绝了男友的要求。没想到，男友很生气，一口咬定"你根本就不爱我！"甚至提出了分手。

偏偏童歆又很爱男友，无奈之下，童歆搬进了男友的家。但没过多久，童歆的男友就早出晚归，童歆甚至明显地感觉到了男友对自己的不耐烦。

后来男友提出跟她分手，童歆哀求他，问他，她哪里做得不够好她可以改。男友只是很冷漠地说："我觉得我们根本就合不来。请你自重，以后别再纠缠我，我们好聚好散吧。"童歆这才明白自己被骗了。

生活中，像童歆男友这种男人不少。你要记住：真正爱你的男人，不会要求你把身体给他，更不会因为你没有把身体给他而和你分手。那些要你用身体来证明你对他的爱的男人，你就是把身体给了他，他该走的时候还会走。

三、和你在一起是出于某种利益需要。

夏可心的丈夫是自己的高中同学兼师范学校的校友。夏可心从高中开始就喜欢上了丈夫，但考上大学后，他们各自恋爱过。大学毕业后，因为不能在同一个城市和其他种种原因，他们都与原来的恋人分手了。夏可心和丈夫都回了原籍。

当时就业形势很不乐观，师范院校毕业的人太多，安排不下，但夏可心的父亲是县城教育局局长。为了能有个好工作,丈夫理想的对象虽不是夏可心，

但他还是和夏可心走到了一起。之后，夏可心的父亲很快给他们安排了工作，这让当时同属师范院校毕业，还在被动地等待分配的昔日同窗羡慕不已。

后来他们结婚并在县城如愿分到房，日子过得平平淡淡，但夏可心总感觉他和丈夫间缺少了什么。原来，夏可心自己也明白丈夫是因为工作才娶自己的，其实他并不爱自己。所以无论如何，这段婚姻在夏可心的心中都留下了抹不去的遗憾。

像夏可心丈夫这类男人，虽然也是为了利益去恋爱结婚，但也算好人，毕竟他没有欺骗青春。有更多的男人，为了物质利益和女孩恋爱，得到想要的一切后马上转身而去。如果碰上那样的男人，女人可就有一辈子的苦要吃了！

面对爱情，女人睁大双眼是很必要的，但世界上也没有无缘无故的爱，他因为你的清纯、美貌，因为你的能力、智慧而和你恋爱，这些动机都是无可厚非的。只要不是出于玩弄、欺骗，那就可以放心地去恋爱了！

# 8. 最佳丈夫的十大要素

哪一个女人不想找到一个值得自己托付终身的好丈夫呢？可谁才是那个对的人呢？

不要被爱情的假象所迷惑，一定要始终把眼睛睁大，既不能让坏男人牵着你的鼻子走，也不要与好男人擦肩错过。要对男人身上的每一个因素进行一番考核，直到找到那个"最佳丈夫"的人选，才能交出自己的后半生，否则，必将为自己曾经的草率而后悔不已。

**一、努力工作是他奋斗的目标。**

最值得"投资"的男人会努力工作，因为那样他才有能力孝敬父母和岳父岳母，才有能力使心爱的人过上他想给的她想要的幸福生活。好男人会比任何人都强壮健康，关心妻子和儿女，因为他是家里的支柱，家里的成员都离不开他，他会在照顾好别人的同时也把自己照顾好，因为他还有更多的责任。

**二、他胸襟开阔，宽容忍让。**

无论原因是什么，只要两人发生了争执，最先让步的人一定是他。他懂得如何表达自己，并耐心听你说话，如果你是对的，他能够承认错误；即使你不对，他也愿意原谅你。有话可以好好讲，不会动不动就拉下脸来，送你一脸的表情暴力，也不会为一点小事发脾气、赌气。

**三、他是你家人和朋友喜欢的类型。**

家人朋友毕竟旁观者清，而且长辈们阅人无数，眼睛自然比你毒。你对他很挑剔，但他却很能够赢得你朋友、家人的欣赏。他懂得让每个人心情舒畅，懂得给人安全感。从性格上说，他不是一个非常易变的人，不会让你觉得很难把握和相处。

**四、喜欢被关注与被欣赏。**

喜欢被关注与欣赏，这是他前行的动力。他喜欢像孔雀开屏一样展示自我，以获得女人的青睐与呵护。像一所好学校一样的女人深谙此理，所以她们可以轻易培养出一个优秀的"现货"男人，她们是明智的，因为这男人一旦升值，属于女人的幸福也不约而至了。只是，等待好像总是太长。如果我们的耐心不是太足，一不小心，把很有潜在值的"期货"清仓处理，那么，我们也就只好等着收获悔恨了。

**五、他对感情无怨无悔，对女人全心全意的付出。**

女人总是想知道一个男人一辈子会有多少次恋爱，其实，这并不重要。男人正是在不断的实践中获得经验让自己完善起来。"专一"的定义并非是他只能一生只爱一个，而是每当他爱一个女人的时候，他都能做到全心全意的付出。如果他曾经有过刻骨铭心的感情经历，并为此真心付出过，那么至少可以证明他是个深情、敢于承诺的男人，一个愿意为感情破裂分担部分责任的男人。

**六、他能开诚布公地与你沟通。**

最佳的丈夫人选，就是那些在你向他倾诉时，会感觉到很安心的男人。他懂得倾听，知道什么时候该说话，什么时候该闭嘴。你不会害怕对他表达，当你和他分享自己的感受与想法时，能觉得安全。良好沟通的基础是信任，在他面前，你确信不会因为表达内心深层想法而遭受到嘲笑或伤害。这样的男人会让你更加明白什么是安全感。

**七、他对你体贴入微，关怀备至。**

即使你与他的关系已经像亲人一样的熟悉，即使拥抱也感觉不到对方热

烈的心跳了，但他依然比任何人都关心你。在你苦恼时，他永远站在你这边，耐心倾听你倒苦水；他记得你提过的朋友名字；你渴时他轻轻递上茶水……这些无微不至的关怀，就是你选择他的最好理由。

**八、他有良好的运动习惯。**

之所以说有良好的运动习惯的男人是有投资潜力的男人，是因为像这样有某种运动爱好的男子，较容易找到情绪的出口，不会没事找事的折磨你，和一个心中有热情的男人在一起时，日子就会充满乐趣。一个能在生活中找到自己爱好的人，一定会给人生机勃勃的感觉。

**九、他喜欢小动物，善待你的宠物。**

通常这样的人都有一颗爱心。你可以从他对待宠物的方式了解他的待人接物。对动物有爱心的男人，也一定会照顾好自己的家人和伴侣。而一个会在路上踢打流浪猫狗的男人，你是无论如何不能接近的。

**十、不会嫌弃你。**

最佳丈夫对你的爱必然比对你的要求多，他尊重你做出的各种人生选择，尊重你的感受，不会无故地抱怨你，更不会嫌弃你。

小娜的丈夫是一个对任何事都有很高的要求的人，即使是对小娜也是一样。比如，有一次，他们参加一个聚会，就餐时小娜的杯子让转盘碰倒了，这本来与她无关。餐桌上的人也没有意识到这有什么不妥，只是一个微不足道的小插曲而已，换个杯子就行了。

可小娜的丈夫却拉长脸，不分青红皂白地对她吼："你注意一下礼仪行不行？连个杯子也放不好。"本来一件微不足道的小事，结果令全桌的人都听见了。有人劝小娜的丈夫别放心上。可他还不依不饶的样子，用苛责的语气说："她总是这样不小心！"小娜委屈得想哭，只是当着大家的面不好发作。

在小娜的生活中，这样的事多了，一年后，小娜再也受不了苛刻的丈夫，毅然选择了离婚。

他懂得尊重你。他从不要求你做不喜欢的事，给你自由的空间。他虽然对自己有主见，对你则不会太有主见，而且往往是爱比要求多。他尊重你做出的各种人生选择，鼓励你发展自己的专长。现代好男人的一条重要标准是，尊重所有的女性，包括仅有一面之缘的人。

他也不会因为朋友而忽略你。即使他交友满天下，即使他的社交圈中的朋友们彼此信赖，即使他重视朋友胜过一切，但这些都不影响他同样重视你，无论如何，他都不会为了朋友而把你晾在一边。他能够独立思考和行动，而非唯朋友是从。并且，不需要你耳提面命，他就能清楚掌握女朋友与异性朋友的分界。

其实，对于丈夫的任何标准都是不实际的，一段良好的姻缘是建立在感情基础之上的，没有爱情，怎么可能会有好丈夫呢？但是，丈夫的人品、素质，也是我们不得不考虑的问题，即使不能完全按照如上标准来挑选丈夫，至少也要擦亮眼睛，仔细观察你所爱的男人是否值得信赖和依靠。

# 第七章

## 驾驭了老公就驾驭了幸福

## 1. 要驾御男人你首先要有女人资本

每个女人都梦想能在结婚后，变身成为驭夫有术的幸福女人。但是，女人们有没有考虑过，你凭什么让丈夫对自己唯命是从呢？你是否已经具备了成为一个让男人俯首帖耳的"贤妻良母"的条件了呢？

没错，想要驾御男人，你首先要有女人的资本。没有丑女人，只有懒女人！男人就是容易被美丽而性感的外表所迷惑，这是由他们原始的本性决定的。女人们不要抱怨，事实就是这样。所以，养成良好的生活习惯，比如每天的皮肤护理，每周两次的健身，年轻女孩尤其要注意补水，皮肤好的女孩子即使不够漂亮也是精致的。

另外，具有个人特色的服饰和发型，得体的言谈和举止，都是女人的资本。而那些本来就长相平平，又不肯多花一些心思在外表上，整天不修边幅，面如菜色的女人没有男人要也是正常的。

关于女人的资本，具体说来：

首先，女人要自信。

自信的女人身上焕发出蓬勃的生机，散发出向上的力量，昂扬着饱满的激情。自信的女人，能以宽容大度来面对一切，凡事不陷入世俗的漩涡中；自信的女人，她们光彩照人，落落大方，灿烂的笑里会有一股凛然高贵的气息，更有让人仰慕同时又有些敬畏的气质；自信的女人，就像一缕春风，给别人带来轻松愉悦。她们身上有一种无形的光芒，吸引着你走向她。

美国心理学家弗洛姆《爱的艺术》中有段话写得很好：

她不一定漂亮，但一定有在众人中被你一眼认出的气质。她自给自足，放纵自己尽情地享受生命的乐趣，又清醒地保持灵魂的明净。她会为一瓣花而心醉，像一棵树感受清风，树叶摇曳着一声叹息，在简单中蕴藏着最深的宇宙。她看到了生命背后的黑暗，深知阳光与夜的交替，死亡如影随形，但永不绝望。她本能地拒绝贪婪，她的心像埋藏了千年的莲子，历尽沧海桑田，洞彻世事烟云，依然会鲜活地从沙土里开出花来。笑声和细语如冬日暖阳，化解心中坚硬的块垒。

今时今日，那种自怨自艾、柔弱无助的女人的确难以在这个处处充满竞争的社会生存下去。只有充满自信的女人才能获得广阔的市场，因为他们知道学会自我拯救和自我完善永远是最重要的！

其次，女人要有独立而丰富的思想。

现代生活中，物质奢华，各种美发厅、美容店云集，走在街上，你会发现美女愈来愈多：姿态娴雅的女人、精明干练的职业女性、清纯可人的女孩……但真正让人钦佩，让人倾心的绝对非思想丰富的女人莫属。

在大多数人看来，思想丰富的女人应该是思想健康、精神健康、心理健康的女人。思想丰富的女人应该是内外兼备，秀外慧中，不仅外表悦人，还要内涵丰富，气质优雅，修养良好，且独立、自信、善良、聪明，富于灵性。

思想丰富的女人未必一定要年轻。靳羽西、郑明明她们不再年轻，但仍然美丽。羽西所著的《亚洲美人赞》一书中罗列的 10 位亚洲美女，除了事业成功人也聪明的杨澜、给人惊艳之感的名模马艳丽之外，还有 70 多岁的仍然美丽的秦怡，也映证了这一观点。

思想丰富的女人，也许初看上去姿容平常，但相处久了，都会因为她极富魅力的性格，而使她的形象在人心目中熠熠生辉起来。即使相貌平平，因其内心的充实，情感的丰富，胸怀的宽广，言谈举止之间也会流露出来彬彬有礼、温文尔雅。因为丰富的思想使她们具有了一种从心灵深处源源溢出的摄人心魄的魅力。

此外，女人要谈吐得体。

女人说话有分寸，是提升自己品质的一个重要因素。对人尖酸刻薄，总为几毛钱讨价还价，生活中不占点小便宜似乎就不能活下去，这样的女人，平庸、苍白、缺少内涵。语言，与人打交道的第一道关卡，会说话的女人无疑成功越过这道卡。

许多女人谈恋爱时比较注意说话的技巧，因为想展现给对方最美好的一面。一旦结婚后，对于日常生活的一些细节就疏忽起来，没有节制的唠叨、喋喋不休的说一个问题。在他们看来，既然已成夫妻，哪里需要那么多小节呢？结果并不是这样。根据统计发现，想离婚的男人中有百分之七十是因为受不了老婆没有节制的唠叨。把握说话的尺度，才是一个成熟女人的表现。

最后，女人要懂得大智若愚的生活技巧。

人们都说，聪明的女人，三分流水二分尘，不会把所有的事探究个一清二楚，就算你天生有一双火眼金睛，世事洞明，到头来伤了的不仅仅是眼睛，还会连累婚姻，只要把握住婚姻生活的大方向，不偏离正常的轨道，不偏离道德的航线，不妨试试在小事上装一次傻，说不定你会爱上这种生活方式，因为这种方式离幸福很近。

朱蕾前几天和老公吵架了，不是什么大事，因为他父母的事情。小两口结婚没几年，夫妻白手起家，开了个小公司。今年，条件暂时稍微好一点。老公的父母都是工薪阶层，所有的积蓄都培养儿子了，加上岁数大了，身体有这样那样的小毛病，经济不怎么富裕。老公也许早熟一些，考虑的很多，尤其在他父母问题上。大概是男女思考问题的方式也不同，就造成了小夫妻之间的分歧。

朱蕾很想与老公好好谈谈，可他就是不会把不同的意见说出来。之后，老公几天不回家，这让朱蕾感觉不对劲。她认为，意见归意见，但是，该做的什么也要做的。何况，自己也不是不通情理的人，在某种意义上，自己比他考虑的还要周全，也能够站在别人的角度考虑问题。唯一不好的一点就是感情太过丰富，一点小小的事情都能够牵动自己敏感的神经。那么在对待他父母的问题上，不能这样避而不谈呀。

于是朱蕾把自己的想法告诉给了一位当心理医生的朋友，朋友听后给了她一个建议。她让朱蕾试着装作不知道，拎着礼品前去公婆家。朱蕾照做了。一顿饭下来，说说笑笑的，什么也没提及，老公丈二和尚摸不着头脑。临走，还塞给了公婆2000块钱，却没和老公说一句话。这么做，果然奏效，晚上，老公就早早的回来了。四目相视，嫣然一笑，两人和好如初。

你看，这就是大智若愚的女人的聪明之处了。如果大吵大闹，结果差不多就是不欢而散；如果继续生闷气，一是自己受伤，二是问题得不到解决。生活中很多事情，我们只需要换一种解决的途径，结果就会出乎意料的好。其实，在这个过程中，自己并没有损失什么。

## 2. 别把老公当成任你摆布的芭比娃娃

女人总是认为自己的男人还不够成熟，所以总是企图帮助他们成长。但是，女人不知道，帮助一个男人了解他自己的能力，和硬逼迫他去做超出他能力的事，这两者之间存在着一种微细的界限。如果你对老公的干预已经严重的超越了那个限度，并且逼迫他去做超出能力的事，那么势必造成老公的反抗，因为你的丈夫毕竟不是一个可以任你摆布的芭比娃娃。

女人如果走进了婚姻，就不由自主的想要管理和控制这个身边的男人，最常说的一句话就是"我这都是为你好"，而让男人哑口无言，心里却又极不痛快。

郑晓芸30岁的时候嫁人，婚后却发现，以前告诉自己三天一包烟都抽不完的丈夫，其实有着很大的烟瘾，几乎每天都要抽掉一包。深知吸烟危害健康的郑晓芸，决定开始实施帮助丈夫戒烟的计划。

她从管丈夫的钱开始，一步步实施这个计划，因为郑晓芸想：丈夫口袋里没有了钱，自然就没钱买烟了。她要求丈夫每个月发工资一分不少的都交上来，坐车的钱，往卡里充。需要买什么东西问好了价钱再申请。此外，丈夫每天进家门的第一步，就是接受她鼻子的检查，闻闻他身上有没有烟味。

每当丈夫求他给一根烟抽的时候，郑晓芸都是义正言辞的拒绝，并说："我这还不都是为你好。"后来，丈夫回家的时间就越来越晚，郑晓芸的检查也就越来越严，她总是追问下班没有回来，是不是找地方抽烟了？丈夫总是找各种借口搪塞，后来她的检查就发展成了跟踪……

再后来，郑晓芸发现，丈夫对自己越来越冷淡，还动不动就提离婚。她想，我这还不都是为他好，他怎么能这样对我呢？

为他好，也要讲究方式，如果你以此作为控制他的武器，那是不能降服他的。很多女人会说，"我是真心希望他好呀，难道我会害他不成？"聪明的女人知道，过多的干涉男人就是害他，男人需要有自己的事业、自己的朋友，自己对事物独立的看法，什么都要依照你的思维去做事，这不是相爱，这是

为自己找一个随从而已。

对于那些试图摆布自己丈夫的女人们而言，总是想以关心他、为他好来支配他的行动、思想，往往会沉重地打击一个人的自信心，使得他陷入绝望和自我怀疑——对于自己的能力、社会价值的怀疑，即使当初他是那么的爱你，那么的信誓旦旦，也经不住你的一再"付出"。

王文飞和曹婷婷要去参加聚会。聚会的地点并不算远，但半小时以后，王文飞还在开着车在同一个街道转来转去，显然，他不小心迷路了。曹婷婷提出建议，让王文飞打个电话问问朋友吧。王文飞不说话，继续寻找出路。曹婷婷不停的在提醒，再这么绕下去就要迟到了。绕了大半天，他们才赶到了聚会上。但是，王文飞整晚的情绪都不高涨，闷闷不乐的。

曹婷婷不明白王文飞为何情绪低落。她还不知道，他不高兴的根源正是曹婷婷在路上给他出的建议。当然，曹婷婷完全是出于好意。她的意思是，"我是因为爱你，关心你，才想要去帮助你，怎么能因为这个不高兴呢！"

可是丈夫却不这样理解，他觉得尊严受到了冒犯。从妻子那里，他感受到的信息是："我不指望你能凭你的本事，把我们及时送到目的地。你的方向感差极了，让我不敢恭维。你真不是个能力很强的男人！"

曹婷婷不了解男人的特征：他不需要别人的指点，独立地达成目标，这对他多么重要！除非请求帮助，否则就不要插手。保持沉默，才是一种帮助，一种信任。

迷路的王文飞，在同一个地段绕来绕去时，对曹婷婷而言，其实是天赐良机——她可以向王文飞展示她的爱，她的信任。在那样的时刻，王文飞是脆弱而无助的，他需要温暖和抚慰。实现这一点，并非有赖于曹婷婷的建议。曹婷婷应当保持沉默！曹婷婷应当信任王文飞可以辨别方向，找到出路，最终赶到目的地。

信任，是曹婷婷送给王文飞最好的礼物。对于王文飞而言，信任的感觉如此重要，如此美好。王文飞对于信任的渴望，就如同曹婷婷从他那里，得到玫瑰花或芳香迷人的香水一样。所以说，在充当"谋士"的事情上，女人要格外小心，以免伤害你心爱的男人。有骨气和抱负的男人，大多有着强烈的自尊心。他想在心爱的女人面前证明：他可以不靠别人，有自己的思想，并且可以独立的去做每一件事。

有种女人，从骨子里头露出天生的控制欲，她总想着通过控制自己的男人来得到自己心理上的满足。这可能是从小养成的唯我独尊的性格，也许是自己内心的不安全感造成的。她认为自己永远是对的，而男人是根本不存在什么独立的思想或者人生观的。即便是有，那也是一文不值。

聪明的女人想法却恰恰相反。她不会去想着控制自己男人的自由，更不会想去控制自己男人的价值观和人生观。在她那里，她认为爱一个人就要尊重这个人，男人同样需要自我肯定，而且他们天生渴望自由，反感被人控制。与其和男人斗争下去，不如让男人充分获得自由，让男人享受到了幸福，男人才可以给女人带来她希望的幸福。

在这个世界上，没有一个男人会甘于成为自己妻子手中的芭比娃娃而任她摆布。女人们应该尽早认识到这一点，不要再试图控制自己丈夫的任何行为了，那样只能让他产生更强烈的反抗心理，最后受伤害的也必将是女人自己。

# 3. 学会像"溜狗"一样对待他

你有一个人人艳羡的好老公，他事业有成，有型、有钱又有车，无疑是年轻小女孩最喜欢的类型，作为想要固守阵地的妻子，你应该用什么方式来对待他呢？

有恋爱专家指点这样的妻子说：对这样的男人就如同遛狗，绳子拉得太紧了不行；拉得太松了也不行。什么都应该有个度，从遛狗到对自己老公的"看管"，太松了就会失控，太紧了会适得其反，恰到好处最好。

之所以会对女人们提出这样的忠告，是因为男人在本质上，与狗的特性有很多相似点。比如：

首先，男人和狗一样，喜欢享受在外面世界的自由自在。

小狗就像永远长不大的孩子，它们喜欢做游戏、喜欢出门。有过养狗经验的人知道，狗是不能长时间呆在家里的，如果几天没有带自己的狗到外面遛弯，它会无精打采甚至生病。

养在农家的狗，每天都能呼吸到自由空气，但是城市里的狗就没有这么

幸运了，它们被关在小小的房间里。而你的丈夫就很有可能不幸的成为这种城市狗。

因为知道狗是向往自由的，所以，狗的女主人总会因为心疼它而每天都带它出去散步，而且女人知道，只要将狗遛开心了，它是会以百倍的忠诚来回报自己的。可是很多女人在对待男人爱玩的天性上却很挑剔，远没有对狗那么宽容。女人希望男人一下班就回家，就算节假日也不要留下自己单独出门。她们不明白，表面上看起来已经接受了自己意见的男人，其实内心深处已经受到了伤害。

男人和小狗一样童心未泯。你几时看到哪个男人心甘情愿一下班就回家？他们总是想尽一切办法在外面游荡，不到夕阳西下，他绝对不愿意老实回家。这时，女人就应该针对男人的这种心理，巧妙的遛一遛他，不然他就会在因为闷而生病的。

对于那些渴望外面世界的男人，妻子最明智的做法就是：隔一段时间"遛遛"你的他——不用你陪着，让他自己出去就好了。让他在外面的世界玩好了，他一样会以十倍百倍的热情和忠诚来回报你。

其次，男人和狗一样，对周遭发生的事具有强烈的好奇心。

不管什么品种的狗，都会对外面的世界充满了好奇。养在农家的狗，有时候即使只是隔壁家来了一个陌生人串门，忠实的狗也会要狂吠一通，除非有主人出面喊停它才会罢了。而养在城市里的狗，自然也是如此。有时候只是邻居往垃圾箱里扔了一堆垃圾，好热闹的狗也会锲而不舍地站在门口，眼巴巴地等着你带它出去考察一下外面究竟发生了什么事。

仔细想想，你的男人是否也是如此呢？是否在新闻中听到本地某处发生了火灾，哪怕是南城和北城的距离，哪怕他已经换下衣服只穿着睡衣睡裤，哪怕那里根本就没有住着他认识的人，他也马上兴冲冲的跑出去看个究竟，如此种种，还比如在外国举行的足球比赛、在别的国家发生了战争……所有在女人看来几乎和自己没有任何关系的一切，男人都充满了好奇心，并且一定要亲自去一探究竟。

了解了这些，女人们就应该明白，你的狗对外面世界的好奇，不过是与它的动物属性与生俱来的一种天性，绝对与它对现状有什么不满之类的情绪无关。这时，你将它放出去，让它亲身感受外界到底发生了什么，它会非常感激你。至于结果，当然也可以预料得到：不管它对那件事、那个人多么好奇，在天黑时，它仍然会记得回家的路。男人当然比狗更有思想，他们对外面世界的好奇心自然更强烈。所以对男人要比对狗更好些，给他更多的自由，不要把他管得太紧，要让他适当地保持一些个人爱好。比方说他喜欢看国际新闻、喜欢看足球比赛、喜欢关心那些我们觉得无法理解、离我们好像很遥远的东西，我们应该表现出适当的宽容。而同样的，让他自己去外面"疯"，"疯"够了，他也一定会记得回来的。

此外，男人和狗一样，总是不把你的话放在心上。

狗就是狗，他总是无法记住那些你曾经明令禁止的事情：无论你怎么强调随地大小便会把屋子弄得臭烘烘的，它还是会在厕所以外的地方大小便；它今天又把你新买的包包叼到床下去了，你生气归生气，却还是不得不费劲地找出来；也许是为了表示对你的忠诚，它又一次未得到你的允许就将口水舔到你的脸上……这些你都教过它，可是它好像总也记不住。

再来看看你的男人，他的记性恐怕比起你的狗好不到哪里去！他每次挤牙膏总是从中间挤起；下班后公事包总是乱扔；洗完澡后，卫生间被"糟蹋"得一塌糊涂；洗碗时总不记得把抽油烟机收拾干净……这些你也说过无数次，可是他一转身就忘记了。

自己养的狗犯了错，你可以把狗拎过来，指着它刚才造的"孽"，狠狠地教训它一顿。狗不会忏悔，但是从它垂头丧气的样子，我们可以相信，至少一个月之内，它会记住自己犯过的错误。但是，对于自己的男人，这一套就行不通了啊。而且，女人也应该想一想，教训过了狗，你总不会傻到还跟狗生闷气吧？但为什么对于男人就不能那么宽容了呢？男人不会掐指一算，不知道你在为什么生气，所以你的"我不高兴了"，他是完全不会察觉的。所以，对付没记性的男人，你就当他是家里的狗，有时候很可爱，但有时候不可救药地讨嫌。没办法，你就耐心点吧，好男人可都是教出来的啊！

最后，男人和狗一样，都是排外的。

这是狗最大的特点，而这一点，在你的男人身上也一定有所体现。

当然，狗的排外我们一般称之为忠诚。比如，只要家里来人了，但凡是狗不认识的，它定会以一通狂吠来代替欢迎仪式，因为狗的潜意识里可能觉得，陌生的就是危险的。作为这个家庭的忠实捍卫者，它有义务、有责任扮

演凶悍的角色。事实也确实如此，当危险真正发生的时候，我们总是把希望的眼光投向狗。

男人在这方面和狗很像。他可能平时温情脉脉，但只要你与他不熟悉的男性交往，他就会暴跳如雷，指出那个与你交往的男性身上潜藏着的"危险性"，并一再告诫你不要跟他继续交往；但是，当你遇到一些难以解决的矛盾，比方说在外面受了委屈需要人出气的时候，水龙头、电灯泡坏了需要修理的时候，你第一个想到的就是找他。

狗向陌生人咆哮，只是因为它对对方不了解。当你向狗说明这是你的朋友之后，它会自动停止对他的攻击。但男人就不会这么好对付，因为他理所当然会对与你过从甚密的另一个男人表示敌意——这是他爱你的表现。对于这样的男人，当他们自告奋勇地修理喷水龙头、换电灯泡，女人们大可以安心享用，因为这是他表示自己是个勇士的举动。

## 4. 女人滔滔不绝，男人逃之夭夭

不知是谁把这世界上的人分为四种：在该不说话的时候不说话的，在该说话的时候说话的，在不该说话的时候说话的，在该说话时候不说话的。女人很多时候都属于第三种。

古希腊伟大的哲学家苏格拉底为了避开他的脾气暴躁、指责不停的妻子，宁愿躲在雅典的树下思考哲理。可见，女人唠叨不停伤害的不仅是男人的尊严，还有对婚姻的信任。

女人为什么喜欢对男人滔滔不绝的说话？因为能控制别人的行为，就像能够控制局面的发展一样，会让女人有踏实和安全的感觉。所以，好女人总是想操控男人的行为、意识，而这在男人看来，最不能忍受的就是唠叨了。

女人不要以为自己每天对着丈夫"碎碎念"就可以成功的驾驭他了，事实正好相反。聪明女人应该尽力放弃这种让人不愉快的行为，学会在极力想左右别人的冲动袭来时探究一下内心世界更深层的东西。好女人即使试着减少没用的废话，也只能是稍稍缓和夫妻关系，并没有解决根本问题。而坏女人知道，对丈夫的信任才是最重要的因素，好女人应努力恢复对丈夫的信任，相信他们有能力打理好自己。这样夫妻关系才能回到原来的平和与亲密。

陆妍谈到她的丈夫时说："每次我不得不对丈夫管束太多的时候，总会有一个理由。告诉他少吃牛羊肉是因为这有利于他的身体健康；告诉他上下班要走同一条路线，而不要走其他的路是因为这样会节省时间从而避免麻烦；告诉他要按照我的方式安装窗帘是因为这样做最高效。

陆妍不能不管束丈夫的真实"理由"是害怕。正是由于这一点，她害怕丈夫会因为心脏病早早离开她，害怕丈夫不知道上班时最便捷的路或者修理房屋最有效的办法而自己不得不焦急等待。和大多数喜欢管束丈夫的妻子们一样，陆妍是个聪明的女人，她很明白将要发生什么事情，也能预知事情将要如何发展。

告诉丈夫应该怎么处理各种事情好像让自己感觉很踏实，但同时你也向他发出信号，那就是你不信任他。女人在不该唠叨的时候就闭上嘴，这不仅是一个好妻子的责任，更是身为女人的一种美德。

有一个笑话：哈利夫妇在河边钓鱼，哈利夫人在一旁唠叨不休。不久，有鱼上钩了。哈利夫人说："这条鱼真够可怜的！"哈利先生说："是啊！只要它闭嘴，不也就没事了！"

陈诚和妻子逛街的时候遇到以前的朋友也带着妻子在散步，两个女人相谈甚欢，在街上旁若无人地聊起天来，两个男人只好等在旁边。

回家后，陈诚稍稍抱怨了几句，结果遭到妻子连串的指责，在一开始，陈诚还有辩解之词，但是很快他意识到倘若他不保持沉默，妻子定会不依不饶。与此同时，陈诚下了决心，再也不和妻子辩解了，反正她也不接受辩解。这样下去，夫妻关系怎么会好呢？

如果女人想夫妻之间的关系能够进一步发展，那么双方一定都得舍弃一些东西，女人要舍弃的就是唠叨的习惯，因为这的确不是一个好习惯。

唠叨女人的七个坏习惯：

一、她总是忍不住替丈夫说话，替他拿主意，并且告诉自己这样做是为他好，否则他会把事情搞得一团糟。有时她会忍住不说那些苛刻的字眼。

二、她会忍不住表现出不满的神情。对于她来说这似乎没有那么无礼，但他却不这么认为。

三、当她尽力克制不表现出不悦的神情时，她又忍不住问一些似乎没有恶意但却能清楚表达她的不满的问题，比如，"难道你要穿那件衣服吗"之类的话。

四、她会向丈夫说明如果她遇到他这种情况她会怎么处理，并希望他会按照她的想法去做。

五、在他没有征求她的建议时，她曾主动向他提出过很多她自己的想法。

六、丈夫开车的时候，她在旁边不停地唠叨。

七、不喜欢他买回来的生菜。其实所有这些举动对于改变他的行为简直就是徒劳。

其实有很多途径可以达到管束别人的目的，好女人可以尝试唠叨以外的方法。

一位男士正在理发，而他的妻子站在一旁。当理发师尽心尽力给这位男士理发时，那位妻子对理发师不停地指挥："后面别太短，头顶一定不要露出来。"

旁边其他的男士都在等着，等这对夫妻离开以后，所有人都放松地吁了口气。一个男人接下来坐到椅子上对理发师说："我妻子今天不会来的，所以你尽管放手理就行了。"

尽管从这个故事的女主人公身上，很多女人也看到了自己的影子，但她们还是改不了爱唠叨的习惯。要知道，男人也渴望主宰自己的生活，女人放松对他们的提醒不是不关心他，而是给他更自由的空间，他会为此而感激你，然后更不能没有你，最后当然是更爱你。

# 5. 把他的秘书变成好朋友

如果说，男人在生活中最亲密的人是妻子，那么男人在工作中最亲近的朋友，可能就是他的女秘书了。毫无疑问，一个好秘书的确是男人事业成功的重要助手。但是，这个对于丈夫来说，地位可能和自己同样重要的女秘书，对一个妻子来说意味着什么呢？

虽然，为了丈夫事业上的成功，作为妻子应该和丈夫的女秘书结成同一阵线的盟友，共同帮助丈夫更有效率地工作。但事实上，妻子和女秘书常常是对立的角色，她们依照自己的想法或者说是想象，做出和这个目标相反的事。例如女秘书会在心里抱怨老板的老婆：老板娘，您累不累呀，家里管不够，管到办公室里来了！而老板的妻子则可能会埋怨自己的丈夫：你干什么和她走得那么近？三更半夜不回家，竟然说还在公司加班，其中一定有问题。

其实，做妻子的大可以大方一些，要从正面来考量女秘书的工作：一个好的秘书，要努力提高老板在外人心中的形象；要留意老板的工作顺不顺利，要注意老板的意念，提醒他行程到了，该出发访问客户，并注意老板的仪容，还要随时注意他的情绪，消除他所受到的打击。也就说，她工作的全部内容就是要使老板的事业更加远大，相信这也是作为妻子的你的心愿吧！所以，妻子和女秘书完全具备同心协力、互助合作、朝着一个共同的目标努力的条件，而不是互相对立的条件！

记住这些以后，相信每个当妻子的都可以放心一点，也可以从中找到一些规则来减少摩擦，避免不必要的误会，并通过加强和丈夫的秘书的友善关系，来提高丈夫成功的机会。

**一、做妻子的不要对女秘书心怀嫉妒。**

很多老板太太都会对丈夫的女秘书心存嫉妒。总认为女秘书的工作太轻松了，像是个会走路的花瓶，整天只是打扮得漂漂亮亮，坐在舒服的办公室里吹冷气，除了对男人甜言蜜语之外，什么事都不用做，而自己的丈夫还总是说她如何如何辛苦了，还给她发那么高的薪水！

但事实上这种妒忌是完全没有必要的，因为她们根本不值得你去嫉妒！这些老板夫人们多半不知道，这些聪明伶俐的女秘书，其实有一大堆的工作，而且她们都很羡慕主管太太。在社会上工作的女孩，都期待有一天结婚之后不用再工作，全心全意做个家庭主妇，来照顾家庭和养育孩子。其实这些女秘书的工作并不容易，而且她们还要承受老板太太们的"攻击"，日子是在是不好过啊！

**二、做妻子的不要随意猜疑。**

你的丈夫既然贵为老板、经理，那他自然是企业界的精英、商场中的俊杰。他很有才华、干劲、很有吸引力，值得欣赏或追求，这些都无可厚非，但是，

这也并不是说，他的女秘书就一定会把他当成追求的目标。女秘书欣赏的只是老板的工作能力和态度，但在感情上通常都不会动真情。

事实上，女秘书与老板的接触大部分都是出于工作关系，所以老板太太不仅不应该猜疑，还应该感谢她身边有这样一个女人，因为当业务上出现问题，迫使丈夫需要加班工作时，如果丈夫有女秘书和他一起工作，而不是独自一个人待在办公室，当妻子的反而应该感到庆幸才对，因为她知道有人会在适当的时候提醒他到外头吃点东西，或适度的休息。

不要忘了，总是有一些成功男人因为日以继夜地赶工作，一个人独自在办公室里加班。没有休息，也没有人适时提醒他该吃饭或吃药，结果过量的工作导致慢性病发作，却没有人发现，等到发现时，为时已晚，这实在是令人遗憾的事。因此，老板太太们应该感谢女秘书在他们身边的提醒，是她们维护了丈夫的健康。

而且，老板太太也要放宽心，你的丈夫和女秘书正在绞尽脑汁解决问题的时候，千万不要因为怀疑他是不是跑到夜总会去喝香槟了而去"查岗"。那样只会让你的丈夫对你更加反感。

**三、做妻子的不要傲慢对待女秘书。**

虽然老板太太与女秘书地位悬殊，但也不要以"我是总经理夫人，你只是个小秘书"的傲慢态度来对她颐指气使。但是仍然有一些愚蠢老板的太太，故意奚落自己丈夫的女秘书，以这种做法来显示自己的社会地位、权势。通常，在很多社交场合里，女秘书合理得体的言行，都比这种空摆架子的太太要来得有教养和更受人欢迎。作为妻子，你应该将心比心，并且设身处地为女秘书着想，用良好的风度和态度来对待丈夫的女秘书。

**四、做妻子的不要随便支使女秘书。**

女秘书的工作看似简单，其实最为繁杂。除了日常工作，她甚至还要为自己的老板做许多私人杂事。例如替老板选购送给家人的生日礼物、圣诞节礼品，安排业务上的应酬招待、预订旅行中的旅社房间，甚至帮忙接送小孩等等。但是，女秘书们所领取的薪水中，并不包括替老板的太太服务，做私人佣人。除非老板曾经特别要求她这样做。

所以，聪明的老板太太，千万不要命令女秘书利用吃午餐的时间帮她买一卷丝线，或去排队买限量的戏票，要知道这些都不属于秘书的工作。如果一定要她心不甘情不愿地牺牲她在繁忙的一天中仅有的一小段休息时间，去做不是工作的工作，那她必定会产生很大的情绪。一旦这种情绪影响到你丈夫的工作，那你可就后悔不及了！

## 6. 这些时候，你该让丈夫更优秀

合格的妻子不仅永远不会和自己的丈夫抢风头，相反，她们比任何人都知道在哪些时候应该让丈夫表现得更优秀。当然，这样的妻子也是每个男人梦寐以求的，毕竟有哪个男人会讨厌懂得给自己面子的女人呢？

当然，这也是需要智慧的，并不是一个女人天生就懂得给男人面子，这要靠不断的学习和积累。如果你希望培养自己这方面的能力，那么不妨听听专家给你提供的三个方法吧：

首先，你要努力使丈夫受人喜爱。

程芷菁的丈夫在社交上并不受欢迎，因为他傲慢自大，喜好争辩，缺乏耐心。但是程芷菁的口碑很好，因此周围的人才接受了她的丈夫。当程芷菁把她丈夫不幸的童年生活说给人们听以后，周围人对她丈夫的厌恶感，就逐渐转变成了同情心。程芷菁的丈夫是个孤儿，从这个亲戚家被转送到那个亲戚家养育，没有人要，也没有人爱。

知道这个原因后，人们就能理解程芷菁丈夫的行为了。虽然程芷菁没有办法使她丈夫受人欢迎，但是她至少已经替丈夫的缺点做了一些弥补。

其次，让丈夫在一些公众场合表演自己的特长。

聪明的女人不仅把自己的丈夫当作自己的骄傲，而且还会让别人知道他是多么的优秀，让他更加的受人注意。

有一次，一位年轻的女士对她的朋友说，她想学会如何讲好有趣的故事，用以加深她丈夫的朋友对他们的印象。朋友告诉她，如果让她先生来讲这些小故事，效果也许会更好。于是，她试了这个方法，果然她的丈夫更加受欢迎了。

使丈夫引起别人的兴趣和注意力，最简单的方法就是在自己家里举行聚

会，安排让丈夫表现他所拥有的任何特殊才华，如果这些才华能够使别人得到乐趣的话。

王成是一位成功的小儿科医师，同时也是一位天才的业余魔术师。每次家里来了客人，妻子都会请他们观赏一场由丈夫即兴表演的魔术。渐渐的，大家都知道她有一个会玩魔术的丈夫，这使得她的丈夫更加受欢迎了。

张振轩很喜欢表演，他的妻子也很支持他。她会给他报名参加一些娱乐节目，然后她会带着孩子在台下给他当亲友团，有时候她和孩子还会成为他表演的配角。后来，她的丈夫在省电视台举办的一次比赛中，拿了个二等奖。从那时起，她的丈夫一下子成了大红人，亲戚朋友见了她都夸她的丈夫真是多才多艺。

这些有吸引力的男人，很幸运地拥有这种好妻子，她们愿意隐藏自己，让社交场合里的注意力完全集中在她们丈夫身上。她们情愿扮演次要角色，因为这样更能促使家庭的和谐，这比起他们两人同时表现出各自的优点，得到了更多的美满。

**第三，努力使丈夫表现出最大的优点。**

在业务上受人器重的人，到了社交场合就哑口无言了，这种事情是常会发生的。生活中，的确有一些男人没有谈天的经验，到了公众场合就不知道应该从何说起。一个机灵的妻子能够从他的兴趣出发，很自然地引领自己的丈夫参加谈话，使他毫无困难地接着说下去。因为这世界上最害羞的人，如果谈起了他最感兴趣的事情，就不会再畏缩了。

谢伟强是一个沉默寡言的人，所以与他刚接触的人都以为他是一个冷漠的人，实质上他一向是个热心、受人喜爱的人，但是，这些只有他亲近的朋友才知道。他很少主动去认识新朋友。他的自我意识，使他看起来冷漠且毫不开心。她的妻子希望他能有更多的喜欢他的朋友。

后来，他的妻子就想到了一个好办法，她知道谢伟强嗜好摄影，于是他的妻子不管他们到哪里去，都会想办法找个喜爱摄影的人。然后，她把这个人介绍给谢伟强，让他们成为按快门的好友。正如她所想的那样，她的丈夫和那些与他有着共同爱好的人谈得非常投机。在妻子努力下，谢伟强的整个社交面貌都改变了。现在他很喜欢参加宴会，认识新朋友。家人们认为这是一件奇迹。当人们告诉她："你知道，你丈夫实在了不起"的时候，她觉得骄傲和快乐。

聪明的女人懂得，社会还是男人的社会，她们更懂得永远不要和自己的丈夫抢风头，相反她会巧妙的隐藏自己，让丈夫出秀，因为这样做才能让男人更有面子。这样他的丈夫也会更加的爱她、欣赏她，夫妻生活自然也会更加幸福、美满。


# 7. 用撒娇挠挠男人的心


结了婚的男人，同样需要的是爱情的滋润，这时女人如果能偶尔用撒娇的方式，挠挠丈夫的心，必定能在婚姻生活中灌溉出娇艳的幸福花朵。

女人善于向丈夫撒娇，本身就是一种幸福！女人会撒娇，不仅能让自己得到丈夫更多的宠爱，还能为自己的家人带来福气。世间的高智慧女人，都懂得撒娇要撒得恰到好处，也懂得自己的命运，其实都掌握在自己脑袋和嘴巴里。

赵小蕊其貌不扬，不爱做家务，但很爱打扮自己，而且极富撒娇之本事，丈夫马远宏比她小一岁，却身材魁梧，英俊潇洒。相貌平平的赵小蕊却常常把她的丈夫哄得团团转，做完家务还能心悦诚服地为她捶腿。

这让赵小蕊思想保守的母亲一直觉得难以理解。"在家好吃懒做的女人，居然还能降住男人，真是不可思议！你说她长得漂亮吧，可也不算漂亮呀！难道是懒人自有懒人的福气。"母亲经常嘀咕。

有一次朋友到赵小蕊家做客，刚坐下，马远宏给客人倒了杯水。赵小蕊便对马远宏娇嗔："给我也倒杯水吧，人家洗衣服都累死了，也不知道怜香惜玉！哼！"

马远宏笑答："你又不是客人！"

赵小蕊不干了，开始撒娇起来："我就想喝你亲手倒的茶，怎么了？"

马远宏还是笑而不动。

于是，赵小蕊开始用温柔食引诱，暗示道："倒嘛！不然晚上的酸菜鱼可没有了哦！"马远宏终于乐呵呵地起身去倒水。

赵小蕊的福气原来也是她自己争取来的，而且，这种福气并不是所有人都能获得的。比如很多女人，性格很强，对男人说话总是板起一副冷面孔，用命令的态度。

"把袜子洗了！""把电脑关掉！""跟你说了多少次了，要把柜门关紧！"她们总是用最直接的方法处理问题，用生硬的口气命令男人，而忽略了男人的心理感受，即使男人听从了她的吩咐，心里也一定是不情愿的。

一个男性朋友说过，他的女朋友很容易生气，但是撒娇的样子实在是太可爱，让他无论如何都舍不得怪她。其实，会撒娇的女人真是幸福的。

撒娇是一种情趣，更是一种智慧，是女人与爱人对话的一门艺术。其弦外之音是"你要让着我、宠着我"。即使有少许耍赖的成分在里面，男人们也会心甘情愿地听从差遣。

夕阳西下，天气变得凉爽起来。林荫小路上，慢慢地走过来一对老人。他们正在散步，老太太还牵着一条棕色的卷毛小狗。

张大妈牵着小狗走在前面，张大爷拿着一件衣服跟在后面。一会儿，张大爷走到张大妈跟前，跟她说了句什么，张大妈把头扭了过去，好像很生气的样子，继续往前走。

过了一会儿，张大爷又走到张大妈身边，又说了句什么。张大妈把嘴巴撅得老高，开始跺起脚来，张大爷把衣服披在她身上，也被她甩开了。

别人看见了，一定觉得好笑。张大妈撒起娇来，像个孩子，还挺可爱的。一会儿，他们经过林邻居身边的时候，张大妈把脸侧向邻居这边，微微一笑，但笑得很谨慎，生怕被身边的张大爷发现。然后，当她把脸转过去的时候，她又回复了紧绷的神情。

不用猜就知道，一定是有什么事情，张大爷惹她生气了。但现在她获得了胜利，因为那偷偷的一笑，证明了她是幸福的。

会撒娇的女人就懂得如何驾驭男人，采取一些迂回手段，让男人心服口服地听命于自己。

她们支使起男人来，易如反掌，"亲爱的，你去把碗洗一下，好吗？我明天做更好吃的给你补身子！"必要的时候配上丰富的肢体语言，她的目的就达到了，气氛仍然融洽。

会撒娇的女人，让男人身上有使不完的劲儿。反过来，如果妻子直眉瞪眼，对男人河东狮吼："还不赶紧去做饭？我也一样上班，凭什么让我伺候你！"一场家庭战争在所难免。

当撒娇变成女人对男人感情的释放，男人会在此时领略到被爱的自我价值而获得高度的心理满足，从而使夫妻间的亲密升华到一个更深的层次。

因此，未有此种体验的女人，不妨收起冷漠的面孔，撒一撒娇，千万不要觉得不好意思，因为撒娇也是身为人妻必备的一种技能之一啊。

# 8. "刁蛮"是一种特别的可爱

一部《刁蛮公主》的热播，让很多人都喜欢上了韩国演员张娜拉扮演的刁蛮"小龙虾"，尤其是男人们，更是大赞其可爱无敌，对其爱不释手。

如今，"女人刁蛮才可爱"已经成为当代年轻人口中最时髦的一个词，在网上也变成了男人之间的热门讨论话题，看来，刁蛮的小女生果真很受大家的欢迎。

当然，男人们喜欢的刁蛮不同于粗鲁，而是女人对待男人温柔的小伎俩，比如，男人挨了她的粉拳，不仅不会生气，还会感觉心里甜蜜蜜的。这样的女孩，虽有点刁蛮，但就是招人喜欢。

吴贤宇的女朋友叫孙姝茜，吴贤宇一直觉得女友就像个孩子似的，比如说，下楼梯时只要看见孙姝茜停着让吴贤宇先下，就知道是要男友背她，若是吴贤宇反应稍慢，孙姝茜就会自觉爬上来，然后就是一连串的噪音在耳边嗡嗡响起，直到她肯自愿下地。孙姝茜与吴贤宇约法三章：吵架不追究谁对谁错，认错的一定要是吴贤宇，还必须以"三字经"进行道歉："对不起，我错了，原谅我"，缺一不可，对此，吴贤宇提出抗议，孙姝茜却说："吵架当然是你错，即使是我错了也是因为你错在先而导致我错，所以错的还是你。"朋友都认为这个女孩为人太刁蛮了，吴贤宇却觉得这正是孙姝茜可爱的一面。

不过，对于略带"刁蛮"的女人来说，有一个小前提是要知道的，刁蛮固然是一种可爱，但别忘了刁蛮首先是建立在可爱的基础之上。换句话说，你可爱，你才有资格刁蛮；你刁蛮了，或许更增一份可爱。有时候，这个因

果关系藏在暗处的，如果一不留神，没把握住，还想在男人面前撒娇耍无赖甚至动拳脚，这一结果很可能就是你原本的女人味尽失，甚至你怎么上去就怎么让人扔下来。

"因为刁蛮，所以可爱"，这个理由霸道得很，却也被人解释得合情合理。因为，从表面上看，这样的女孩挺刁蛮，但换个角度看，又何尝不是爱的表现呢？因为真爱，所以毫无伪装，这难道不可爱吗？其实，男人换个角度想，她对你凶的时候，为什么不能忍一忍呢，如果你足够爱她的话。你想想看，为什么她总对着上司假装微笑，而对你大发雷霆？答案很简单，因为你是她最亲爱的人。

谭蕾蕾在朋友圈中，是出了名的刁蛮女人，可是，男朋友们对她的这个"刁蛮"性格却喜欢的不得了。因为女人中有很大一部分在关键时刻不是很有主张，甚至需要别人来为自己做些决定。而谭蕾蕾却正好相反，这不能不让男人欣赏她的特别。

原来，谭蕾蕾的男朋友本来是一个办事总是拖拖拉拉的人，碰上急性子外加有点"可爱"的谭蕾蕾后果可想而知了。

去年年底，谭蕾蕾的男朋友正面临着一大人生问题：职业选择。本来在一家公司从事电脑网络管理，做了几年，没什么大进展，就是图个安稳，但谭蕾蕾却对男朋友的工作评头论足："你有没有想过将来，你已经不小了，这份工作适合你吗？几年来还是原地踏步，有没有想过另寻发展？""嗯，我会想想的。""就知道拖。总说会想想，到现在也不见你的实际行动。"

从此，她常在男朋友耳边念叨，最后，终于忍不住冲他发火了："你就这个样一辈子算完了，我不跟你好了，以后别来找我了。"话音刚落，谭蕾蕾就走了。

谭蕾蕾那一走，真把男朋友真给吓住了。此后，男朋友积极的准备材料，重新找工作，面试。最后进入了 IBM 公司，无论工作前景，收入都与之前大不同。谭蕾蕾后来鬼笑着说："当时要不是在我的威胁下，你能这么快实现自己的理想？"男朋友点头称是。

说来说去，刁蛮是要建立在可爱的基础上的。在现代社会，女孩子有条件也更有底气对男人拳脚相向，而男人也更加宽容罢了。只要彼此存有真感情，哪怕是打个天翻地覆，一对欢喜冤家想散也散不了，生活还将甜甜蜜蜜的继续。

不管是女人的"施虐"成了一种时尚，还是男人的"受虐"成了一种审美，这个世界也总是阳光灿烂的。女人的小野蛮，换来的是男人的更加宠爱。

## 9. 闭一只眼看丈夫的缺点

热恋的时候，男人总是信誓旦旦，女人则一日不见如隔三秋，两个人就像发高烧，烧得傻里傻气，疯疯癫癫，呓语连篇。男人发誓说："我要把月亮摘下来给你梳妆！"女人相信了。男人又发誓说："我要把星星摘下来做你的项链！"女人幸福地又相信了。对于初涉爱河的女人，男人的誓言就是甜蜜的明天。

等到他们结了婚，男人的甜言蜜语再也听不到了，取而代之的是男人随处乱丢的臭袜子、脏衣服，女人才开始发现这个自己爱得如痴如醉的男人，原来有着这么多让人难以忍受的毛病，于是，她就开始了无休止的抱怨，开始怀念以前恋爱时的纯净和美好……

对于世事沉浮，郑板桥采取的是"难得糊涂"，这同样适用于爱情和婚姻。我们汉字的"婚"字，拆开来看，就是一个"女"字和"昏"字，这很让人玩味。

一个22岁的年轻女孩，竟然发疯似的爱上了一个比自己大六岁的，并不出色的男人，爱情成为了她青春的重心，旁人眼中的她很傻很笨，但沉浸在梦幻般爱情中的女人听不进任何劝。等那个男人终于肯娶她，过起了安逸清贫的婚后日子时，她却感到后悔了，她说真不知道自己当初怎么就稀里糊涂的嫁给了这样一个男人，脾气不好，还死要面子。

不论男女，既然是凡人就必然有其缺陷和优秀的一面，世上本就不存在十全十美的人，当爱恋中的激情在平庸的凡人世界中，渐渐消逝成为往日情怀，这时候，就需要宽容，双方用容忍的态度来面对生活。婚姻本就该是对爱人许下的永恒承诺，家庭给女人带来的不仅仅是物质上的保障，更多的还是彼此对婚姻生活的责任。

李洁和丈夫经营着两个网吧，她的丈夫讲义气，且能说会道，经营有方，生意做得不错。最大的缺憾是嗜酒如命，且每饮必醉，每醉必骂。李洁也是

绝佳的精明生意人，见人先带三分笑，无论是八十岁的老人，还是三岁的孩童，无不在她的笑容里感受到春的气息。但她的不足之处是，她见谁都笑，唯独见到喝过酒的老公总是张口就要骂，伸手必然打。

今天，李洁出去办点事，说好了丈夫在家做晚饭。可是等她七点多回到家一看，还是冷锅冷灶，也不见丈夫的影子，打手机去问，说是从外地来了一个朋友，约他吃个饭。李洁气不打一处来，"啪"挂了电话。

等到九点多，丈夫喝得醉醺醺的回来了。"你个挨枪子的！你再去喝呀！干脆喝死算了！"饿着肚子的李洁看见丈夫进门就骂上了。

丈夫一听也火了，推了她一把。这一推就好像在李洁愤怒冒火的心上浇上了汽油。她扑向丈夫，与丈夫扭打在一起……结果是李洁的腿扭伤了，她丈夫的脸也被抓得鲜血淋漓。

后来，两人就闹起了离婚，在朋友的劝解下，好不容易才化解了这场战争，可是战争的硝烟仍然弥漫在二人的周围。李洁在一次偶然的机会请教了一位婚姻问题专家，专家对她说："如果你还想挽救你们的婚姻，只有一个办法，那就是用一颗宽容的心去对待他，睁一只眼，闭一只眼。睁一只眼就是要多挖掘你丈夫的优点，闭一只眼就是尽量忽略掉他身上的缺点，做个糊涂的明白人。"

婚前的女性总是喜欢把男人身上的优点放大，生活在了一起后满眼看到的都是他的缺陷，于是开始斤斤计较，四处抱怨。其实，我们都是凡人，又何必太较真呢？想想我们自己也不是十全十美的，又何必苛求于他呢？多做换位思考，站在对方的立场上想一想，如果我是他，我会怎么样呢？倘若是这样，夫妻间又何来战场呢？

一位妻子能否与丈夫始终相爱，全取决于她自己的明智。应该记住这样一句格言："一个傻瓜也有可能赢得一个男人的爱情，但只有聪慧的女人才能够维持它。"

每一个人都是与众不同的，女人要学着以宽容的胸怀去包容丈夫的缺点，既然你爱他，就要全部接受他，就算他有很多毛病，因为这才是真实的他。如果他愿意把自己真实的一面毫无戒心的展示在你面前，那说明他也是爱你的。如果你想保持他对你的爱，那么你就睁一只眼闭一只眼吧，睁大眼睛看他的优点，闭上眼睛忽略他的那些臭毛病。

他可能有某些个人的嗜好或习惯你不喜欢。但不要抱敌视态度横加干涉。人没有完全相同的，而且你也可能有他不喜欢的嗜好或习惯。如果彼此的嗜好不是什么低级趣味，习惯不是什么触犯原则性的，就应该允许它们存在。总之，重要的是要保持一个谐调的气氛。

## 10. 婚姻需要用宽容和理解来经营

现在流行一句话叫：结婚需要冲动，经营婚姻需要智慧，离婚需要勇气，这话不无道理。婚姻是女人一辈子的事业，懂得经营才能赢得一生的幸福。其实，婚姻之道说白了就是两个人的相处之道，而维系两个人关系的只有一个字，那就是爱，关键是如何去爱。只有懂得如何去爱，能在老公面前永远保持魅力的女人才能赢得婚姻的幸福。

但是，有些女人总是喜欢抱怨，说自己的伴侣有这样或那样的坏习惯或不良嗜好，于是，夫妻之间便三天一小吵，五天一大吵，婚姻开始显得岌岌可危。

其实，世界上没有十全十美的丈夫，女人想要得到一个梦想中的幸福家庭，只有一个办法，就是用宽容和理解来经营自己的婚姻。

一个下雨的下午，男主人正在家里会客。客人的心情似乎比较烦躁，进门的时候连鞋都没有换，地板被弄得乌七八糟的。接着还有更糟糕的，客人不停地倾诉，将烟头丢了一烟灰缸，这个时候家里的猫咪大概是见了生人被吓到了，不停地闹，结果把烟灰缸打翻了，烟灰泼了一地。客人终于倾诉完了，这时候雨也停了，客人离开了。就他刚离开，女主人回来了，今天在单位她很忙，还受了一肚子委屈，进门看到家里这个样子，气不打一处来，不停地数落："就你脏，进门鞋子也不换，叫你少抽烟，你看你看……"。

"弄那么脏，你自己收拾吧，我又不是你家请来的保姆。"女主人生气地唠叨。这边男主人什么都没有说，笑了笑就都收拾完毕了，还说："好了好了，是我不好，这不都收拾好了，饿了吧，我来烧饭。"一边说一边去厨房了。晚上一家人相安无事，小孩回家看到了爸妈的笑脸，吃到了香喷喷的饭菜，夫

妻两个也还是继续相敬如宾，生活甜蜜幸福。几天后，客人又回来了，他是特地来向男主人致谢的。在场的女主人这才知道了原来地板不是老公弄脏的，烟也不是他抽的，自己误会了。于是晚上，女主人问老公道歉："那天我发脾气数落你，你受委屈了吧，对不起，可是你当时怎么不解释？""呵呵，解释什么，事情不都过去了么。再说如果我当时解释你听得进去么？我们两个争论起来，地板不还是脏的，烟灰不还是没人收拾么？我知道你上班也很辛苦的……"

现在的社会男女应该说是平等了，男人能做的事，女人一样可以。然而，在当今竞争激烈、躁动的社会里，男人活得不易，有些男性活得比女性差，但在骨子里却还维持男在前女在后的意识，一直以男权的思维去生活去做事。而现代的女人却以能顶半边天的姿态出现，男人和女人在有意无意的各自的名誉和各自的自尊中去抗争。时间长了、累了、倦了、烦了，裂痕就会越来越大，最后也加入了离婚的潮流中。

夫妻本是前世缘，另一半是上天赐给自己面对风雨分享阳光的伴侣，走到了一起就要好好珍惜，生活中哪能有不磕磕绊绊的，多一点理解和宽容，家庭就多一份温暖，多一份温馨。宽容意味着尊重、信任、理解和沟通，要共存、要双赢、要和谐，就要学会宽容。

女人应该学会用宽容和理解来经营婚姻、维系家庭。夫妻间有了宽容，爱情才能永恒，总为小事斤斤计较就不可能白头偕老。宽容是一首情歌，是一杯清茶，是一颗真心，是一方博爱。宽容更是一种高贵的品质，是精神的成熟和心灵的丰盈。

夫妻间的宽容与理解，是一个家庭幸福的根源，是家庭保持温暖的法宝。曾经听别人讲过这样一段话：

夫妻之间需要宽容。如果总是斤斤计较，锱铢必较，遇事总要分个高低，分个是非曲直，那样的夫妻不会白头到老。许许多多模范夫妻谈起夫妻相处必谈一条：宽容。宽容对方的缺点，宽容对方的不足，既然走在一起，那就要互相包容。正如歌中唱到：悲伤着你的悲伤，幸福着你的幸福。记着对方的好，宽容着对方的"坏"，这样的夫妻才能恩爱长久。

婚姻是一所最好的大学，每个人都会在这所大学中学到受益终生的知识，得到财富。如果还有爱，就不要彼此伤害，多些宽容，多点谅解和体贴。发生争执时多为对方考虑，换个方式思考，尽量不要针锋相对。彼此心平气和才能解决问题，争吵只会让事情变得更加糟糕。

## 11. 疼爱丈夫能让婚姻生活更幸福

男人和女人在结婚前的爱是单纯的，我喜欢你，你喜欢我，就足够幸福了。但是结婚后就不一样了，天天在一起，各种缺点毛病全赤裸裸的暴露出来了，最可怕的还不是这些，而是时间。时间这个可怕的怪物，能把所有的伤痕磨平，也能把所有的美好淡化，无论你们曾经有过什么样的海誓山盟，有过什么样的甜言蜜语，最后都划归为平淡和乏味，于是两个人由当初的亲密无间，变得慢慢的疏远。

这时候，女人应该如何挽救自己的婚姻、拯救自己的爱情呢？多疼爱丈夫、适当的在平淡的婚姻生活中制造一些浪漫、情调就是很好的选择。

戴欢有着幸福的婚姻，用她自己的话说是，"结婚十几年了，我对丈夫情同初恋。"但是他们之间也不是没有分歧，没有争吵，也同样经历了从激情恋爱到平淡婚姻的过渡，但是因为懂得制造情调，戴欢都轻松的把这些可能导致婚姻不幸福的因素化解掉了。

是谁说再坚定和厚实的爱都经不起岁月的打磨和消蚀？戴欢从不相信，她经营婚姻的高招就是不断的制造浪漫，并且乐此不疲。她说："当轰轰烈烈的恋爱退守为平平淡淡的日常生活，我却在不断地制造浪漫。"不断的制造浪漫，给丈夫欣喜，让生活时刻充满新鲜感，这就是戴欢打造幸福婚姻的最大智慧。

戴欢用她绵绵细细的爱滋润着丈夫，滋润着这个家。她说："爱情是必须努力经营的。也许，爱情就是这样的，它比花前月下的绵绵情话更动人，所有的付出，都是为爱情加分。"

每当孩子、丈夫、父母过生日、两人的结婚纪念日以及每年"五一"、"十一"、春节，大大小小的节日，都成了戴欢发挥的机会。

有一次，她在丈夫过生日的头一天夜里，一个人悄悄地爬起来在客厅里

给几十个大气球充上了气，并在每一个气球上写了一句祝福的话语。第二天一早，当丈夫走进客厅时，被眼前的景象惊呆了："你是魔术大师啊？"不擅浪漫的丈夫被幸福簇拥着，情不自禁地紧紧拥抱住了她……

除了这些节日，戴欢还善于在生活的任何细节中制造情调，比如买的洗脸毛巾，分别是两只可爱的小胖熊，丈夫不解的问："我一个大男人，怎么给我买这样的毛巾？"她说："可是，你不觉得这两只小熊就像我们夫妻两个人，每天都坐在一起，眉目传情，多有意思啊。"过段时间，再换上印着两颗心的毛巾。她就是这样让生活里处处都弥漫着温馨和浪漫，虽然有的时候，丈夫常常不解风情，但是她从不气馁，还是一如继往的制造着温馨的情调。比如，出差多日，夫妻小别，像新婚一样拥吻。再比如，一起散步的时候，像年轻情侣一样手牵着手。她说："其实，幸福的家庭也是各有各的高招。女人是幸福的领航员，是家庭的甜蜜素。作为妻子，要往生活里加盐，加糖，加味精，让每一天都有滋有味，值得回味。"

很多时候，男人会对情人说："家里那个黄脸婆，我早不爱她了。"作为妻子的，听了这句话自然是悲从中来，暗骂这个男人真是没有良心。是谁把自己变成了黄脸婆？还不是这个家，这个家中大大小小的事，她都要操心，孩子、父母、丈夫，每一个都牵着她的心，可结果却换来丈夫的不忠。

事实的确如此，但是，如果妻子能够更浪漫一些、更有情调一些，时刻让丈夫感受到来自你的疼爱和关怀，他还会觉得你是黄脸婆吗？

平淡的生活和一成不变的你让他对你失去了激情，那是再自然不过的事情。抱怨、哭泣、甚至以离婚示威，这都解决不了问题，问题在于你要做一个智慧的女人，要懂得疼爱丈夫。只有这样，才能让你的婚姻始终沉浸在甜蜜的幸福中。

# 12. 以柔克刚收服老公

温柔是女人在婚姻中最有力的武器，它不仅为男人创造了生活中的香甜，更为女人自己创造了幸福。女作家梅苑在《美人如水》一文中说，女人有点似水柔情，才有女人味道。真是高论妙极。以柔克刚，是女人收服老公的最佳手段。

要知道很多时候，温柔的问候胜过蛮横的指责。不要说一纸婚约无法永远守住一颗心，也没有哪份爱情会长久常新，婚姻走向平淡无味是必然的。但是婚姻也是可以经营的，只要用心，而温柔就是婚姻中最有力的武器，轻轻一击，恐怕哪个男人都逃不出你的"手心"，也不愿意逃脱。

想要成为丈夫眼中的完美娇妻吗？对于任何一个女人，这都是一个颇具诱惑性的问题。答案当然是肯定的，但如何做才是问题的关键。也只有掌握了要领，才能四两拨千斤地轻易收服老公的心。

舒雅是那种很小女人的女人，睡懒觉、爱撒娇、爱使小性子，还动不动就抹眼泪。妈妈总是担心她像长不大的孩子，这些臭毛病不改改，以后恐怕嫁出去都很难。

后来舒雅不但嫁出去了，她的老公李楠还很宠她，什么事都依着她，让着她，对她是呵护备至、疼爱有加。舒雅的妈妈对女婿说："真是亏了你对她这么好，你也别惯着她，她那些臭毛病呀该改改了。"并且向女婿罗列了女儿的一大堆"坏毛病"，没想到她的女婿反而笑着说："妈，我看这都不是毛病，我觉得这样才有女人味呢。"

趁妈妈不在的时候，舒雅偷偷的问他："你真的觉得我很有女人味吗？"李楠说："是啊。""举个例子"，舒雅面带笑容盯着李楠的脸说。李楠想了一会，说："比如，你从不大声嚷嚷，说话的声音永远都很温柔动听；比如，我早上上班走的时候，你总会检查一下我的衣服，有时会摘掉粘在上面的一根头发；比如，你看电视时，会傻傻地抹眼泪，还有……"李楠看着舒雅的双眼有些迷蒙，突然咽下了后面的话。"还有什么？"李楠不答，只是坏坏地笑。舒雅不依，拱在他怀里，非要他说，李楠说："还有你最温柔的时候是晚上，你的脸颊绯红，眼波迷离……"舒雅忙捂住了他的嘴，生气地说"你好坏，不和你说了。"李楠看她脸上浮起了一团红晕，禁不住在她额头上印下了深情的一吻……

男人们谈起女人的性格，有讨厌生猛的，有讨厌邋遢的，有讨厌酸叽的，有讨厌拖拉的……但没有讨厌温柔的。

比如由名模走红的林志玲，虽然不关风月，但是她的声音、眼神与表情，没有一处不是温柔到了极致："人家就是这样一个女子嘛。"没有一个男人不

会在温柔的女子面前败下阵来。她娇声说，"我喜欢这个，还想要那个，人家就是想和你在一起嘛，好啦好啦，人家以后不再使小性子就是啦……"在如此娇声腻语面前，还有哪个男人不肯乖乖就范？这就是所谓的软刀子杀人于无形。可能只有少数修炼得道的男人，在就范之后会想想：天啊，这个温柔的女人，分明就是在对男人进行一场又一场的掠夺呀！

女人，先温柔后撒娇，能更大程度满足男人的成人感、成就感，让男人的豪情和自信更淋漓尽致地发挥。女人撒一分娇，就多一分情趣，生活就更像生活，爱情就像下了蜜糖一样甜。撒娇，不仅使女人更可爱，而且还易化解生活中的矛盾，是软化矛盾的"原子弹"，无坚不摧，战无不胜。

温柔对于任何一个女人，都是一个颇具诱惑性的问题。但是，估计结婚7年以上的女人都已经不会在老公面前"故作温柔"了，不是温柔腻了，而是觉得不知道温柔的话要如何开口，如果硬要说点什么的话，就只剩下唠叨和争吵了。

对于不会温柔的妻子，不要等到你的丈夫有了外遇，再来感叹自己为什么总是被忽略？为什么自己总有操不完的心却换来被抛弃？不要只知道哀叹做女人的难，做妻子的累。而是要自己好好反省一下：有多少焦虑是不必要的？有多少操心是作茧自缚？只有走出迷失自己的沼泽，做丈夫的贤内助，做一个称职的妻子，你才会发现婚姻生活的真谛。

带孩子、做家务，绝大部分是由妻子承担的，丈夫美其名曰"男主外，女主内"，可女人在外面也一样要工作，实际上是既主内也主外，时间长了，女人往往忽视了自己的角色和性别，没河东狮吼就不错了，哪里还想得温柔得起来呢？其实温柔是表达也不止一种方式，如果做夫妻的时间久了，爱情转变为亲情，温柔的方式也完全可以跟着转变。

下班后秦娇去买菜，给老公打电话问他想吃什么菜。老公想了半天说不知道。秦娇说："那我买芸豆和黄瓜了。"老公说："天天吃，不烦啊？"秦娇提高了分贝："那你说买什么？"老公生气地说："随便，我不吃了。"然后挂断了电话。秦娇冷静一下，权衡利弊后，买了鱼和豆腐。然后给老公打电话，欣喜地说："老公，我好不容易买到了'随便'这种菜，你还吃吗？"老公笑了说："还是你厉害啊！吃。"秦娇说："第一回买这种菜，我还不会做怎么办啊？""我做。"老公痛快地说。

温柔的妻子总是特别有女人味，一举手一投足之间，总会让男人为之心动，女人总是希望得到男人更多的爱，最好这份爱能够如一口泉水井一样取之不尽。但凡男人都喜欢看到自己的女人温柔的样子，抿着小嘴，跺着小脚，再加上副梨花带雨的样子……心肠再硬的丈夫也会甘拜下风。可见，温柔就是女人以柔克刚收服老公的一大法宝。

第七章　驾驭了老公就驾驭了幸福

# 第八章

## 90% 的好男人是女人调教出来的

- 成功的男人背后都有一个了不起的女人
- DIY 一位好男人，好丈夫都是妻子创造的
- 好老公是"交流"出来的
- 学会接纳而不是改变
- 欣赏和赞美是栽培好男人的优质土壤
- "教导"丈夫心甘情愿去做家务
- 一次也不肯低头的女人，是在逼丈夫"变坏"
- 别让误会伤了丈夫的心
- 用爱支持他，给他温暖的力量
- 要让你的男人离不开你

# 1. 成功的男人背后都有一个了不起的女人

　　一个在事业上取得了一定的成绩的男人，他的背后一定有一个了不起的女人在支撑着他。当他遇到困难的时候，为他排忧解难；当他遇到挫折的时候，为他抚平伤痛；当他灰心放弃的时候，帮助他重建信念……

　　所以说，做女人难，做成功男人背后的女人就更难了。如果不是一个了不起的女人，是绝对难以胜任成功男人的妻子的。或者说，没有一个了不起的妻子在背后支持他，一个男人想要成功也不会是轻而易举的。

　　赵一凡现在是一家进出口公司的老总，可算是事业有成，但仅仅在五年前，他还徘徊在失业大军中，过着没有希望的生活。现在每当赵一凡说到自己人生的转折，都会很骄傲的提到自己的太太，正是因为他这位"贤内助"的支持和鼓励，赵一凡才有了今天。

　　赵一凡与妻子是大学同学，本来是同样的起跑点，但结婚不久之后，赵一凡就失业了。再就业的过程是艰难而坎坷的，赵一凡几次都因为失去信心而沮丧不已。这时候，幸好有开明的妻子在一旁支持他，鼓励他，给他继续奋斗的勇气。尤其是在一次机遇面前，妻子力排众议的支持，才最终让赵一凡有了今天。

　　那时，赵一凡好不容易找到了一份工作，刚刚报道一个星期。周末，赵一凡遇上一个已经当上报关员的老同学，老同学提议让当时对工作不满意的赵一凡和自己一起做进出口生意，并详细的说明了自己计划的可行性，赵一凡也看到了这个生意是有利可图的。但当赵一凡把这个消息告诉家人的时候，家人却一致反对，认为赵一凡这是不安分的表现。

　　本来，赵一凡都已经决定放弃了，但妻子也觉得这是一个好机会。于是，妻子从自己的娘家借来了五万元钱交给了赵一凡，并告诉他："机会不是什么时候都有的，想好了就去做吧，我相信你能行！"

　　赵一凡拿着妻子的钱感动不已，也坚定了要有所作为的决心，于是毅然的和老同学走入的破涛汹涌的商海。五年后的今天，他回报给妻子的是当年那五万块的几十倍！

现在的赵太太已经辞去工作，承担了全部的家务。但对于这位全职太太，赵一凡依然是赞赏有加，走到哪里都不忘向人夸奖一番。什么自己的妻子聪明、有修养、懂事，上得了厅堂，下得了厨房，烧一手好菜，家中井井有条，电灯坏了、马桶坏了，都不用自己操心等等。

此外，二人平时还有许多有关工作、社会、文化和思想的深度交流，虽然妻子在工作中不当重任，但是在丈夫眼里妻子仍然是一个很有头脑很有品位的女性。赵一凡说：在我眼中，她是一个懂事的小姑娘、朋友、爱人。我和周围的女性做过比较，其综合指标，还没有人能超过她。

可见，成功男人需要妻子秀外慧中，有修养有品位，却不需要有太强的个性、太多的事业，这就是为什么许多成功女士的婚姻失败或者长期独身的原因。

王友康一表人才，下海以前学过工业经济，做过机关公务员。他是下海以后结的婚。妻子十分漂亮，在别人眼里他们就是天造地设的一对。但是，婚后，王友康才发现妻子什么家务也不做，花钱如流水，对他工作上的事情从来不管不问，也不屑于他每天看新闻的习惯。做生意应酬自然多，每天回来晚一点妻子便唠叨个没完，老说他有外遇。王友康一怒之下给了她10万元人民币离婚了。

离婚后，想嫁给他的姑娘可以用排队来形容，而且一个比一个漂亮，但是王友康一个也没看上，他说："谁真的爱我白手起家的创业精神？谁能理解我有钱了还十分节俭的习惯？"

直到王友康遇见了一位极其贤惠的女人，他才再次走进婚姻的大门。这位贤妻不仅照顾王友康在农村的公公婆婆，打理家务，根本不打听王友康挣多少钱。而且她会在没事的时候，也会看看书，看看新闻，她说自己如果不学习就会和丈夫渐行渐远了。

现在，王友康的生意越做越大，人人都夸他有本事，他却走到哪里都说这一切都要感谢自己的贤妻，如果不是她在背后支持自己，照顾自己的生活，自己是不可能全心全意出去打拼的！

像王友康妻子这样的女人可真是太不容易了。想要在做好成功男人背后的女人的同时，兼顾好自己的事业，这可不是每个女人都能做到了，所以，那些成功男人背后的女人才会多是全职太太。

与那些每日奔波挣钱养家同时又承担着繁重家务的妇女不同，全职太太们表面看来生活优越甚至闲散，但并不意味着她们没有压力。正因为丈夫是

通常意义的"成功人士"，平日里自然面对更多的机会和诱惑。仅此，如何既给对方相对独立的生活空间，又保持相互间精神的平衡，是全职太太特别需要操心的事情。

此外，成功男人的妻子在回归全职太太之前一定也有不错的职业，或者事业，有自己的社交圈，一旦回归家庭，首先面临的是社交圈子的狭小和生活的相对单调，同时还要面临思想、知识落伍，与社会脱节，进而与丈夫失去共同语言的危险。所以，如何保持"现在时"的爱情，怎样在操持家务、相夫教子中使丈夫体味到你对家庭的贡献与牺牲，是做妻子的一门艺术。从这个意义上说，全职太太们面对的压力更大，风险更高，需要的精神力量也更强。

由此可见，做成功男人的妻子不是一件容易的事情，这不仅需要你牺牲自己的事业，还需要你有一颗宽容平和的心。要明白自己首先是一个妻子，然后才是一个阔太太，即便是成功男人的钱也来之不易，也要有节俭的习惯，节俭体现的是对他劳动成功的珍惜。更重要的是，要懂得提高自己的修养和品位，不要把自己降格为保姆或者钟点工，没有思想的女人，没有男人会喜欢。

## 2. DIY 一位好男人，好丈夫都是妻子创造的

不要幻想会有一个完美的男人出现在自己的面前，只要他爱你，即使他不是十全十美也没有关系。只要这个男人他愿意和你一起努力，那么再加上你的培养，我相信你一定会成为世上最幸福的女人。

因为，从某种意义上来说，"好男人是妻子创造的"，而"坏男人也是妻子自己制造的"。在决定男人是否发生质变的问题上，女人确实要承担相当的责任。所以，女人应该依靠自己的聪明才智，DIY 一位好男人，在修剪完善自己的同时，也修剪完善出一个好丈夫。

聪明的女人能使浪子回头。

邓俪雯是一位女医生，有一天他上夜班，因为临时要回家拿医学材料，竟然撞见自己的丈夫睡在小保姆的床上，并且还把小保姆抱在怀里，而且睡得很熟。出乎意料的是邓俪雯没有发怒，而是平静地走到丈夫身后，拽了一

下丈夫的衣角，丈夫醒来看见是妻子，大吃一惊！但邓俪雯却只是低低的说："回自己房间去睡吧，在这睡不舒服，明天还要上班呢。"丈夫当时羞愧难当，刚想对妻子说点什么，妻子轻轻对他说，别吵醒她，让她睡吧。然后就不做声的回去上夜班了。

第二天，忐忑不安的丈夫下班回到家，突然发现妻子竟然已经先回来了，并且正在厨房炒菜做饭。看见丈夫回来了，邓俪雯笑着说："今天先尝尝我做的饭菜吧，如果味道不可口，请先将就几天吧，新保姆很快会找到的。你放心，我没有亏待她，我多给她三个月工钱，说我们家暂时不需保姆了，我准备休息几个月，如果需要我们会再请她回来帮忙。"丈夫什么话也没说，只是痛哭流涕的抱着妻子，发誓从此一定做一个好丈夫。

夫妻之间遇到问题要理性的去解决，如果是大吵大闹能有什么好结果呢？这个医生也是女人，爱是自私的，当一个女人看到自己的丈夫怀里抱着另一个女人时，那气愤是可想而知的。可是她忍了，因为她不想让自己的家庭破碎，更不想让丈夫在人面前抬不起头来，虽然有些女权主义者无法认同她的委曲求全，但不能否认的是，她的丈夫必定会因为她对自己的包容大度而感激不尽，从此安分守己。

失败的妻子会把男人送到别人怀里。

井茹芝从小没有经历过什么挫折，所以长大后很自然的就成了一个自以为是的女人。井茹芝一直自认为自己有一个非常听话的丈夫，并且以此为傲，常常在同事面前骄傲的说，我的丈夫我叫他头向东，他不敢头向西，我的话就是"圣旨"。

虽然有人认为她是在夸大其词，但事实上，井茹芝的丈夫的确如此。丈夫每天下班回家，就会自觉的挥舞着小锅铲下厨忙碌，涮锅洗碗，洗衣服拖地板。可是井茹芝并不满足，总挑剔丈夫做的菜不好吃，衣服洗得不够干净。甚至当累了一天的丈夫晚上清闲时，想和她温存一下，井茹芝都会大声呵斥丈夫说："你烦不烦！"就这样，丈夫什么情致都没有了。

正在这时，和井茹芝丈夫同办公室的一位寂寞少妇敏锐地感觉到了他的落寞。于是开始对他嘘寒问暖，主动为他做些生活上的小事，倒杯茶啦，买个点心啦。事实上，对井茹芝的丈夫来说，家庭已经没有一丝暖意，也不值得他留恋了。所以他很快就接受了这个女人。当东窗事发时，井茹芝百思不

得其解：一个那么听话的丈夫怎么会变得那么"坏"呢？

一个女人，不懂得疼爱自己的丈夫，正是使男人变心的重要原因。她也不懂得，家庭是需夫妻共同经营的。作为妻子怎么能忍心让丈夫一个人去为家务忙碌，而自己却坐享其成呢？当然家务事不是规定只有女人才能做，应该夫妻共同承担。

好男人还是坏男人主要是看他身边的女人。好男人是靠女人培养出来的。作为一个妻子，你想他成为一个好男人，首先要真心地爱他。

当你爱上一个男人的时候，一定要大声告诉他。男人其实没什么安全感。女人有自尊，男人也有。在众人面前让你的男人成为你的主人，这样私下里他才会对你百依百顺。男人其实和女人一样，每个月都有那么几天脾气不好，这是男人的心理周期。你应该温柔地陪着他，等这一两天过去了，他会更疼你，你们的感情会更好。

作为一个妻子，你想自己的丈夫成为一个好男人，还要学会去欣赏他。

自己的丈夫，你不懂欣赏他，谁去欣赏他，你如果不尊重他，别人也会看轻他。如果你是一个好妻子，千万别在外人面前说丈夫的不是，更不能拿丈夫的缺点和别人的优点比。比如谁谁又提干了，谁谁又帮老婆买了一件漂亮的新衣服，你看人家活得多潇洒，多有情调等等。如果你那样做了，只会让丈夫更加破罐破摔而已。

作为一个妻子，你想自己的丈夫成为一个好男人，就不能完全控制他的经济。

大部分的"贤妻良母"都坚信"男人有钱就变坏"，于是想尽办法控制男人的经济。但是反过来想想，一个男人口袋里永远掏不出几块钱，你指望他能有什么朋友，有什么路子？当别人下班时几个朋友凑在一起，谈谈工作谈谈学习，他们在一起取长补短吸取工作经验，晚了到饭店去搓一顿。而他呢，因为囊中羞涩，只能退而远之。这时，你们掏空的不是丈夫的钱包，而是掏空了丈夫的人格和尊严，甚至是掏走了丈夫爱你的心！所以不要再把丈夫的钱包抓得紧紧的了，否则，你不仅是在践踏他的尊严和轻视他爱你的权利，更是在逼迫他建立自己的"小金库"。

作为一个妻子，你想自己的丈夫成为一个好男人，就要给他自由活动的空间。

好妻子绝不会"二十四小时紧迫盯人"。丈夫刚一下班,妻子就左一个电话,右一个电话催促着,别人当面说他是模范丈夫,背后却笑他是"妻管严"。女人们总是说:自己的男人,得看紧他。可是你看住了他的人,看得住他的心吗?还有些女人却咄咄逼人,像"看守"对待"犯人"。有的甚至要男人按她拟定的"时刻表"行动。迟一分钟到家,都要追问不休。久而久之,使男人的智慧和锐气一天天消失,对家失去了自信心。

好丈夫都是妻子创造的,试想,一个被妻子践踏了尊严的人,还怎么可能拥有爱妻子的心?如果一个女人用爱的名义去搜空自己的丈夫的口袋,践踏丈夫信心,那等待你的结果必将是一个"坏丈夫"的诞生!

## 3. 好老公是"交流"出来的

妻子如何才能更了解老公,更好的帮助他提高呢?前提就是要与老公多交流、勤沟通。交流,不仅是夫妻间维系婚姻的纽带,更是一个好妻子全方位的了解老公的切入点。在与老公的交流过程中加深对他的认知,知道他心里在想什么,才能知道自己的"塑造好丈夫"计划要从何入手。

想要培养自己的男人成为好老公的女人,绝不会在婚姻中信奉"沉默是金"的名言,一对夫妻连沟通都没有了,还谈什么感情交流呢?如果夫妻之间的相处是没有任何沟通的,那么这一定是一场名存实亡的婚姻。

谈到沟通,不少女人误以为必须把心里的想法和感受全部讲出来。其实,夫妻双方的交流内容也必须过滤后才能说,伤害夫妻关系的内容是绝对不要说的。夫妻相处长了,对于配偶的好恶应该有一定程度的了解,如果此话题是对方的禁忌,就别再去触碰这个话题。如果丈夫的学历不高,对有关学历的谈话比较敏感,做妻子的就不要以此为话题,以避免伤到丈夫的自尊。

可见,女人如何利用"沟通"来培养出一位人人羡慕的好老公,也是很有讲究的。如果不懂夫妻之间沟通的技巧,恐怕结果只能是话说了一大车,但一句也没有说到点子上。

想"交流"出一位好老公,女人应该这样做:

**一、说得多，不如说得好。**

不久前，日本一家人寿保险公司做了一次调查，发现日本夫妇每天一般可交谈1小时50分钟的话，对此，他们觉得奇怪，日本夫妻每天竟有这么长时间在交谈。后来经过进一步核实，才发现不是"交谈"，大多数情况下，是妻子在嘀咕，丈夫只是偶然点头或"哦唔"一声而已。调查还发现，日本丈夫和太太的谈话主题有三大项，就是"吃饭"、"洗澡"和"睡觉"。由此可见，妻子与丈夫的交流、沟通不仅仅在于话语的多少，时间的长短，还在于沟通是的内容和质量。

**二、留有余地，胜过完全坦白。**

当妻子的的确应该比较全面、细致的了解自己的丈夫，但还是要留有一定的个人空间，这也表现在互相的交流上，有些话是自己心里想想就好了，不要都倾倒在家庭这个语言的后花园里，否则就会污染了这片乐土。特别是夫妻间的一些敏感话题，或者伴侣心中的旧疮疤，都是不能在婚姻这个空间里碰触的。

**三、沟通也要讲时机。**

许多女人只顾自己的情绪，一吐为快，却忽视了听者是否听得进去。当一个人心中郁闷的时候，将不再有心思去倾听配偶的诉说，反过来也会使诉说者因不受重视而心生不满。所以夫妻双方相互沟通之际，最好选择双方心平气和的时候，才能产生好的结果。

**四、交流时倾听伴侣的话。**

在沟通时，许多女人往往急着表达自己的意见，忽视了对方在说什么，而各说各的，使沟通效果大打折扣。倾听是指站在对方的立场上，用心去了解对方所表达的意思。不只包含听到对方说什么，还要观察到对方话语里蕴含的意义，注意到其手势、表情、声调、身体语言，当一个人心口不一时，往往可从中感到真正的含意。然后对于所听到、观察到的，给予适当而简短的反应，例如："原来如此……""是……"以及点头，让对方知道你在听，也会让对方感受到被尊重。

**五、大度能容天大的事。**

为人妻要大度，不论你听到什么，不管对方的表达内容是对是错，先别急着辩驳或去指正，试着去承认对方真的有此感受，才能够使他愿意放下防卫，弱化个人的坚持，进而聆听你所说的话。认可对方并非代表同意对方的观点，只是表示你能够体会到他的个人感受。不要打击，学会接纳，因为另一半惟有感到你接纳他之后，才会愿意聆听你的心声。另外，通过观察另一半传达的信息及其背后的真正用意及深为愁苦的烦恼，才能逐渐接纳对方。

**六、积极的反馈，胜过千言万语。**

学习在沟通过程中给对方反馈，将你所听到的告诉他"你的意思是……""你是说……吗？"可避免因听错而产生不必要的误会。

塑造好丈夫的途径有很多条，沟通就不失为最有效的一条。为了维护良好的婚姻关系，妻子应该主动去做清楚、有效的沟通。结婚，除生儿育女繁衍后代外，还有一个重要的好处，那就是半夜时分，两个人各抱一个枕头，说"枕边话"。夫妻间小声密谈，却是一种享受，一种亲密的沟通。

# 4. 学会接纳而不是改变

有人调查过，很多男女在走入婚姻后会后悔的原因是：婚前男人认为女人永远不会改变，而女人却认为男人一定会被自己改变，但结果却正好相反，所以双方都叫苦不迭。

正是出于这一原因，很多女人在恋爱的时候都会曾经试图让男朋友改掉各种坏毛病，但是，好像没有几个成功的。而恋爱的时候，男人也常常会许诺说："亲爱的，我愿意为你而改变。"也许，他也的确改变了一些，甚至还坚持了一阵。但是结婚后，一切都变了，他又恢复到原来的样子了。

所以女人们，不要傻傻的相信男人的誓言。因为如果一旦在发现男人身上的诸多缺点，而百般指正没有成效的情况下，就想要行使恋爱时候的特权——改造他，可是却发现，他没有乖乖的听话，反而还有点不耐烦，最终受伤害的只能是你自己的一腔真情。

也就是说，如果一个女人试图改变一个男人，那她无疑是愚蠢的。每个人都各有各的特色，如果非要按照某个人的意愿去打磨一个人的话，只会让他失去自己本身的特色，因而变得平庸无为。女人，如果你不希望丈夫改变

对你的爱，那就放弃你想要改变他的那个雄心壮志吧，这同男人不要总是想要改变太太的"唠唠叨叨"的道理一样。

侯佳颖在和田绍伟谈恋爱的时候，就经常帮助他收拾房间，在他的卫生间里，经常能看到令她无法容忍的情景：毛巾随便的被丢在水盆的边上；洗发水的瓶身和瓶盖身首异处，而且只能找到瓶子，瓶盖却不知所踪；浴巾揉成一团，蜷缩在洗衣机上；水龙头没拧上，正滴滴答答地流水……侯佳颖心想，没关系，这只是暂时的，只要结了婚，有了责任感，他会为了我而改变的。

他们的婚礼如期举行了，可是田绍伟的坏毛病并没有因为身份的改变而有丝毫的改变。于是，她开始了自己的行动。先是来软的，她经常对田绍伟说："亲爱的，你看我每天收拾房间多辛苦，你的毛病也该改改了。"虽然田绍伟每次都答应得很干脆，但是第二天却又是照常如此。侯佳颖见来软的不行，便开始来硬的，她开始用"如果再乱丢东西，就离婚"来恐吓他。可是，其效果也都持续不了两三天，然后一切又恢复了老样子。

见这些都不起作用，侯佳颖彻头彻尾地失望了，她认识到这样一个现实：她的老公根本就是恶习难改。不过，在失望了一段时间之后，她又开始鼓起勇气，开始了改造他的新计划。比如，她在旁边监视他刷牙洗脸，看到他乱丢东西，或者水龙头没拧紧，立即在旁边严肃的提醒他。再比如，在他找不到车钥匙的时候，随他着急，也不帮他找，想他吃了亏，就知道改了。

不过，很遗憾，她的这些做法都没有起到什么作用，在经历了无数次的斗争而又无数次的失败之后，侯佳颖终于意识到：她改造老公的目标永远没有实现的可能。

女人，永远不要试图去改变一个男人，因为在你认识他之前他的那些习惯就养成了，到现在早已是根深蒂固了，再加上人本身顽固的劣根性，想要改变根本就是不可能的。

其实，明智的妻子都应该明白，在男人的心里，家的概念是一个能够让他感觉到放松舒服，而且能够随心所欲的地方。如果你总是企图改变他，那么你那些紧迫盯人的做法和时时提醒他指责他的言语，会让男人的心里很烦躁。

这就能够合理的解释，为什么有些男人宁愿下班了去泡酒吧，也不愿意回家。男人不愿意回家理由就是因为他们觉得这个家让他们不舒服。他之所以满心的不耐烦，就是因为家里有一个总是推着他去达到这样或那样标准的老婆。但是，那些年轻的女孩们，却总是对改变男人信誓旦旦，信心满满。她们之所以敢爱上那些人们眼中不折不扣的坏蛋，和他亡命天涯，只是因为他们坚信他会为她而改变。当有人告诉她这个男人是多么的风流成性，她的第一个念头是：那是还没有遇到我之前，遇见我以后他会变好的。

可是最后的结果往往是，所有认为自己能够改变男人的女人最后都会失望。有位曾在这场"战役"中奋斗了四十年的前辈，这样总结道：女人要改变男人啊，得从他婴儿时开始。世界上最不容易改变的动物恐怕就是男人了，明明知道太太对他好，还是积习难改。甚至有的男人宁愿换妻子也不肯改变自己。

艾晓萌结婚没几个月，就和丈夫离婚了，而他们离婚的原因让人觉得十分的可笑与不能理解。原来，他的丈夫吃菜的口味偏咸，而艾晓萌听专家说，盐吃多了会使心脑血管疾病的发病率提高，还会导致骨质疏松，为了丈夫的身体，她就想把丈夫的口味改淡一点。结果，一吃饭，他们就会为此争吵，而且两个人都不肯让步，最后，丈夫开始不回家吃饭。为了让丈夫回家吃饭，她开始克扣丈夫的零用钱，这使得矛盾更加激化。再后来，她的丈夫就提出了离婚。

也许用爱情和鼓励，你可以让一个嗜酒如命的酒徒戒酒、让寻花问柳者安分守己，但这种改变十分有限。更何况，你根本不可能把一个平民改变成一个王子。

婚姻需要我们的包容，爱不是一味的让对方变成我们理想中的样子，而是要学会接纳对方的一切，不管是优点还是缺点。嫁给一个人的同时你也嫁给了这个人的优点和不足，但既然你们彼此相互选择了对方，只有宽容才能让你们更加幸福。结婚后的生活，是双方不断的适应对方，接纳对方，理解对方，鼓舞对方的过程。不要试图用改变对方来适应自己，而是应该收敛和放弃自己的个人化。排除自己的狭隘与固执，以一颗理性的头脑去对待，以一种豁达的胸怀去接受，再以有利于家庭的和好发展方向为总导向。这样去处理生活，处理随之而来的灾难与幸福，一个家才能永恒，也才能搭建一个幸福家庭的舞台。

当你爱上他，就要认定自己是爱他现在的模样，而不是经过你改造后的模样。即便他身上有很多你看不惯的东西，你很难接受的东西，如果你选择了嫁给他，就理解一点，宽容一点吧，只有这样你才能从婚姻中获取幸福。

## 5. 欣赏和赞美是栽培好男人的优质土壤

男人因为好面子，所以喜欢听到别人夸奖自己、赞美自己，尤其是喜欢听到自己的女人说这样的话。常听人说"男人靠捧，女人靠哄"，女人想获得男人的宠爱，不仅要关心他，照顾他，更要用欣赏的眼光来赏识他、用赞美的言辞来表扬他，这样男人才会感觉被崇拜、被信赖，从而越发的做个好男人、好丈夫。

所以，结婚后的女人们，不要再一味的抱怨丈夫，那样不会使他有任何改变，相反，你应该赞美他，因为只有在欣赏和赞美的优质土壤之中，才能真正的栽培出让你满意的好男人。

女人在没有结婚前，看男人身上都是优点。可是一旦结了婚，慢慢的就发现男人身上有太多的毛病，然后就有了指责，就有了不满和争吵，曾经浪漫甜蜜的爱情就在平淡乏味的日子里被磨蚀，回忆起男人以前对自己的宠爱，不禁黯然神伤。

其实，婚姻都是平淡的，男人也总是容易厌倦的，一些女人身怀绝技，这门绝技可以让男人心甘情愿的爱她，宠他，这门绝技就是赞美。聪明的妻子会用自己的欣赏和赞美来不断的调节男人的情绪，让他对自己时刻保持激情。

当然，赞美丈夫是需要一定技巧的，首先要记住赞美男人不是一味地恭维，否则是难以收到奇效的。赞美男人，就要捧他的最得意之处，假如你身边的男人有一技之长，并以此为耀，那么女人最聪明的战术就是抓住这一点赞美他，就像挠的正好是痒处，效果自不必说。

比如，他喜欢打篮球，你就夸他球技真不错；比如他喜欢写字画画，你可以说他笔走龙蛇，丹青传神。也许男人会假装不耐烦地说——去，你懂什么，我的水平哪有那么高。但他的心里一定是美滋滋的。当然"捧"可以适当的夸大，但是一定不可以盲目，不可以严重脱离现实，如果他的球技臭得不能再臭，如果他的字写的和小学生差不多，你要还敢夸他球技好，字漂亮，那他会以为你不是在夸奖他，而是在嘲笑他，效果就适得其反了。

欣赏和赞美男人，不仅是拉近距离、加深爱意的有效武器，而且在对男人提出批评和忠告时也是一种最为高明的无痛疗法。每个人都有优点，但每个人都会犯错误，夫妻之间能相容就不必苛求，可是当错误和缺点可能对婚姻造成影响时，就应该指出来要求对方加以改正。当丈夫做了错事，如果你直接说"你错了""你犯了一个严重的错误"之类的话，一定会让他感觉没面子，心里不舒服，这时，你不妨试试"欲抑先扬"，来个"先捧后摔"，效果灵验得很。你可以先说："你那个方法真是不错，只是因为不太适合当时的状况，所以才……下次可以考虑得周全一些。"这个说法，一定比直接指责和批评来得更有效。

欣赏男人时最重要的是，善于发现他身上的闪光点，哪怕是很小的一点，你也要不失时机的去夸他。例如，他今天和你一起做家庭大扫除，累得满头大汗，你不妨说："亲爱的，你真能干！"再例如，你下班回家，他给你倒了一杯水，你可以微笑着对他说："你真体贴。"再例如，家里的马桶坏了，他没叫修理工人，而是自己修好了，你可以对他说："你真是太聪明了，我很佩服。"

女人对男人的欣赏与赞美不仅满足了男人的虚荣心，维护了男人的面子，同时也能给丈夫一种潜在动力，让他朝你所期望的丈夫标准前进，并且越做越好，终有一日，会成为你梦寐以求的好男人！

# 6. "教导"丈夫心甘情愿去做家务

一个传统的贤妻良母在家里总是不断的打扫卫生、做饭洗碗、照看孩子，而老公却安然地看着报纸。当然，这时候，女人的心里也会愤愤不平，可是任你怎么吼，男人的屁股就像粘在沙发上一样，毫无反应。

现代女人已经和男人一样工作，在社会上的责任、在家庭中的义务，都应该和男人分担与共享，没有哪个女人会像从前一样甘愿为男人操持家务了。但是，男人的恶习已经养成，现在想让他们心甘情愿去帮助太太做家务，恐怕还需要女人的多多教导。

现在的女人要做"闲妻晾母"，要潜移默化的从思想意识改变男人的作风：巧言令色，以休息为由"逼"他。

男人是大孩子，哄着他高兴了他就会乐意做一切。比如周末他已经玩了一天电脑，你可以上前按着他的肩膀说："颈椎好酸了吧，整天对着电脑可不好，快起来活动一下，仰仰头，伸伸胳膊。正好把桌子和书橱上的灰擦擦吧。"这样温馨的关怀，他还会不照着做吗？

撒娇示弱，用男人的责任感"命令"他。

你如果一直任劳任怨，默默地收拾一切，男人是不会看到的，更别说体会你的辛苦。久而久之家务就会变成你的"专利"了。所以有的时候，你得学着把家务转嫁给他。比如："老公，我这几天身体不舒服，不能碰凉水，那几件衣服你帮我洗一下好吗？"你说他还好意思不去洗么？对于那种超级懒男人，更可以使用苦肉计。比如你拿着拖把拖地，结果突然间腰闪了，他赶紧叫你去休息不要再拖，你便着急地说："那怎么行，一个星期没拖了，怎么着也要拖完了……"估计没等你说完这话，他就抢过拖把拖地去了。

关怀备至，让他体会到做家务的好处。

如果他做家务时你只会看电视偷乐，那么小心了，估计下次他再也不愿意做了，因为他心里会有点不平衡。所以记着，他做家务时你也不能闲着，得跑前跑后地跟着他，关怀地问他："老公，你累不累，喝点水吧，擦擦汗！"你像个小跟班似的紧随其后，他就会觉得干家务原来是件让人骄傲的事，以后不用你喊他就主动去做了。

高度赞扬，让他在家务中实现自我价值。

不仅要关怀他，更要崇拜他。如果他是做饭，你就得夸奖："老公，你做的辣子鸡真是一绝啊，比陶然居的好吃多了！"如果是清洗卫生间，你就得夸他刷马桶的样子很有男人味。

你夸得越多，他便越得意，也会干得越高兴。

大力宣传，让他在美名中越战越勇。

有个做家务的好老公本来就是件值得骄傲的事，所以你要抓住一切机会向外宣传。家务事小，重要的是要让人都知道。等地球人都知道他是个会做家务的好老公，一见面就拿他当模范表扬，你说在这样的荣誉和光环下，他还能亲手毁了自己的光辉形象么？肯定得尽心尽力维护啦。到时候，你就可以偷着乐了！

恩威并施，用条条框框束缚他。

一结婚，甚至恋爱时就要让他明白，老婆是用来心疼的，宠爱的，如果爱老婆就要爱家务！

经常性地提醒他，"你不是爱我爱家么？那做点家务算什么呢！"更绝的是，在婚礼上请主婚人这样发问："你愿意娶她为妻并主动承担家务活吗？"嘿嘿，他难道会说不么？

好老公不是天生的，而是要慢慢培养的，从一开始就要树立他的家庭文化观念，让他明白——好男人就是要做家务的。比如经常带他去那些模范丈夫朋友家里做客，让他亲眼目睹男人做家务有多么的潇洒和帅气；还要经常给他洗脑，告诉他现在流行的就是居家型好男人；更可以以开玩笑的方式上升到某一高度，告诉他"一屋不扫，何以扫天下"……在这些潜移默化的影响下，他肯定会将家务作为分内之事。

家务活是女人的，也是男人的。女人要明白，爱是一种能力，你自己在付出真爱的同时，还得有意识地培养他爱你的能力。在你疲惫的时候，让他给你冲杯茶，让他知道你也很辛苦。在你生病的时候，让他陪你去医院，让他知道你在承受着病痛不能向往常一样照顾他，而需要他照顾你。在日常家庭琐事中也要逐渐培养他做家务的能力，你可以选择他闲的时候，和你一起打扫房间，或者做做饭，让他理解和体会你的辛苦。总之，你要让他养成关心你、体贴你的习惯和意识。

反之，如果你总是什么都不让他做，他就永远不会知道你每天忙一天的工作，回到家又做饭，又带孩子，是多么的辛苦。他会认为那都是你应该做的，认为家里就应该这个样子。如果你哪天生病了，他还在等着你给他做饭吃，而不知道给你倒杯水吃药。而且稍微有什么令他不满意，他就会大发脾气，指责你没有做好。

他的不懂体谅，很快会让你对他失去爱心，接着就会让你对婚姻失望。有些女人并不知道这都是自己把丈夫惯坏了，而只是一味的感叹自己的命运不好，嫁给了一个这么懒的男人。

女人们，不要再抱怨："我家的那位太懒了，什么都不做，结婚这么长时间，厨房里的油盐酱醋放哪儿都不知道。"其实男人不好，并不都是他们的错，许多时候是你把他宠坏了。所以，赶快改变你的驭夫策略，"教导"他陪你一起做家务吧！

## 7. 一次也不肯低头的女人，是在逼丈夫"变坏"

女人在恋爱的时候可以肆无忌惮的任性，因为不管是谁错了，男朋友都一定会先道歉，主动求得你的原谅。而结婚后，小女孩儿已为人妻，就要学着明事理，不能再一味的耍性子了。否则，事事不肯低头的你，必将把原来好脾气的男人逼成"坏丈夫"。

刘敏和丈夫华刚是大学同学，刘敏开朗、热情四溢，而她的丈夫华刚则内向、寡言少语。结婚两年多了，他们之间小小的不愉快偶尔也有，但这一次他们吵得很凶，其实也不是什么大不了的事，就是为了谁去洗碗而发生了争执。以前的时候都是华刚默不作声的去把碗刷了，就算向她妥协了，但是今天不知道为什么他却坐在沙发上一言不发，也丝毫没有去刷碗的意思。刘敏以为他是以沉默表示对她的蔑视，她感到很恼火和伤心。

终于刘敏的眼泪下来了，而她的丈夫没有来劝她，而是坐在沙发里狠命地抽烟。男人想：从来吵架，不管有理无理，哪一回不是自己低头认错呢？于是，他也决定硬上一回，决不先屈服，他任由刘敏跑进卧室砰的一声把门关上……他还是没有追上来。

于是，刘敏开始收拾衣物，并扬言要离开家。虽然这么说，她的动作却是迟缓的，她希望他能主动求和。但他依然坐在沙发上，什么也没说，什么也没做。她慢慢地拉开门，房门开了一半的时候，她再一次停下。如果这时他说一点什么，哪怕只是喊一声她的名字，她就会留下来。然而他没有，他甚至没有看她一眼。她失望了，真的离开了这个家。

她去了娘家，一住就是一个星期，她每天都盼望华刚来接自己回家，可是他没来，而且连电话也没打，这让她更为恼火和伤心，甚至有和他离婚的冲动。这期间，他的一位同事告诉她，他这段时间脸色很不好，是不是身体不舒服，应该早点去医院看看。

晚上的时候，刘敏拿起电话想给丈夫打个电话，可是她马上就放下了，她想：为什么是我先给他打？他是男人，为什么不能先打给我？于是，僵持还在继续着。

第二天傍晚的时候下雨了，有人通知她，他出车祸了，出事地点就在去她娘家的十字路口，他撞在了一辆大卡车上。当她急急忙忙奔赴过去，看见那血腥的场面，立即就晕了过去……

后来，在整理遗物时，她发现了他给她写了很多没有发出去的信，在最后一封中，他说："爱情，需要宽容，需要敞开脸面上的城门，必要的时候，还需要举起投降的白旗……"和信在一起的还有丈夫近期的化验单，是肝炎！日期正是他们吵架的那一天！

刘敏抱着丈夫的骨灰盒痛哭失声，撕心裂肺的痛汹涌而来……

这样的故事常常以不同的形式发生在我们身边，当人们终于明白爱需要宽容来依托时，爱已逝去。

女人从爱情的辉煌圣殿踏入婚姻的真实土地，而她的心还留在爱情的圣殿里，以为自己的丈夫还是那个对自己百依百顺的王子，无论自己如何耍脾气，都会第一时间向自己妥协。她忘记了，丈夫也有不高兴的时候，也有不舒服的时候，为什么自己不能低一次头呢？

爱情就是一门妥协的艺术，你要懂得在爱情发生裂痕前向他妥协，不要以为道歉应该是男人的专利，爱情原本就没有对与错，如果你能在他生气时温柔的向他道歉，向他妥协，那么他一定会愈加的珍惜和爱你。

一对夫妻结婚两年，吵架却吵了一年半，于是他们决定分居，分居的日子里总是难耐的寂寞，他们终于明白其实彼此依然深爱着对方。只是他们都非常好强，谁也不肯向对方低头，就这样，他们分居了半年。

最终妻子决定挽救他们的婚姻和爱情，在情人节的这一天，妻子提前准备了当晚的烛光晚餐，准备向老公妥协。正当妻子将清蒸鱼放进微波炉时，忽然看到一只老鼠从她脚下窜过，妻子慌忙拿起电话拨通了老公的号码："喂！你快回来，家里有只老鼠，我快被吓死了。"在那边的老公只一句"遵命！"便立即赶回了家。就这样，仅仅是一句话的妥协，他们的爱情复活了，婚姻复活了。

婚姻中，夫妻常常为一件鸡毛蒜皮的小事而发生争执，又因为谁也不愿意先妥协而激发更大的战争，结果使得婚姻走向终结。

往往是在我们感受到了情感的任何一点裂隙带来的巨大损失的时候，我们才会发现，原来对于很多天大的问题来说，爱的基础上的妥协都是成本最

小的解决之道。

爱情是美丽的、激扬的，但是如果没有宽容作为依托，不过昙花一现，来得快去得急。记住，当你走进了婚姻的城堡，就不要奢望男人像恋爱的时候那样热烈的爱你。如果你想让他永远爱你，永远是个好丈夫，那么你就要学会低头。

## 8. 别让误会伤了丈夫的心

很多时候，一对本来恩爱的小夫妻，在一夜之间分道扬镳的原因仅仅只是一个小误会。尤其是女人，因为对丈夫的猜忌、对现状的不满等等原因，而成为了多数误会的制造者，最终让原本的模范丈夫忍无可忍，亲手摧毁了自己的幸福婚姻。

丈夫下班了，一身轻松地回到家里，本来想彻底地放松一下，可是，妻子无理取闹的一句话，却惹得两个人都不高兴起来，甚至两人为此大动干戈，这样的误会不仅伤感情，而且实在是太不值得的！

丈夫很晚才回家，妻子产生了怀疑，于是没有好气的问："今天怎么回来得这么晚啊？"

丈夫不以为然地说："没事。"

妻子不高兴了："没事怎么就晚了，有什么不能说的吗？"

丈夫："你太不信任我了，就是没事，你别胡思乱想的！再说了，你没凭没据的，不要瞎说！"

妻子："好啊，还要证据，心里有鬼，难怪也不告诉我一声。"

丈夫也火了："我干嘛去都要向你汇报啊，我快走到家了才想起忘记拿一份很重要的文件，就又折回去了拿了，所以现在才回来，这回你满意了吧？"

妻子："既然这么简单，为什么一开始你不肯说呢？"

丈夫："本来就没什么好说的，如果你非要往别处想，就随你便吧。"

妻子："男人一旦开始说谎就是变心了！"

丈夫："我就变心了，怎么着吧！"说完丈夫摔门而去，妻子被气得泪流满面。

其实，这本来一件小事，却因为沟通上的障碍造成了夫妻之间的误会，矛盾升级，丈夫离家出走，妻子纵然后悔了恐怕也不知道该如何挽回了吧？

做妻子的不仅要贤惠，更要聪慧，要知道如何巧妙的避开家庭中的各种矛盾，更不能人为的制造误会，那样，无疑是在伤丈夫的心，是在主动把丈夫往外推。当有一天，发现自己已经成为不幸婚姻的缔造者的时候，恐怕已经追悔不及了！

汪峻然和温如兰结婚二年后，便商量着把自己的老母亲从乡下接到自己身边来安度晚年。温如兰知道，丈夫是婆婆含辛茹苦拉扯大的，很艰难的才让儿子读完大学，为了丈夫她付出了很多。于是，一听到这个建议，温如兰马上就同意了，而且，还为婆婆收拾出一间向南带阳台的卧室。丈夫对妻子的举动感到满心温暖。

本来，夫妻俩都以为这会是一个崭新的开始，但没想到的是，婆婆来了之后，与温如兰相处的并不融洽。婆婆对温如兰的很多举动和习惯都看不惯，比如，温如兰喜欢在客厅里摆上鲜花，婆婆便嘟囔她不会过日子，浪费钱；温如兰总喜欢在周末大包小包的买一大堆东西回家，婆婆更是对她的大手大脚唠叨起没完。汪峻然对这些也不过是对温如兰宽慰几句，但也不去阻止。

这些还都不算什么，最让婆婆看不惯的就是汪峻然每天起来做早餐。在她看来，大男人给老婆烧饭，天底下哪有这个道理？温如兰是个少年宫的舞蹈老师，每天跳来跳去让她觉得身体很累，所以早上想多睡一会，但婆婆却不能接受，认为这是温如兰偷懒的借口。

于是，从此以后，婆婆总是对温如兰阴沉着脸，而且，温如兰和婆婆之间的不融洽也越来越多，渐渐的发展成了一些小的矛盾。有一次，婆婆为一件小事趴在自己的房间里放声大哭。事后，汪峻然一晚上没和妻子说话，温如兰又是撒娇，又是耍赖，汪峻然就是不说话。温如兰火了，问他："我究竟哪里做错了？"汪峻然瞪着她说："你就不能迁就一下，就这么点儿小事儿你至于得吗？"后来，好长一段时间，婆婆不跟温如兰说话，家里的气氛开始逐渐尴尬。那段日子，汪峻然也很累，不知道先哄谁才好。

后来，婆婆为了不让儿子做早餐，义无反顾地承担起烧早饭的"重任"。而温如兰为了逃避尴尬，只好在上班的路上买包奶打发自己。但这却让丈夫

误会了。晚上睡觉时，汪峻然有点生气地问她："你是不是嫌我妈做饭不干净才不在家吃？"温如兰马上解释说不是，汪峻然叹了口气说："就当是为了我，你在家吃早餐行不行？"温如兰只好又回到尴尬的早餐桌上。

可是，就在这天早上，喝着婆婆烧的稀饭，温如兰却怎么也不能下咽，最后温如兰不得不扔下碗筷跑到卫生间痛痛快快的吐了出来。可刚刚平定了喘息的温如兰，就听见了婆婆乡音浓重的抱怨和哭声，然后就听见婆婆开门出去的声音。

汪峻然一边责怪妻子一边追了出去，温如兰想说自己不是故意的，但已经没有人听得到了。

这对母子三天没有回来，也没有电话。温如兰想着最近的生活，心里很委屈，身体也觉得很不舒服。在同事的劝说下，她去医院做了检查，才知道自己原来怀孕了，对丈夫和婆婆更多了一丝幽怨。但让她万万没有想到的是，婆婆在那天出门时出了车祸，如今已经去世了。

汪峻然无法原谅温如兰这个间接杀害母亲的凶手，于是准备了离婚协议书要和温如兰离婚，满心委屈的温如兰也是木然的看了一眼就签了。两人从此形同陌路。

三个月后，当汪峻然见到温如兰隆起的肚子时，再三的追问才知道原来一切都只是一场误会。于是再三的道歉，但是温如兰觉得自己已经麻木了，根本就不想说话。丈夫买来的吃的、用的，她也是一动不动。可汪峻然还是一包一包的买，就连孩子上小学用的东西都买到了。

为了弥补过错，汪峻然始终对温如兰无微不至的照顾，终于要生了，在进分娩室前，面对丈夫关怀的眼神，温如兰终究还是给了他一个笑容。

那些本可以解释清楚的误会，就因为双方的固执，连一个解释的机会也没有。夫妻间有什么事不能谈明白呢？为什么要闭口不言呢？别让这样的遗憾，毁了我们原本幸福的婚姻和家庭。

夫妻间的误会就像扎在感情上的一根刺，不把它拔出来，就总会隐隐作痛；时间久了就会生成病变，感情就会慢慢坏死，最后我们不得不去做手术，割舍掉这段曾经炙烈的感情。人们常说："有病不治，便如养虎，早晚成为祸患"，夫妻间的误会也一样，刚刚出现的时候，谈清楚，讲明白，病就治好了，不要以为它会慢慢的自己痊愈，它只会越来越严重，一旦遇到适宜的环境或温度，就会要了这段感情的命。如果你和你的爱人现在有误会，就马上心平气和的谈谈吧，别让误会伤了感情。

## 9. 用爱支持他，给他温暖的力量

女人想经营好一桩婚姻,需要很高的智慧。不仅要知道什么时候应该信任,什么时候应该圆滑，什么时候应该忍让，什么时候应该争取。更重要的一点是要让丈夫感受到来自你的爱，让他感受到你给予他的温暖的力量。

劳累了一天的男人，希望回到家，可以有一个温暖的妻子，为自己布置一个舒适的家，让自己身心俱疲时能有一个休息的港湾。男人都渴望得到妻子的支持和爱，渴望得到妻子的体贴和抚慰，那身为人妻的女人就不要吝啬自己的爱和温存，把它们都投注到你的丈夫身上，让他时刻感受到来自你的关爱和温暖，总有一日，他会回报你更多。

有一对夫妻，他们为了爱走到了一起。两个人都是两手空空，辛苦的成立了一个家，但是家中却一贫如洗。在破旧的家中，除了他们一些日常必需的生活用品之外，唯一的奢侈品可能就是摆在屋中间的那台14寸的黑白电视机了。日子虽然过得清贫，但他们彼此宽容、互敬互爱，日子倒也过得闲适。这个电视机是他们唯一的消遣，丈夫爱看球赛，妻子爱看电视剧。妻子看电视时，丈夫若无其事地在一旁看书；反之，妻子也一样。

安静的生活终因电视机坏了被打破。电视的图像一闪一闪,总是定不了格，时隐时现，声音也沙沙的。更要命的是，此时正在直播一场重要的足球比赛。这下让平时温文谦和的丈夫心急如焚，拼命地对着电视机拍拍打打。文静的妻子也放下书本，着急地把天线拨来拨去,可是全无效果。一番摆弄之后"好了！"随着妻子惊喜的叫声，电视图像又清晰了，声音也好了起来。"还是老婆你行！"丈夫又坐了下来，妻子也准备继续看书。可刚一离开，图像又恢复原样了。回到原地方，图像又清晰了。"这回可真是好了！"图像稳定一段时间后，丈夫兴高采烈地接着看下去，全身心投入的他没有注意到妻子一直站在那儿。

"进球……快，射门呀，哈，进了，耶！"球赛结束了，丈夫心情变得激动、

第八章 90%的好男人是女人调教出来的

兴奋，一抬头正要招呼妻子，却发现妻子站在电视机旁手扶天线，正在打瞌睡。丈夫叫醒妻子，妻子手一松，天线落下。又开始闪动，电视机的屏幕又模糊了，图像又开始一闪一闪。

后来，他们生活好转，家里装上了进口的电视。但曾经跟随他们的那台困难时期的黑白电视机，是怎么也舍不得扔掉。丈夫说，如果没有这样的好妻子，他是没有那么大的信心创业成功的，他不想让妻子再受累过苦日子了，所以下定决心努力做出一番事业，最后他终于成功了，而妻子也为她营造了一个温暖的家，如果丈夫在外面遇到挫折，只要回到这个港湾里才会觉得家原来是最好的，它可以让人消除疲惫，重燃斗志。

男人和女人组成了家庭，都希望自己的家温暖和谐充满欢声笑语，拥有这样的家庭需要两个人共同的努力来营造，但女人在家庭中的作用似乎更大。女人特有的细腻，温柔，及天生具有的善良母性，都是最能给与丈夫温暖的因素。丈夫的在外面奔波劳碌了一天，回到家里，就想舒舒服服的享受一下家庭的温暖，享受女人对他的千般温柔，这时做妻子的要关心一下丈夫的工作情况，了解一下丈夫的思想动态，多些鼓励，少些唠叨。

生活中的磕磕碰碰在所难免，怎么样能让家经营得更完美，对一个女人来说这是一个一生的课题。在如今快速发展的世界里，男人面对的是竞争、打拼、分秒必争，作为女人，如不希望自己丈夫的身体和精神完全被工作控制，要想使他们在工作上有最好的表现，那就应创造一个快乐而安详的气氛，就需要你给他爱的支持和温暖的家庭力量。

## 10. 要让你的男人离不开你

男人总是动情容易留情难，于是才有无数女子为情所伤。聪明女子早早就明白了这一点，为了不让自己重复悲剧的命运，她们使尽浑身解数，把自己变成男人的氧气，让男人没有自己就不能活，从此无论什么样的男人，都会在自己的面前变成"乖乖男"了。

什么都需要氧气才能生存，男人也是一样。他就像是那条在水里游来游去的鱼，一直在高唱着"我要自由"的歌曲。所以你只有慢慢渗透他的生活里，令他身在其中，舒适而不自觉，既无压抑也无束缚，犹如水里的空气。早晚有一天，他会发现，如果没有了你，就像空气抽离，他活不下去。

培养好男人的最佳方法就是让他对你有依赖性，各方面给他细心帮助，让你的气息融入他生活的每个角落，让他觉得没有你在身边他真的不行。

男人貌似强大的外表下，有一颗脆弱的心，都有一块虚弱、柔软的地方，在那里，再刚强的男人也不过如6岁孩童，当他最疲惫时，只想躺在妈妈温柔的怀抱，最困惑时，也把妈妈当成惟一可以倾诉的对象，妈妈是他的精神依赖，是孩童时在他心目中最可依靠的人，在他需要休息的时候，女人们就来扮演他妈妈的角色吧。

一、温柔。

无论他的身边还有多少趋之若鹜、虎视眈眈的女友，都将黯然退场。这碗叫做"温柔"的汤药，是腐蚀男人思考能力的不二法门。女人就是水的化身，是柔的美，温柔就是对付男人最好的武器！

二、共同爱好。

爱情要发掘共性到最大化，一场音乐会，一盘CD，一本漫画书，一个共同去过的城市，总会因为那些相同的兴趣、相近的心，感染了彼此，既然这样，那就把它找出来，发扬光大。看上去是那么偶然，但最初的一刻，是什么让你们热烈地谈论呢。如果你们曾经是旅友，那么他的每一次出游，你都是最佳伴侣。如果他手中最爱的是照相机，那么何不成为他永远的镜头里的模特？

三、厨艺。

厌倦并不是男人的本性，一成不变才是根源。如果让你每天吃同样的一个菜，再好吃你也会吃不出美味甚至会厌倦。菜要变着口味烧，人要创造新形象，当然并不是盲目的改变自己，首先保持自己本色，然后给他一点新意，比如改变一下发型，去学一门新手艺等等。

四、讨好婆婆。

要做个好老婆之前，必上的一课就是如何当个婆婆眼中的好儿媳。妈的话是天下一切听话男孩的"软肋"。时常去看他的妈妈，记得带礼物讨老人家欢心。如果老太太再三在他面前夸你，那他大抵是永远无法将你踢出他的生活了。

要想长久的在一起，就要让他跟着你的生活走，做个他的超级管家。让他每次都高喊："我的鞋在哪里"、"我的球拍呢"……没有你，他永远找不到去年冬天的那件白色毛衣。

他有时会犹豫得像个孩子，或是胆怯得比女人更缺少勇气去承担爱，不愿改变现状。如果你们在同居，你还想做他的氧气，请把你的痕迹一点点地融进他的空间里，他的书架上不知不觉多了不少你的书，他的衣柜里有了几件你的衣物。而某天清晨他醒来，会发现他的刷牙杯变成了一双可爱的卡通马克杯。二人世界已经如此紧密，他又有什么理由分彼此呢？

你要有让他离不开你的价值。就像有些菜可以不吃也没有关系，但是淡而无味的水不喝会死掉一样，你要努力提高你自己的自身价值，包括你的主观品质和客观条件，让他觉得你是一个各方面都优秀的难得的女人，拥有你不是无关紧要的事，而是对他自己至关重要的。

而后大大方方的占领他的地盘，成为他生命必须依靠的生存源泉。让一个男人爱上一个女人是件容易的事，一见钟情、两情相悦、四目相投，瞬间爆发。但想长久的占据男人的心，让他成为自己的"二十四孝"好老公可就不是那么容易的事情了。除非你能施展自己无边的"魅力"，让他从此再也离不开你，你的梦想也就可以成真了。

# 第九章

## 坚定信仰，女人一定要嫁得好

# 1. 好男人真的绝迹了吗

女人到了适婚的年龄，总是渴望找到一个梦想之中的白马王子，但现实与理想的差距，却往往让女人们心灰意冷，认为这世界上再无好男人！

但凡一群女人聚在一起，不管话题从什么开始，最终都会归结到谈论男人上。或是抱怨自己的男朋友，或是数落各自的丈夫，说他们整天就知道吃喝玩乐，吊在牌桌上几天几夜都不想回家；说他们把家当成了旅馆和饭店，一天都说不了几句话……总之，已经没有一个男人是好人了！

的确，这个世界上有很多女人夜夜独守空房，泪洒孤枕以至于怨情幽幽。但这就一定是男人的错吗？好男人真的已经绝迹了吗？

其实负责任的说，世上的好男人不仅有，还多着呢。只是他们不会自己站出来向你证明自己的优秀，而是要等待女人用慧眼去发掘。女人们，枉自慨叹是没有用处的，赶快行动起来，去寻找这世上仅存的好男人吧！

但是，一个好男人应该是什么样子的呢？

好男人应该是相貌堂堂，英俊潇洒；他应是事业有成，功成名就；他应是谈吐幽默，诙谐有趣；他应是成熟稳健，善于周旋；他更应该是终日侍奉妻儿于左右，待娇妻如掌上明珠……

好男人应该是铁做的，他应当有钢铁般的坚强，钢铁般的意志。女人高兴时可以偎依在男人宽厚的胸怀里尽情的撒娇，女人委屈时可以傍着男人坚实的臂膀任意的哭泣。但男人自己绝不能这样，大男人只流血不流泪，男人高兴的时候不能喜形于色，而要做出一副成稳的样子。男人受挫的时候，也只能泪往肚子里流，还要努力在女人面前展现出一付好模样……

好男人应该是成熟稳重的，成熟的男人勇于承担责任，虽然有些过错并非是他们造成的，过于计较是男人最不能原谅的错误，这正好成为了女人们平时撒娇的借口。好男人即使知道错的并不是他，可他也会拿出男子的绅士风度让你感觉你已经找到了安全的港湾。他会让你体会到小女人的幸福，疼着你，宠着你。永远让你感觉生活在温室里。你的男人充当着爸爸、保镖的重任……

　　好男人应该是顾家爱妻的，好男人会系一条围裙穿梭在锅碗瓢盆间，虽然样子看起来有点平庸，男人的"男"字是田加力，即对妻儿的那份关怀跃然其间，更能够让人感到实实在在的温暖。顾家爱家的男子从侧面可以体现出他的善良与恋家。这样的男人虽然白天在外面风风火火的应酬着，可是他永远记得家是最温馨的终点站……

　　一个好男人应该是这样子的吗？好男人这样就足够了吗？当然不。作为好男人，除了要有强健的体魄，宽阔的胸怀，还要有挣钱的本事。这才是现在的女人最需要的。

　　如果男人有强健的体魄，他就可以在激烈的竞争中有足够的精力应付来自各方面的压力；如果男人有宽阔的胸怀，他就可以容纳女人的柔情和她们甜蜜的幻想；如果男人有挣钱的本事，他就可以使你在物欲横流的社会中完善自我，体现人生的价值。

　　这样看来好男人的确难找，在家是好夫良父，在外能顶天立地，大把挣钱，有身份有地位，早出晚归，不拈花惹草，不花心，一心一意把妻子搁在心坎里，踏踏实实过日子的好男人恐怕是凤毛麟角。偌大个世界，芸芸众生大多凡夫俗子，也就是过得平常人的日子。两口子恩恩爱爱也罢，吵吵闹闹也罢，只要做妻子的深明大义，虚怀若谷，不把男人的不足当作生活的障碍，穷有穷的活法，富有富的过法，如此，好男人就在我们当中。

　　如果没有那么多的如果，好男人真的会是很多，可真的就是因为有了这么多已是现实的如果，才让我们感到好男人是那样的少。男人的头顶上顶着的是无法形容的巨大压力，男人的肩膀上扛着的是永远也卸不掉的千斤重担。好男人已经非常不好做了，如果女人再苛刻的去要求他们，恐怕好男人就真的要绝迹了！

　　其实，十全十美的好男人是不存在的，还是面对现实——生活中那个能够疼你爱你，与你同甘共苦，相依为命的男人就是好男人。

## 2. 不要认为"剩女"就失去了拥有幸福婚姻的权力

似乎在很短的时间内，"剩女"这个词就火速的流行了起来。"剩女"是那些大龄女青年得的一个新称号，这些人一般具有高学历和高收入，条件优越。比她们年纪大的女人，孩子都上小学了，比她们年纪小的也在挑三拣四之后喜气洋洋地嫁人了；比她们聪明没她们漂亮的，比她们漂亮没她们聪明的也都名花有主了——可偏偏被剩下的就是她们。

"剩女"的婚姻之路似乎越走越艰难。她们虽然有稳定的收入，体面的工作，生活环境舒适幽雅，却迟迟迈不上爱情的游轮。随着年龄越来越大，"剩女"还有拥有幸福婚姻的机会吗？

龚兰馨已经32岁了，虽然学历一流、能力一流，但就是在恋爱方面"不入流"。眼看年纪不小了，却还是单身一人。

今年工作调动，龚兰馨所在的单位来了一位年轻男孩——钱玉峰，而且和钱玉峰一聊天才知道，这位小龚兰馨五岁的男孩还是她的校友，于是大家都感觉很投缘，工作轻闲的时候，钱玉峰就常常到龚兰馨的办公室来找她聊天。

钱玉峰的年轻和活力总是强烈的感染着龚兰馨，每次谈天说地都是愉快而默契的。时间长了，钱玉峰开始把自己所有的故事都毫不保留的告诉龚兰馨，其中也包括他的恋情。

钱玉峰的女朋友比他小两岁，漂亮，小巧，温柔。但因为她没有正当的职业，钱玉峰的父母极力反对着他们的恋爱，一直以来，这件事都困扰着他。

终于有一天，钱玉峰对龚兰馨说："师姐，我父母要和我断绝关系了！我求你去我家帮帮忙，你细心又懂事，一定能说服我的父母不再反对我谈恋爱。"龚兰馨考虑了一下，答应了这个可怜男孩的请求。

第二天，龚兰馨来到钱玉峰的家，见到了他的父母。他的父亲是中学校长，母亲也之知书达理的人，他们对龚兰馨的到来表示了欢迎。龚兰馨很努力的在他们面前列举了很多自主创业的女人的事例，就是想告诉两位老人：这个女孩子现在没有工作并不要紧，重要的是要有辛苦工作，吃苦耐劳的精神，更何况那个小女孩也是大专毕业，完全有能力在将来找到一份不错的工作。

两位老人并没有反驳，龚兰馨越发钦佩他们的文化素养。但他们也没有答应，因为他们还是觉得自己家的这个独生子应该找个家境优越，有正式工作的好女孩。毕竟他们的儿子是那么的优秀，相貌堂堂，性格开朗……虽然这次"家访"并没有达到钱玉峰的预期效果，但龚兰馨明显感觉到两位老人对自己的喜爱。

钱玉峰依然继续和女朋友交往着，但似乎问题越来越多。年末，钱玉峰的女朋友去北京进修了。两年后才能回来。钱玉峰一下子失落了很多，每天给他都打电话给龚兰馨，诉说心中的苦闷。有一天，他对龚兰馨说："师姐，我的篮球比赛要开始了，来给我加油吧。"作为校友，龚兰馨欣然前往。

因为钱玉峰他们队得了冠军，比赛结束的第二天，钱玉峰热情的请龚兰馨吃饭。那天，他有点喝多了。酒后，钱玉峰说他的父母正在张罗着给他介绍一位中学老师，可他根本不喜欢那个女孩，而父母却执意要他和这个水平以上的女人结婚，说着钱玉峰竟然流下了无奈的眼泪。他是那么的无助和茫然，龚兰馨细心的开解着他，温暖着他。

从此以后的每一天，钱玉峰都要在龚兰馨的办公室里坐上两个小时。有一天，龚兰馨穿了一件粉色连衣裙，在和他聊天的时候，猛然间龚兰馨一抬头，发现他在痴痴的望着自己。龚兰馨赶紧低头写字。

晚上回到家，龚兰馨收到了来自钱玉峰的短信：我喜欢你，我不要你只做我的师姐。龚兰馨的心突然跳的很快，但很快就开心的笑了起来。龚兰馨给他回复了短信：我也是。

迟来的爱情竟然发展的特别顺利，虽然年龄相差五岁，但钱玉峰的家长却欣然的同意了，毕竟比起他的前任女友，龚兰馨要优秀得多。而且，龚兰馨上次"家访"时，给老人留下了非常好的印象，所以，仅仅三个月后，龚兰馨和钱玉峰就举办了婚礼。

其实，龚兰馨还是很聪明的，虽然身为"剩女"，但她却还是懂得争取自己的幸福，无论是对钱玉峰，还是对钱玉峰的家长，她都潜移默化的向他们展示着自己的优点，最终让他们都欣然的接受了自己。

这是对其他"剩女"一个良好的启示，虽然身为晚婚一族，但只要不放弃对美好婚姻的追求，发挥自己成熟女人的优势，嫁个好男人，得到一份美

## 3. 与其抱残守缺，不如另辟蹊径

在选择好丈夫的标准这件事上，本来是有很多传统的观点的。但随着时代的发展，这些陈旧的条款已经不能满足现代女性择偶的新高度了，所以，与其抱残守缺，不如另辟蹊径，抛弃原有的旧标准，重新为新时代的新好男人下定义！

好男人的传统标准：

**一、长得非常帅。**

帅哥在如今已经不抢手了，因为男人除非要打定主意吃软饭，否则长得太漂亮绝对是缺点。这个男人长张漂亮脸蛋，从小被阿姨们抢着抱，长大被身边女生追，婚前倒贴的漂亮女孩一大把，婚后虎视眈眈的年轻姑娘一大群，把他捧得不知天高地厚。这种漂亮男人，在电视上、杂志上欣赏还可以，嫁给他却是根本不可能的。

**二、挣钱很多，家资无数。**

有钱男人固然好，但如果太有钱就没女人肯要了。钱只要够稳定的生活就好了，一个男人钱太多往往会生外心。当他的钱可以应付不止一个女人的需要，就算他不主动，也有其他女人以所谓爱情的名义自动送上门来。做人不要太贪，控制不住的那部分，很有可能肥水流到外人田，千万不要等到"二奶"、"三奶"上门的时候才大叫后悔！

**三、身高超标。**

虽然个子不高的男人一直被称为"三级残废"，但想要个子高的男人，最好看看你自己有多高。你的男人高得让你仅到他腋下，这样子高法，有什么好？一辈子那么长，天天需仰视才得见，脖子吃不消不说，大多时间只能看到他下半截，还有什么夫妻间的交流可言？

**四、宅男。**

宅男晚上不出去，愿意守在家里，这应该算美德吧？但是女人有没有想过，男人晚上没事做，和你抢起电视遥控器来可是寸土必争从不手软。你要看麦当娜，他要看警察现场抓罪犯。你们每天最佳娱乐就是抢遥控器，但是，因他身强力壮，每次都会以女方的失败告终。了解了这一点之后，女人就会咬牙切齿地说："绝不嫁宅男！"

而另辟蹊径就是说要发现好男人的新标准：

首先，双重责任

对自己的妻子负责，是新好男人的第一条守则。"责任心"，同时也是一个男性从幼稚步向成熟的核心标志。责任心不是用来挂在嘴边的，而是要言行一致，这样的话就需要有双重负责：

第一，新好男人要对自己说过的话负责。对女人总是甜言蜜语的男人，似乎更容易赢得女性的芳心。但是，只有负责任的男人才知道，爱一个人是一件异常严肃的事，若然承诺无法兑现，会让对方失去对你的信任。所以，新好男人不会随便许下承诺，但是一旦许下的诺言，就必定会做到。

第二，新好男人会在自己的行为上对妻子负责。最基本的就是对女性的身体负责。这时候，人的本能就会跑出来与责任感交战。当欲望战胜了责任感，男人就会"一时冲动"而犯错，然而男人的一时冲动对女人来说无疑是巨大的伤害。因此，一个新好男人绝对是会充分考虑对方的感受，不会盲目乱来的。

其次，细心又贴心。

细心又贴心的新好男人，会让你感觉离开他是女人的损失。如果坐公车，宁可站在女友座位旁边也不肯去坐那个较远的空座；如果开车，不会在堵车的时候气急败坏乱撅喇叭。在平常的聊天煲电话粥时，每每先挂电话的一定是女人，因为好男人会明白后挂电话的人会有莫明的心灵空洞，他宁愿自己去品味这心灵的栖息；约会完送女孩回家，看着她上楼，房间灯亮后才转身离开。贴心的好男人就像你的保姆，细心的照顾着你。

细心又贴心的新好男人在任何时候、任何地方都会无条件的疼爱自己的妻子。如果你还抱着"男主外，女主内"的封建思想，那你真的是过时了。好男人应该主动跟爱人分担家务，哪怕是只是帮忙洗洗碗。如果你能为她做上几道拿手好菜，这比一起下馆子要浪漫上千百倍。另外，女性会更容易情绪化，尤其是每个月那几天特别的日子，极度容易焦躁不安，这也是夫妻、情侣吵架的高发期。好男人会体会女人的感受，适当地忍让，而不是在这时

还要像爱妻子一样爱家里的老人和小孩。一个女人的一生，要经受很多男人所无法经历的辛酸与痛楚，月经、十月怀胎、分娩，一切都是为了与男人共同孕育一个新生命。好男人会在妻子怀孕期间，承担起照顾家庭的全部责任，除了分担家务以外，还要了解一些怀孕的基本常识。某些时候，能给妻子做一下按摩，帮她提重的东西，照顾好她的身体，最重要是要多抽出时间陪在她身边。当小孩出生后，要力所能及地照顾小孩，如果确实太忙，那最基本的教育小孩的责任也应该落到爸爸的身上。

最后，雄心壮志。

梦想是一个男人成长的旗帜。因为这时，男人不但表现出了他不断进取的精神，更体现了他那敏捷的思维，干脆利落的处事方法更是一个男人永葆青春的动力。作为男人背后的女人们，我们应该义无反顾的支持着他们。在男人奋斗事业路上，无论遇上如何大的挫折，告诉他们，别灰心，一起并肩作战，美好的明天是属于我们的。

女人们不要再抱着过时的好男人标准不放了，在这崭新的一年里，赶快加入到寻找新好男人的行列中来吧，让广大女性朋友们找到属于自己的真命天子。

# 4."二手男人"未尝不是宝

所谓二手男人，就是曾经结过婚，现在又恢复单身的男人。

对于这样的男人，没有结过婚的女人往往不愿意下嫁，但其实，他们也是很有自己的优势的，与那些完全不懂生活的毛头小子相比，"二手男人"也未尝不是一块宝。

在聂雪儿10岁的时候，父亲就去世了，是母亲一个人扯拉她长大的。可能是因为缺少父亲的关爱，二十出头的聂雪儿在一次聚会上认识了比自己大十岁的江思远，当时江思远已经离婚，而且还有一个六岁的孩子，但江思远人实在，不是很会说话，聂雪儿竟然喜欢上了他。

原来，和江思远在一起的时候，他给聂雪儿的感觉，就像是父亲一样地关心她，体贴她，宠着她，让她撒娇。聂雪儿很乐于享受这样的男友兼父亲的温馨感觉。但聂雪儿也知道，和一个离婚男人谈恋爱，母亲一定不会同意。果然，当母亲知道这件事情后，苦口婆心地劝说聂雪儿分手，并多次讲离婚男人的种种"害处"。

反对得多了，聂雪儿也犹豫了，后来聂雪儿和母亲商量，把江思远带回家来让母亲看看再说，母亲也同意了。

当聂雪儿把江思远带到家里。聂雪儿母亲一见到他，就感到这个男人比较朴实。江思远也没有刻意装扮，而且丝毫不掩饰自己的能干，烹饪打扫样样都拿得出手。聂雪儿母亲说什么，他只是听着，然后宽厚地对聂雪儿一笑。

这一次见面让聂雪儿母亲意识到，自己不能给聂雪儿的父爱，江思远能给她，江思远还能给聂雪儿一个宽厚男人的胸怀来包容她。离过婚的他，比浮躁的小男孩更懂得珍惜她、疼爱她，让她生活得幸福。母亲经过反复观察，最终认可了这段感情。

后来聂雪儿嫁给了江思远，果然生活得很幸福，一切如她母亲所预料的那样。江思远对她知冷知热，像恋人也像父亲。失败的婚姻，让他吸取了足够的经验来对待新的婚姻。他们之间的摩擦也在江思远的宽容与大度中比其他夫妻少得多。

随着二手浪潮席卷全球，二手男人也是水涨船高，俨然就成了"宝"。原因就是二手男人沉稳、懂生活、有内涵、懂得关心女人。没离过婚的男人，略嫌毛糙，身上的尖刺与棱角，还没有被打磨干净，张狂，烦躁，急风暴雨。而二手男人就像是过了磨合期的车，在情感江湖中沉浮过，生死历尽准备安稳生活的他们知道如何对女人好，拍拖过几次自然技巧出众心思细密，懂得安排节目，懂得约会时笑容满面，懂得关心问候，懂得为她着想……

一、二手男人大多数事业有成。

多数的二手男人都是在职场或商场经历了多年的打拼的，虽然人近中年，但他们中的很多人正处于事业的上升期。做他的第一任妻子需要和他过节衣缩食、辛苦创业的日子，而做他的现任妻子，则可以过上衣食无忧的生活了，岂不乐哉。

## 二、二手男人因为一段失败的婚姻而更加成熟。

如果你想知道如何能让一个男人变得更加成熟、有魅力，那么就让他经历挫折吧。男人在第一次婚姻时，他需要学习，学习如何与女人相处，学习怎么尽丈夫的责任和义务，学习怎样给女人撑起一片天，而现在，婚姻失败了，他不得不冷静下来，反思婚姻中的得失。在这一过程中，他会因为反思而越发成熟，最终散发出迷人的熟男魅力，让你欲罢不能。

## 三、二手男人更善于解决婚姻中出现的问题。

不要以为男人都是坚不可摧的，他们的坚强往往都是装出来的，而且，在感情方面，他们可能比女人还要难以抵抗挫折，所以，经历过一次感情的伤害，二手男人一定是不想再次离婚，再次使自己变得一无所有的。所以，在第二次婚姻中出现的矛盾和问题，离婚男人会努力地去解决它，即使解决不了，他也会尽量妥协退让，因为他不希望再经历一次感情的伤害。

## 四、二手男人更了解女人，懂得疼爱、体贴女人。

男人无疑是会在婚姻生活中成长的。即使不成功的婚姻，也会让男人从中学到很多自己从前不懂的事情。比如，和前任妻子的种种纠缠，会让男人更加懂得女人的所需所想。女人为什么会喜欢使小性子？女人有哪些特殊的生理周期？女人为什么更需要关爱？离婚男人都比未婚的男人明白，也会懂得如何疼爱女人。

## 五、二手男人更会协调家庭中的人际关系。

经受过失败和挫折的人，才会更懂得亲情和爱，才不会那么骄傲，才会注重和周围人的情感交流，因为他明白良好的人际关系会保障他在人生的艰难时刻得到众多的援助之手，而不是一个人孤独地走过。经历过婚姻失败的男人，也是这样，他在更让周围人同情的同时，也有办法协调家庭成员的关系，让自己的家庭气氛更融洽。

有句老话说的好，女人是男人最好的学校，恋爱是9年义务教育，婚姻是4年大学教育，离婚就相当于研究生毕业。有人甚至认为把一个男人训练成"丈夫"，一点儿都不比生个孩子再把他培养成牛津大学毕业生更容易！这样看来，找个二手男人结婚真是捡了个大便宜！

## 5. 去爱值得你爱的人，矮个子男人也不例外

很多女孩在选择男友的时候，可以不要求长相多么英俊，但决不能容忍个子矮小，尤其是身高比自己还矮的男人。可是，在一些时候，我们真的要把身高放在一个至关重要的位置吗？比如面对一个高大帅气却缺乏责任心的男人和一个个头比你矮几厘米却真心爱你的男人，你会如何选择呢？

米姗身高170，在女生中属于个子较高的女孩。她上大学的时候，有一个高大帅气的男友，毕业后，男友去了另一个城市，说等他在那稳住了脚，就接她过去。可是没过多久，他就另结新欢了。

正在米姗伤心欲绝的时候，她遇到了卢敬祥，卢敬祥是她的同事，起初也就是中午吃饭的时候聊聊天。那段日子米姗刚与男友分手，整天夜不成寐，无心工作，终于辞职不干。搬出公司宿舍后，卢敬祥很绅士，帮她找到一个不错的房子，看她经济困难，还代她付了房租，又陪她找工作。

米姗知道卢敬祥喜欢自己，可是卢敬祥身高不到170，自己穿高跟鞋和他走在一起时，他就显得更矮小了，米姗认为这将是一个无法逾越的障碍。

米姗心里其实知道，卢敬祥对自己好，胜过自己的父兄。她病了，他跑前跑后的忙着拿药做饭，然后喂药喂饭；她逛街累的时候，他毫不犹豫的蹲下去，背起她，不管多累都不会把他放下来；她出差的时候，他就遥控另一个城市的朋友照顾她，甚至不远万里去看她；她生活遇到困难，他就拿出大把的钱，尽管他也没多少钱。总之，他会在一切时候回应她的需求。

但是，就算是现在刚刚失恋，她也不会和比自己矮的男人谈恋爱。因为如果找一个比自己矮的，将被亲戚朋友取笑，这样就会使自己抬不起头来，很没面子，何况自己以前的男友是多么的英俊帅气。

说实话，除了身高，米姗几乎在他身上挑不出任何毛病。他学历高，工作好，长得也不错，关键是他的诚心足以让铁树开花，可是就因为他的身高问题，米姗铁了心不找他作男友。

米姗看他是好人家的男孩，于是就老对他讲流产、吸烟、交坏男朋友的

事想吓退他，可是，卢敬祥只是代她伤心，反而更认真地照顾她。

直到有一次，卢敬祥试图拉她的手，她一把甩开了，卢敬祥就那样愣在那里，很久没说一句话，她看到他的脸是灰暗的，忧郁的。后来，米姗就再也没见到过卢敬祥，后来听说卢敬祥离开了这个城市。

转眼又是几年过去了，米姗也到了而立之年，但是她再也没有遇到一个自己愿意嫁的男人，每到那些男人与她谈论婚姻的时候，她就不由自主的想起了卢敬祥，但此时，已经是追悔莫及。

一个男人能不能给你安全感，完全不取决于他的身高，而取决于他的心高。高大而窝囊的男人不少，矮小而昂扬的男人也有不少。不要因为男人的身高限制了自己对幸福的追求。

当我们在选择爱情的时候，为了满足自己的虚荣心，无意中就附加了太多的条件，比如男人的身高、学历、容貌、事业、金钱、地位等等。我们应该认真的想一想，这些条件有几分是出于情感的需要、甚至欲望的需要？

我们常常能听到一些女人说："我的老公帅吧""我的老公不能比别人差太远""我老公的同学都当上老总了，可是他还是一个小职员，真丢人""我老公把那辆'夏利'换成'本田'，我的同事都羡慕死了。""我过生日，老公送我一条钻石项链，我的女友都嫉妒的发狂"。这些女人的虚荣心由此可见一斑，老公已经成为她们攀比的筹码，她们以老公的金钱和地位为荣，却从来不考虑在幸福婚姻的元素中，金钱和地位占多大比重呢？

女人在选择爱情选择婚姻的时候，不妨扪心自问，男人的身高以及其他的附加条件，真的比一个男人的真情还要重要吗？我们的幸福取决于男人的身高吗？说到底，我们只是无法摆脱自己的虚荣心，所以，如果你曾因为一个男人的身高问题而拒绝了他的爱，那么不要抱怨，不要后悔，这是你为自己当初的虚荣必须付出的代价。

# 6. 修炼让男人倾倒的熟女魅力

能让男人倾心的女人有很多种，小鸟依人的，自信优雅的，淡定从容的，追逐梦想的，坚强勇敢的，这些气质无疑都是男人所欣赏的，但男人更愿意娶的，却永远都是成熟又有魅力的女人。

更让男人心仪的女人永远是那些"上得厅堂，下得厨房"的成熟女人。这反映了他们的心理取向。所以女人们要想嫁得好，就要积极的修炼自己的成熟魅力，让男人在自己的独特韵味面前欲罢不能。

首先，成熟女人胸怀宽容。

宽容是女人成熟的象征，幼稚的女人从来不懂宽容，她们偏激、暴怒、盲目行动、"疾恶如仇"，而且自己却屡犯不可"宽容"的错误。

当爱人把你珍贵的花瓶打碎后，你可以严厉的对他嚷，"你怎么这么不小心啊，知道这个花瓶有多贵吗？"也可以对他温柔的说："碎片有没有扎到你的手？下次要小心一点儿。"结果怎样，不用多说了。

有一个老太太做饭的时候，一个邻居来借东西。结果她们就你一言我一语地聊起了家常。

当她们闻到锅里的糊味时，才发现菜已经烧焦了，铁锅已经没法再用。老太太是到儿子家看孙子的，本想烧个好菜等儿媳回家吃饭，没想到出了这样的尴尬事情，不知道如何向儿媳交代。

当儿子和媳妇下班回家，闻到屋里的糊味的时候，就知道发生了什么事情。老太太怀着愧疚的心情，还没开口向他们说明一切。大度的媳妇就安慰起婆婆来，说："没事的。今天我们正好可以带你到餐馆尝尝北京的烤鸭。我们也好久没吃了，正想吃呢！"

这个女人的宽宏大量让老太太心存感激。她本害怕媳妇说她老糊涂，没想到媳妇却如此有涵养。从此以后，她不仅没有烧焦菜，还用心地照顾儿媳的起居，逢人便夸自己的媳妇有多好。

对于男女之间也是一样。女人与自己相爱的男人是在不同环境下长大，有着不同的经历，最终走到一起，必然会有一个相互了解相互适应的过程。懂得宽容的女人在这个过程中，不会企图去改造她的爱人，她知道那将得不偿失，最终他忍受不了你了，离开你的日子也就不远了。

其次，成熟女人有颗平常心。

拥有平常心的女人，会认为幸福很简单，真正的幸福应该是想到一个人就会很自然的笑，而且是那种从心底流露到脸上的笑。如果没有钱，她说，

可以少逛商场，少去超市啊，甚至可以用香皂洗脸。没有自己的房子，那就去租个小屋吧，没有车，她更喜欢这样牵着手漫步呢，并且告诉你，这才是浪漫。

有一个很有意思的女人，她上初中的儿子看到别人的孩子上学有车接送，就经常有对她说："他们怎么都有私家车，而我们没有。我什么时候成为百万富翁，一定买最好的车。"有一天这位女人领儿子去见一名百万富翁，让儿子学习成为富翁的秘诀。年青人迫不及待地问："我什么时候能拥有你那么多的金钱啊？"富翁略加思索不紧不慢地说："我宁愿把所有的资产都给你，以换取你的年龄。"她用这个教育自己的儿子，你看，拥有一百万也没什么了不起的，你有的是他拿金钱换都换不来的宝贵东西呢。这就是成熟女人的平常心。对名利看得总是很淡薄，或者说，她们总有办法使自己过得更幸福些。

她们不羡慕别人的房子比自己大，却只希望有一个疼爱自己的好老公；她们不嫉妒别人的孩子比自己的孩子学历高，她们更注重树立孩子的自信心，锻炼孩子的生存能力；她们不在意别人的老公比自己的帅气，在意的是自己的老公是否忠诚；她们更不愿意打肿脸充胖子，她们善解人意、教夫相子、勤劳节俭，不贪慕虚荣，她们有滋有味地活着。

最后，成熟女人可以独挡一面。

在办公室里，在大街上，咖啡馆，到处都能看到这样的女子的身影。她或许也会和你轻言细语地商量，却语气坚定，不达目的不罢休。在工作上她是一个完全可以独挡一面的"铁娘子"，而在家人面前，则是一个彻彻底底的绝对女人，会脆弱，会羞涩，会撒娇。这样的女人也很爱美，更讲究一种整体的气质锤炼，追求的是独特的韵味和魅力。至于品性，随和，没有架子，偶尔会对着亲密的爱人耍点小脾气。

现在对女人的欣赏再不是单单以那种温柔贤淑为唯一标准了，当代的新女性已越来越多地表现出自己坚强独立的一面。许多男人很欣赏那种有自己的思想、个性突出、可以独挡一面的女人。

女人的婚姻幸福与否，往往并不取决于你嫁给了一个什么样的男人，而是女人自己做得如何。相比之下，成熟的女人更懂得夫妻之间的相处艺术，更懂得如何抓住男人的心。如果你也想和这些女人一样自如的掌控自己的婚姻，就赶快来修炼那份属于自己的成熟魅力吧！

## 7. 你越是爱自己，得到爱情的机会就越多

美国人曾经针对女性做过一项调查——"假如我们对你的恋人或丈夫做一次采访，那你最想从他们的嘴里知道些什么？"被调查者的答案不约而同："他还爱我吗？"没错，女人想从男人哪里得到的答案一定是"我还深爱着你！"但是，女人们，你们有没有问过自己："你还爱自己么？"

每个人都不例外，他最亲密的朋友就是他自己。试想如果作为一个恋人、妻子的你都不爱自己的话，那么你有什么理由期待你的男人还爱着你。这也就是说，身为一个女人，只有首先爱自己，才能得到别人的爱；只有越来越多的爱自己，得到爱情的机会也才能越来越多。

女人首先要懂得爱自己，一个不爱自己的女人更不可能好好地去爱别人。女人要懂得让自己的魅力被人看到，如果你懂得爱自己，善待自己，别人就容易看到你的魅力，会称赞你，你会从这些赞扬中得到更多的自信，你也就会活得越发光彩，永远保持对生活的热情，女人在这个良性循环中体会到了爱与被爱的乐趣。

瞿乐在工作中风风火火，在生活中也是一个懂得宠爱自己的女人。在紧张忙碌的工作之余，她懂得用各种方式来调剂自己的生活：购物时用自己赚的钱给自己买喜欢的东西，旅游的过程中体验放松同时汲取新鲜的感受。对于她来说，珍爱自己意味着独立、自由、进取。

"我的工作强度比较大，做演员、写剧本、做影视策划，经常忙得昏天黑地的。做这一行常常让我思考，你活着究竟是为什么，是为了挣钱吗，但是挣多少算个够呢？思考的结果我给自己总结了一个理念：生活里最重要的，是让自己快乐。"瞿乐说。

"每拍完一部戏，我都会找一个最快乐的方式让自己放松。因为做演员的关系，我买得最多的是衣服，购买心得很简单：不一定要最贵的，一定要自己最喜欢的。我现在的家里，有一个房间专门作为衣帽间，因为里面有整整一房间的衣服，哈哈，听起来是不是有点过分啊。但是我觉得，女人活着不

就是为了让自己开心吗？花钱能买来开心，值！"

可能大多数女人都无法像瞿乐一样满足自己那么多的物质享受，但我们可以像她一样时时刻刻让自己快乐，而能让自己开心、快乐的方式有很多种：累的时候听听音乐，周末的时候约上好友去逛街。

也许有人会问：谁不爱自己呢？是的，没有谁不爱自己，但真正的问题在于，你是不是、会不会爱自己。比如说，你每天为自己真正预留了多少专属自己的时光，没有动机，没有功利，没有交换，只是让自己充分自在地舒展开来，感受着自己，感知到自己，然后才知道，如何才是真正爱自己。

在更多的时间里，你恐怕都忙于应付各种需要了：为丈夫，为工作，为孩子……即使在一人独处不需要应酬谁时，你是不是也常会忘记要应酬自己？

女人，一定要用更多的精力去爱自己，不要吝啬给自己买高档化妆品、做美容，要善于调整心情，这都是女人最珍贵的滋养品。心情的好坏，看上去是源自身外的纷繁，事实上是你的一种态度和控制力。真心的喜欢自己，让自己快乐，可以让你变得更加自信、美丽、动人。

简单点说，爱自己就是对自己的欣赏和喜欢，因为这个世界上你是独一无二的，你就是这个世界的惟一。但是，爱自己并不是盲目自恋，而是能够认识到自己的缺点，坦然地接受自己的一切，不论是优点或是缺点。

从心底珍爱自己的女人懂得，快乐的秘密不在于获得更多，而是珍惜所拥有的一切。你会觉得自己是那样的倍受宠爱，是那样幸福地生活着。这是一份难得的乐观心境，更是快乐的始点。

"爱自己是万爱之源，学会爱自己，因为这是世界上最伟大的爱。"如果你要想成为一个受欢迎的、有魅力的女人，就请从爱自己开始吧，只有真心地爱自己，才能有一颗清澈的心去更好地爱别人，也才能得到更多的爱，尤其是来自你所深爱的男人的爱！